아름다운
사람
권정생

아동문학가 권정생이 걸어간 길

아름다운 사람 권정생

이충렬 지음

산처럼

| 일러두기 |

1. 권정생은 안동 사투리를 썼지만 이 책에서는 표준어로 갈음한다.

2. 1996년 3월 1일부터 '국민학교'라는 명칭이 '초등학교'로 바뀌었는데, 이 책에서는 그 전 시기라도 초등학교로 표기했다. 단, 인용한 작품 안에서는 '국민학교'로 두었다.

3. 장편동화와 장편소년소설, 작품집, 잡지, 신문, 박사 논문은 겹낫표(『 』)로 표시했으며, 잡지에 연재하거나 발표 전 원고 상태인 작품, 단편동화, 그리고 시, 수기, 영화, 드라마, 팸플릿은 홑낫표(「 」)로 표시했다.

동화로 삶의 흔적을 남긴 작가

　권정생은 한국 아동문학사에 큰 족적을 남긴 작가다. 안데르센이나 그림형제 같은 외국 작가들의 번역동화를 주로 읽던 시대에 우리나라 창작동화가 자리 잡고 대중화되는 데 선도적 역할을 했다. 그의 동화는 가난하고 불행한 어린이가 부자의 도움을 받아 행복해진다는 내용이 아니다. 가난과 불행의 근본적 원인을 알게 하고, 시련과 고난을 딛고 일어서는 과정을 통해 더불어 살아가는 삶의 중요성과 필요성을 깨닫게 하는 이야기다. 권정생은 40여 년 동안 창작 활동을 하면서 100권이 넘는 동화집을 남겼고 그가 세상을 떠난 지 10년이 지난 지금도 읽히고 있다. 한국 아동문학사에서 누구도 이루지 못한 성취다. 그러나 그 과정은 쉽지 않았다.

　그는 동화 한 편을 쓸 때마다 온몸을 던졌다. 죽기 전에 이 작품만은 완성하겠다는 각오로 원고지와 씨름했다. 그의 삶에는 보통 사람은 상상하기 힘든 좌절을 딛고 일어선 의지가 있었고, 그만큼 그의 작품에는 치열한 작가정신이 담겨 있다. 되돌아보고 기억해야 할 가치가 충분한 삶이다.

그동안 많은 이가 권정생을 이야기할 때 가난과 병고 속 교회 종지기로서 삶, 그리고 아동문학가 이오덕과의 오랜 관계에 초점을 맞추었다. 물론 이 부분들은 그의 삶에서 중요하지만, 권정생의 문학을 온전하게 이해하는 데는 부족하다. 작가는 어느 날 갑자기 신춘문예에 당선되거나 문학상을 수상하면서 탄생하는 존재가 아니다. 오랜 습작 과정과 문학적 좌절을 딛고 일어설 때 비로소 진정한 작가가 된다. 이 과정은 작품 세계 형성에 매우 중요하게 작용한다. 그러나 지금까지 권정생에 대한 글이나 책에서는 이 부분이 공백으로 남아 있었다.

아동문학가 이오덕이 그를 처음 만난 것은 권정생이 1969년 「강아지똥」으로 제1회 기독교아동문학상 당선, 아동문학지 월간 『횃불』에 「하얀 찔레꽃잎과 무지개」 1회 추천, 1970년 첫 합동 동화집 『성탄에 들려줄 동화집』 출간, 1971년 「아기양의 그림자 딸랑이」가 대구 『매일신문』 가작 입선, 1973년 「무명저고리와 엄마」로 『조선일보』 신춘문예 당선 등 작품성을 인정받은 후였다. 이오덕은 권정생의 정신적 버팀목이 되어 책 출판에 큰 도움을 준 은인이지만 문학적 가르침을 준 스승은 아니었다. 그렇다면 초등학교만 졸업하고 누구에게도 문학수업을 받은 적이 없는 그가 어떻게 한국 아동문학사에 큰 획을 긋는 작가가 될 수 있었을까.

권정생은 편지와 회고 글에서 열여덟 살 때 쓴 '소설'이 『학원』이란 잡지에 실렸고, 『동아일보』 신춘문예에도 응모했지만 떨어졌다고 언급했다. 부산에서 재봉기 배달 일을 하면서도 열심히 글을 쓴 문학청년 시절이 있었던 것이다.

『학원』은 당시 청소년 사이에서 선풍적인 인기를 끌던 잡지로, 많은 문인이 '학원문단' 출신이다. 그의 작품이 『학원』에 실렸다면 문학적 가능성을 인정받았다는 의미다. 그러나 해당 작품은 편지와 회고 글에만 언급되었을 뿐, 권정생 관련 논문이나 단행본에 소개된 적이 없다.

권정생이 열여덟 살 때인 1955년도 『학원』을 여러 번 살펴봤으나 그의 이름은 없었다. 그의 기억에 착오가 있을지 모른다는 생각에 1954년도와 1956년도 『학원』까지 모두 찾아봤지만 거기에도 없었다. 그가 어릴 때 사용한 권경수라는 이름도 눈에 띄지 않았다. 그런데 1955년 5월호에 부산시 초량동에 사는 전경수가 있었다. 초량동은 그가 부산에서 재봉기 배달 일을 하던 곳이었다. 잡지에 오자가 많던 시절이라 심사평을 살펴보니 권경수로 표기되어 있었다. 전경수는 권경수의 오자였고, 이런 이유로 그동안 발굴이 안 되었던 것이다. 선자選者는 당시 문단의 중진이던 소설가 박영준으로, 권정생의 문학적 재능을 처음으로 인정한 문인이다.

『학원』에 실린 권정생의 첫 발표작 「여선생」은 중학교에 입학하지 못한 아픔이 그의 가슴속 깊이 남았음을 알 수 있는 작품이다. 습작이라 부족한 부분이 많지만, 그때부터 이야기를 끌고 가는 능력은 분명 있었다. 권정생의 첫 동화를 궁금해할 독자들을 위해 「여선생」을 부록(308쪽)으로 소개하면서 오세란 아동청소년문학평론가의 해설도 함께 실었다. 「여선생」의 발굴은 최초 발표작을 확인했다는 의미를 가짐과 동시에 권정생 문학연구에 새로운 출발점을 제시하는 계기가 될 수 있을 것이다.

권정생은 「여선생」을 발표한 이듬해, 당시 '죽음의 병'으로 불리던 결핵과 늑막염(가슴막염)에 걸렸다. 이에 1957년 습작을 중단하고 아버지가 소작 농사를 짓던 경상북도 안동시 일직면 조탑리로 돌아왔다. 어머니의 극진한 간호 덕에 6년 후인 스물여섯 살 무렵 병세가 호전되었고, 이때부터 다시 습작을 했다. 이오덕은 1973년 그의 방에 처음 들어섰을 때 원고뭉치가 매우 많이 있는 것을 봤다고 회고했다. 병세가 호전된 후 10년 동안 습작에 매달렸음을 알 수 있는 단서다. 그러나 오랜 습작 기간에 스승이나 문학적 동료가 있었다는 기록은 없다. 교회 외에는 갈 곳이 없었고, 폐결핵을 앓고 있어 누구를 만날 형편도 아니었다.

그렇다면 그는 습작 기간 문학적으로 부족한 부분을 어떻게 메울 수 있었을까. 답은 바로 낙선의 이유를 언급한 몇 줄의 심사평이었다. 대문인들의 날카로운 지적이 문학적 스승 역할을 한 것이다. 권정생은 낙선할 때마다 좌절감이 밀려왔지만 지적 받은 단점을 고치고자 노력했다. 그가 아픈 몸으로 악착같이 습작을 한 이유는 자신이 세상에 온 흔적을 글로 남기고 싶다는 뚜렷한 목표가 있어서였다. 너무 가난해 원고지 살 돈이 없자 장마당에서 주워 온 종이에 동화를 쓰는 등 습작을 멈추지 않았고, 이런 혹독한 과정을 통해 그의 문학은 더욱 깊고 단단해졌다.

그의 작품 세계는 출발부터 독창적이었다. 첫 수상작 「강아지똥」은 그때까지 한국 창작동화에서는 볼 수 없던 죽음과 삶의 문제를 이야기한 작품이다. 「아기양의 그림자 딸랑이」는 동화에서는 좀처럼 다루지 않은 분단과 베트남전쟁 참전 문제를 비판적 시각에서 접근했고, 「무명저고리와 엄마」는 일제강점기의 수탈과 6·25전쟁이 남긴 상처를 이야기했다. 1975년 제1회 한국아동문학상 수상작인 「금복이네 자두나무」는 부자의 탐욕에 희생되는 동심童心을 그렸다. 한결같이 무거운 주제들이었다.

권정생은 행복한 어린이보다 가난하고 불쌍한 어린이가 더 많은 시대에 그들의 아픔과 불행을 외면할 수 없다고 했다. 그리고 가난과 불행의 원인이 부모가 아닌 일제강점과 분단, 전쟁이라는 민족사에 있다고 판단한 그는 당시 동화에서는 다루지 않던 현실적 소재와 주제들로 글을 썼다.

그는 유언장에서 "다시 태어난다면 연애를 하고 싶고, 벌벌 떨지 않고 잘할 것이다"라고 했다. 회한이 담긴 문장이라, 어쩌면 그에게도 사랑이 있었을지 모른다는 생각이 들었다. 만약 사랑하는 여인이 있었다면 그의 삶과 문학에 어떤 영향을 미쳤을까 상상의 나래를 펼쳐 봤다. 동화작가에게 사랑의 존재는 소중한 문학적 자산이자 작품 속에 흐르는 따뜻함의 근원일 수 있기 때문이다. 때마침 권정생이 살던 조탑리의 주민 가운데 몇몇 분이 그가 한 여인을 오랫동안 만났다는 이야기를 들려주었다. 수소문 끝에 그 여인이라는 분을 만났다.

처음에는 "권 선생에게 누가 될 수 있다"며 완강히 거절했지만, 설득을 거듭한 끝에 만나서 밥이나 먹자는 약속을 받았다. 두 사람이 언제 처음 만나고 어떻게 데이트했는지부터 마지막 떠나는 길을 배웅할 때까지 이야기를 들려주는 동안 그분은 이따금 눈물을 보였다. 원망과 회한의 목소리로 이현주 목사를 통해 '대리 청혼'을 받았다고도 했다. 그러나 이현주 목사 옆에 있던 권정생이 고개를 숙인 채 직접 청혼하지 않아 받아들일 수 없었다고 말하며 천장을 바라봤다. 이현주 목사와 그 자리에 함께 있던 이철수 화백의 보충 증언으로 권정생의 가슴 아픈 사랑 이야기를 복원했다(183쪽).

권정생에게는 육체적 아픔뿐 아니라 내면의 아픔도 있었다. 그는 세상을 떠나기 전에 꼭 완성하고 싶은 작품이 있다는 말을 입버릇처럼 했다. 『한티재 하늘』이다. 두 권으로 마무리된 이 작품은 근대 우리 민족의 수난 속에서 자신의 가족과 친·인척이 겪어야 했던 고난들을 다룬 장편소설이다. 어머니가 들려준 이야기를 바탕으로 썼다고 하니 자전적 장편소설이라고도 할 수 있다.

『한티재 하늘』의 내용은 권정생이 태어나기 전해인 1936년에서 끝난다. 마지막 부분인 가족이 일본으로 떠나기 직전의 상황은 어머니로부터 직접 듣지 않았다면 결코 서술할 수 없는 매우 구체적인 묘사라는 작가적 판단이 섰다(274쪽). 권정생이 이현주 목사와 이오덕 작가에게 보낸 편지에서 언급한 "말 못 할 사정의 과거", 그리고 문학 세계의 연원과 관계있을 가능성이 높다는 생각이 들었다. 그러나 지극히 사적인 영역이고, 권정생이 그 부분에 대해 직접적으로 언급한 기록도 찾을 수 없었다. 가깝게 지내던 이들도 권정생이 암시적 이야기는 했어도 단정적으로 말한 적은 없다고 했기에 독자들의 판단에 맡기기로 했다.

권정생이 남긴 작품은 방대하다. 모든 작품의 창작 과정을 다 다룰 수 없어 취사선택이 불가피했다. 글 구성에 따른 선택이었을 뿐, 여기서 언급되지 않은 작품이 중요하지 않다는 의미는 결코 아니다. 오해 없기를 바란다. 그는 아동문학가였지만 자연을 살려야 한다는 환경운동가로서 시각, 전쟁을 반대하는 평화주의자로서 시각, 그리고 한국 기독교에 대한 뚜렷한 자신의 시각을 가지고 있었다. 그러나 전기 초점을 아동문학가에 맞추고자 이 부분은 다루지 않았다. 훗날 이를 아우르는 두툼한 전기 또는 평전을 쓸 작가나 연구자가 나오기를 기대한다.

이 책을 준비하면서 그동안 발표된 관련 석·박사 논문은 거의 다 읽었다. 그러나 논문은 작품 분석에 중점을 두었기 때문에 권정생의 삶과 창작 과정을 구체적으로 묘사하는 이번 전기 집필에는 참고가 되지 못했다. 참고문헌과 참고도서가 많지 않은 이유다.

전기는 실존 인물의 삶을 사실에 근거해 복원하는 문학 장르다. 이 책에 서술된 행적과 생각은 권정생의 생전 인터뷰, 편지, 수기, 수필 같은 원자료와 지인들이 남긴 그에 대한 기록, 그리고 생존해 있는 지인들의 증언을 바탕으로 재구성한 것이다. 이 책이 앞으로 권정생 연구에서 가장 믿을 수 있는 정본定本이 되기를 기대하며 연보도 이중 삼중의 확인 과정을 거쳐 작성했다. 그러나 발표작이 무척 많고 발표 연도 및 매체를 확인하기 힘든 작품들도 있어 연보에 다 포함시키지 못했다. 서지학자의 연구가 필요한 부분이다.

원고를 마무리할 무렵 권정생의 사망 원인이 결핵이나 합병증이 아닌, 의료사고였다는 보도가 나왔다. 독자들에게 병원에서 상황과 생의 마지막 순간을 자세하고 정확하게 전달할 필요가 있다고 생각했다. 그래서 당시 병원에 동행한 최윤환 권정생어린이문화재단 상임이사 겸 권정생동화나라 관장의 대구가톨릭대학교병원 진료경위서에 근거한 증언, 그리고 권정생의 마지막 몇 마디를 직접 들은 김용락 시인의 증언을 바탕으로 재구성했다. 권정생 사후 유족은 사망 원인이 의료사고라며 병원을 상대로 소송을 제기했다. 재판부는 병원 측이 검사 전 감염 가능성과 패혈증 위험에 대한 설명 의무를 이행하지 않은 부분을 과실로 인정하는 동시에 권정생의 오랜 투병 생활로 인한 쇠약도 인정해 원고 일부 승소 판결을 내렸다.

느닷없는 그의 죽음은 슬프고 안타깝다. 특히 유족의 슬픔은 독자의 그것과 비교할 수 없을 테다. 그러나 권정생은 생전에 인세나 저작권과 관련해 부당한 일을 당해도 송사를 벌이지 않은 평화주의자였다. 어쩌면 그는 사망 원인에 대한 논란이 확대되기보다 문학가로서 삶과 작품 이야기가 더 회자되기를 바랄지도 모른다는 생각에 이 책에서 재판 부분은 다루지 않았다.

책을 쓰는 동안 많은 분들로부터 도움을 받았다. 유언 집행인 가운데 한 분이자 현 권정생어린이문화재단 이사장인 박연철 변호사께서는 추천사를 써 주셨고, 재단의 최윤환 상임이사, 그리고 이사인 김영동 목사님과 김석현 사무처장께서는 오류가 없는 책이 되기를 바라는 마음에서 사실관계를 확인해 주셨다. 깊은 감사를 드린다. 인터뷰에 응해 주시고 도움을 주신 모든 분에게 전하는 감사 인사는 책 뒷부분에 자세히 실었다. 기획부터 탈고까지 2년 넘는 시간을 기다려 주신 도서출판 산처럼 윤양미 대표님과 부족한 원고를 잘 다듬어 주신 유현희 편집자님, 글씨와 그림으로 좋은 표지화를 만들어 주신 이철수 화백께도 고마움을 전한다. 권정생의 치열한 삶의 모습과 깊은 문학 세계가 독자들에게 잘 전달되기를 바라는 마음 가득하다.

이 책을 삼가 권정생 선생의 영전에 바친다.

2018년 봄

이충렬

제1부

"어머니, 인생이란 게 뭐여요?"

_『몽실 언니』중에서

혼자가
되다

아무것도 없었다. 집도 없고, 돈도 없고, 친구도 없고, 배운 것도 없었다. 일본에서 태어나 고향조차 없었다. 가진 것이라고는 열아홉 살 때 얻은 폐결핵과 늑막염, 그리고 스물아홉 나이에 방광 절제 수술을 받은 후 줄곧 옆구리에 차고 다닌 소변주머니뿐이었다. 가족도 없이 혼자 살았다. 부모님은 돌아가셨고, 두 형은 해방 후 일본에서 돌아오지 않았다. 누나 둘은 먼 곳으로 일찍 시집가 얼굴조차 보기 힘들었다. 남동생이 있지만, 아픈 몸으로 짐이 되기 싫어 결혼시켜 멀리 떠나보냈다.

머릿속에는 늘 이야기가 맴돌았다. 강아지똥을 보면 자신의 서글픈 삶이 연상되었고, 도시로 식모살이를 하러 떠나는 소녀들을 보면 다리를 절룩이며 힘들게 살던 사촌 여동생이 생각났다. 외롭게 타향살이를 하는 피란민 할아버지의 사연을 들으면 6·25전쟁 때 폭격으로 세상을 떠난 친구들의 모습이 하나 둘 보였고, 어머니의 서러운 삶을 돌이켜 보면 입고 계시던 무명저고리가 먼저 떠올랐다. 그럴 때마다 원고지에 이야기를 써 내려갔다.

원고지 빈칸을 메우듯 삶도 조금씩 채워졌다. 친구도 생기고, 책도 생기고, 세상을 보는 눈과 지식도 생기고, 집도 생기고, 나중에는 돈도 생겼다. 사랑하는 여인도 생겼지만, 가정은 이루지 못했다. 삶과 죽음의 경계에 서 있는 처지라 청혼할 용기가 나지 않았다. 몇 번을 망설이다 결국 운명이라 여기며 바라만 봤다.

권정생은 병원으로 향하는 자동차 의자에 몸을 기댄 채 이 정도면 살만큼 살았다고 생각했다. 과거 그의 수술을 집도한 의사는 조심하면 2년 가량은 살 수 있을 것이라고 했는데 40년을 더 살았다. 사과밭에서는 마지막 남은 하얀 사과꽃들이 봄비를 따라 흩어지고 있었다. 그는 계속해서 창밖을 바라봤다. 함께 살던 동생을 결혼시키려고 청송에 있는 외숙부를 찾아갈 때는 사과꽃이 흐드러졌는데…. 40년 전 기억이 떠올랐다.

1967년 6월, 사과꽃 향기로 가득한 조탑리* 들판은 분주했다. 논에서는 김매기가 한창이고, 밭에서는 보리를 베어 타작할 준비를 했다. 학교에서 돌아온 아이들도 엄마와 할머니를 따라 밭에 나가 감자를 캐거나 고추나무 가지에 끈을 묶으며 곁순을 땄다. 논에 벼 이삭이 패고 밭에 콩과 고추가 무성해지는 다음 달까지는 아이, 어른 할 것 없이 온 식구가 부지런히 움직여야 하는 농번기다.

권정생은 오늘도 농막(소작인이 사는 집)에서 한 발짝도 꼼짝하지 못했다. 한창 힘을 쓸 서른 살 청년이지만 방 안에 누워 있어야 하는 날이 더 많았다. 그는 아침 일찍 밀짚모자를 쓰고 논으로 가는 동생을 볼 때마다

* 조탑리는 경상북도 안동시에서 남쪽으로 40리(약 16킬로미터) 떨어진 일직면에 있는 마을이다. 조탑리에는 들판마다 이름이 있지만 이 책에서는 '들판'으로 통칭했다.

마음이 무거웠다. 1년 반 전 아버지가 돌아가신 후 동생은 논 세 마지기 소작 농사를 떠안았다. 혼자 감당하기에는 버거운 규모였지만 형제가 살아가려면 어쩔 수 없었다.

그는 1년 전인 1966년 6월, 부산 사는 이모로부터 편지를 받았다. 며칠 동안 줄을 서면 무료로 치료와 수술이 가능한 자선 병원이 있으니 꼭 내려와 진찰을 받아 보자는 내용이었다. 당시 권정생은 각혈뿐 아니라 매시간 소변을 봐야 했고, 걸음도 아주 천천히 걸어야만 했다. 그는 매일 힘들어하는 자신의 모습을 보고 동생이 이모에게 연락한 것이리라 짐작하고 부산으로 내려갔다. 성 베네딕트 수녀회가 운영하는 자선 병원인 성분도병원(현재는 부산성모병원) 앞에는 1,000명 가까운 사람들이 장사진을 치고 있었다. 그는 열흘 동안 줄을 서며 순서를 기다렸다. 낮에는 줄이 짧아지는 만큼 앞으로 갔고 밤에는 거적때기 위에서 눈을 붙였다.

그를 진찰한 의사는 결핵균 때문에 콩팥 두 개가 모두 상했지만 둘 다 떼어 내면 살 수 없다며 수술로 하나만 제거했다. 그러나 이후에도 아랫배 통증이 심했고, 이모는 그를 다시 부산대학교병원으로 데려갔다. 2년 전 세상을 떠난 언니 대신 엄마 노릇을 하는 것이었다. 담당 의사는 결핵균이 요도와 방광까지 퍼졌다며 방광을 제거하지 않으면 요도가 막혀 생명이 위험하다고 했다. 대학 병원은 자선 병원이 아니었다. 큰돈이 필요했지만 이모는 수술비를 댈 여유가 없었다. 그는 고민 끝에 가끔 편지를 주고받던 일본에 사는 셋째 형에게 급한 사정을 알렸다. 해방 후 다른 형제들은 부모님을 따라 귀국선을 탔지만, 첫째 형과 셋째 형은 일본에 남았다. 재일본조선인총연합회(약칭 조총련) 활동에 깊숙이 발을 담근 첫째 형은 한국에 있는 가족에게 피해가 갈까 봐 연락을 끊다시피 했고,

셋째 형만 가끔 편지를 보내왔다. 셋째 형도 가난했지만 급전을 빌려 동생에게 송금했다.

1966년 12월 30일, 권정생은 방광 절제 수술을 받았다. 수술이 끝나고 마취에서 깨어났을 때 그는 고무호스가 옆구리를 뚫고 나와 넓적한 비닐주머니에 연결된 것을 보고 깜짝 놀랐다. 심지어 소변이 고무호스를 타고 비닐주머니로 들어가는 것이 아닌가. 충격이 그를 감쌌다. 의사는 조심하면 2년가량은 살 수 있을 것이라며 잘 견디라고 했다. 같은 입원실을 쓰는 환자들이 딱하다는 표정으로 그를 바라봤다. 그런 눈길을 마주할 때마다 얼굴이 화끈거린 그는 소변주머니를 남들이 볼 수 없도록 바지춤에 넣은 채 조탑리로 돌아왔다.

그는 더 이상 동생에게 짐이 되고 싶지 않았다. 몸 상태가 괜찮은 날, 버스를 타고 경상북도 청송군 현서면 화목 장터마을(구산동)에 사는 외숙부를 찾아갔다. 해방 후 일본에서 돌아왔을 때 아버지와 누나들은 안동 본가의 친척집으로 갔고, 어머니는 청송군에 있는 친정집에서 1년 반을 살았다. 그때 외숙부는 권정생을 화목초등학교로 데려가 입학 수속을 밟았고, 가끔 재미있는 옛날이야기도 들려주었다. 오랜만에 본 외숙부가 그를 반갑게 맞았다.

"경수 왔나?"

경수는 권정생의 어린 시절 이름이었다.

"예, 외삼촌. 그동안 잘 지내셨지요?"

"우리는 잘 지냈다. 이모한테서 수술했다는 얘기는 들었는데, 경과는 괜찮노?"

"예, 그런대로 지낼 만합니다."

외숙부는 다행이라는 듯 고개를 끄덕이며 애틋한 눈길로 그를 바라봤다.

"외삼촌, 부탁드릴 일이 있어 찾아왔습니다."

"그래, 말해 보래."

"경복이 혼처 좀 알아봐 주세요."

경복은 동생 정의 어린 시절 이름이었다.

"맞다. 이제 경복이도 장가갈 나이가 됐재."

"예, 올해 스물일곱이니까 좀 늦긴 했어요. 저 때문에…."

"그게 왜 조카 때문이가. 어머니 상을 치르고 아버지 상까지 치르느라 그리 된 거지. 그런데 그 동네에는 색싯감이 없나? 조카랑 함께 살라믄 아무래도 그쪽 부근에서 구하는 게 안 좋겠나?"

권정생은 잠시 뜸을 들이다 입을 열었다.

"외삼촌, 저는 경복이가 혼인해 독립했으면 합니다. 그러니까 외삼촌께서 색싯감을 알아보시면서 이 부근에 일할 데도 찾아봐 주세요."

"그게 무슨 말이고? 조카 혼자 어떻게 살려고 그런 소리를 하노?"

화들짝 놀란 외숙부는 심각한 표정으로 조심스레 물었다.

"경수 너 혹시 나쁜 생각하는 거가?"

"아니에요, 외삼촌. 그런 생각하는 거 절대 아니에요. 제가 경복이에게 짐이 되는 게 괴로워서 그러는 거예요."

"그래…. 조카 심정은 이해한다. 그렇지만 그 몸으로 어찌 혼자 살라 그러노? 아마 경복이도 펄쩍 뛸 거다. 형제는 어려워도 서로 도우며 사는 거니까, 너무 미안하게 생각지 말고 근처에 살 수 있는 혼처를 알아보래. 경복이는 성실하니 탐내는 집이 있을 거다."

"아픈 형제와 함께 살기도 쉽지 않은데 새 식구가 들어오면 더 버거워질 거예요. 처음에는 이해할 수 있겠지만, 시간이 흐르면 서로 힘들고 불편해서 안 됩니다."

외숙부는 한숨을 내쉬었다. 권정생의 말이 틀린 것은 아니었다.

"그럼 조카는 어찌 살라고? 무슨 계획이라도 있나?"

권정생은 아무런 계획도 없었다. 오직 동생에게 더는 짐이 되어서는 안 된다는 생각뿐이었다.

"아무려면 저 한 몸 못 먹고살겠어요? 그건 걱정하지 마시고, 경복이 혼처와 일할 데 좀 알아봐 주세요. 만약 외삼촌이 도와주지 않으시면 저, 경복이 몰래 집을 나올 생각입니다."

외숙부는 안타까운 표정으로 권정생을 바라봤다. 마음 같아서는 자신이 거두고 싶었지만, 그 역시 아직 머슴살이에서 벗어나지 못한 처지였다. 외숙부는 한숨을 내쉬며 다시 한 번 다짐했다.

"경수 니, 정말 나쁜 생각하는 거 아니지? 만약 그런 일이 생기면 내는 죽어서 니 어머니 얼굴 못 본다."

"외삼촌, 걱정 마세요. 그럴 거 같으면 조용히 강으로 가지 왜 여기까지 왔겠어요."

"그 말을 들으니 그러네. 그럼 알았으니까 저녁 먹고 내일 가그라."

"예, 외삼촌."

외숙부는 알고 있었다. 누이의 삶이 얼마나 버거웠는지, 조카의 삶이 얼마나 고된지, 그리고 조카가 왜 본가 쪽에 발을 못 붙이고 외가 쪽으로 기우는지….

권정생은 1937년 일본 도쿄 시부야 빈민가의 낡은 셋집에서 태어났다. 아버지 고향은 조탑리에서 8킬로미터 떨어진 돌음바우골(안동시 일직면 광연리)이었고, 어머니는 삼밭골(안동시 일직면 평팔리)이 고향이었다. 1915년 열아홉 나이에 시집온 어머니는 큰아들 일준과 둘째 목생, 셋째 을생, 큰딸 귀분, 둘째 딸 차분을 낳았다. 그런데 결혼 전부터 노름벽이 있던 아버지는 다시 노름에 손을 대기 시작했고, 얼마 안 가 초가집이며 논밭을 탕진했다. 빚쟁이들과 일본 순사(경찰)에게 쫓기던 아버지는 결국 체포되어 일본에 노무자로 끌려갔다. 어머니는 혼자 남아 아이 다섯을 키워야 했다. 아버지는 7년 만에야 어머니에게 아이들을 데리고 일본으로 오라는 편지와 함께 여비를 보내왔다. 그런데 여행허가증이 가족당 4명에게만 발급되던 시절이라, 어머니는 셋째 아들과 딸 둘만 데리고 일본으로 갔다. 중국 만주로 돈을 벌러 간 큰아들에게는 나중에 오라 했고, 둘째 아들은 의성 길안골이라는 산골에서 한센병 아들(권정생의 삼촌)을 돌보던 시어머니에게 맡겼다. 권정생이 일본에서 태어난 후 첫째 형은 일본으로 건너왔지만 둘째 형은 공사장에서 일하다 사고로 세상을 떠났다.

아버지는 일본에서도 노름을 했고 경찰서를 들락거렸다. 낡은 셋집은 비만 오면 시뻘건 물이 천장을 타고 흘러 방바닥 여기저기에 떨어졌다. 아버지가 노름에 빠져 있는 동안 식구들은 양동이와 밥그릇을 동원해 떨어지는 빗물을 받았다. 셋째 형과 큰누나는 일요일마다 한 벌의 셔츠를 놓고 가위바위보를 해 이긴 사람이 입고 나갔다. 어머니가 삯바느질로 버는 돈으로는 아홉 식구 입에 풀칠조차 하기 힘들었다. 집세가 밀려 집주인이 찾아오는 날이면 아버지와 어머니는 한없이 굽실거리며 빌었다. 집주인이 돌아간 뒤 어머니는 권정생을 품에 안은 채 눈물을 흘렸다.* 그는 훗날 어머니가 세상을 떠나기 전에 들려주시던 이야기를 통해 그 눈물의 의미를 알게 되었다.

가을이 될 무렵 외숙부로부터 적당한 처자가 있으며 청송군 부근 과수원에 일자리도 구해 놓았다는 연락이 왔다. 가난한 형편은 양가 모두 마찬가지니 쌀 한 가마니만 가지고 오면 된다고 했다. 결혼 이야기를 들은 동생은 무슨 소리냐며 펄쩍 뛰었다.

"형 혼자 어찌 살려고 그래? 나는 절대 안 가. 장가를 가도 여기서 가서 형하고 같이 살 거야."

"경복아, 형 걱정은 하지 마. 내 한 몸 건사할 자신은 있으니 마음 놓고 떠나도 돼. 외삼촌이 어렵게 구한 혼처고 색싯감도 수더분하다니까 하늘이 맺어 준 짝이려니 생각하고 가서 잘 살아."

"싫어! 형을 혼자 두고는 절대 안 가. 내가 외삼촌 집에 가서 색시가 여기 와 살지 않으면 장가 안 가겠다고 얘기할 거야."

"경복아, 그러면 안 돼. 그건 내가 바라는 일이 결코 아니야. 너 혼자 일하러 나가는 뒷모습을 정말이지 더는 볼 자신이 없어서 그래. 제발 내 마음을 좀 헤아리고, 장가가서 잘 살아. 그게 형을 위하는 길이야."

형제는 세 살 터울이라 친구처럼 자랐다. 형 둘은 일본에 남고, 두 누나도 귀국하고 얼마 뒤 시집을 가 집에는 부모님과 권정생, 권정 두 형제뿐이었다. 초등학교도 함께 다녔다. 어머니가 행상을 나가 늦게 돌아오시는 날이면 둘은 귀리나 호밀 가루로 끓인 죽을 먹고 어머니를 기다렸다. 어머니는 그와 동생을 중학교에 보내 주겠다며 소작 일을 끝낸 뒤에는 행상을 하면서 열심히 돈을 모았다. 그런데 권정생이 열여섯 나이에 초등학교를 졸업할 즈음인 1953년 2월, 화폐가치가 100분의 1로 떨어지는 화폐개혁이 있었다. 어머니가 모아 둔 소 세 마리 값의 돈으로

* 권정생, 「나의 동화이야기」, 『빌뱅이 언덕』, 창비, 2012, 14쪽. 「목생 형님」, 『빌뱅이 언덕』, 창비, 2012, 77~78쪽.

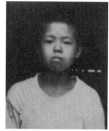

초등학교 졸업사진. 왼쪽 동그라미 표시가 권정생이다. 오른쪽도 같은 시기의 사진이다. 현재
전하는 사진 가운데 가장 어릴 때 모습이다.

새끼염소 한 마리도 살 수 없게 되었다.

권정생은 중학교에 진학할 희망이 사라졌다는 것을 알았지만 낙담하
지 않았다. 그는 동생과 함께 산에서 솔가리를 긁어 와 장에 내다 판 돈
으로 암탉 한 마리를 샀다. 낳은 달걀이 병아리가 되고 그 병아리가 닭
이 되면 팔아서 형제의 내년 중학교 입학금과 월사금을 낼 귀한 씨암탉
이었다. 그해 여름, 닭의 수는 100마리가 넘었다. 권정생은 흐뭇했다. 계
속 열심히 키우면 자신과 동생의 중학교 월사금을 충분히 마련할 수 있
을 것 같았다. 그러나 장마가 시작되면서 닭이 한 마리, 두 마리 쓰러지
더니 일주일도 못 되어 100여 마리가 죄다 죽었다. 닭 전염병이 퍼진 것
이었다. 권정생은 동생을 부둥켜안고 엉엉 울었다. 이렇게 자란 형제였
기에 우애가 지극했다.

1967년 가을, 추수가 끝난 뒤 동생은 청송으로 떠났다. 마음 같아서
는 함께 가서 제수씨 얼굴이라도 보고 싶었지만, 초라한 몰골을 보이는

게 동생 앞날에 도움이 될 것 같지 않았다.

　권정생은 동생이 떠난 길을 바라봤다. 그동안 동생에게 짐이 되고 있다는 무거운 마음에 잠 못 이룬 날이 얼마였는지 모른다. 그는 자신의 의사를 따라 준 동생이 진심으로 고마웠다. 그리고 아플 수 있는 자유가 생긴 것에도 감사했다. 이제는 통증이 느껴질 때마다 터져 나오는 신음 소리를 참지 않아도 되었다. 두 형은 일본에, 큰누나는 안동에, 작은누나는 대구에 살고 있어 더는 누를 끼치지 않아도 된다고 생각하니 마음이 한결 가벼웠다. 그는 앞으로 어떻게 살지 고민해 보지 않았지만 두렵지도 않았다. 어린 시절 객지에서 혼자 산 경험이 있었기 때문이다.

　중학교 진학의 꿈이 무산되었을 때 그는 앞으로 무엇을 해야 할지 고민했다. 건강한 열여섯 살 소년이 집에서 밥을 축낼 수는 없는 노릇이었다. 소작 일도 아버지와 어머니 두 분으로 충분했다. 그때 안동 읍내에 있는 장터 고구마 가게에서 점원을 구한다며 사람을 보내왔다. 어머니가 읍내 장에 가는 이웃들에게 일자리가 있는지 알아봐 달라고 부탁했던 것이다. 당시에는 일자리가 귀해 월급 없이 먹여 주고 재워 주는 조건이었다. 그가 머뭇거리자 어머니는 집에서 그리 멀지 않고 가게 주인도 좋은 사람이니 걱정하지 말라고 했다. 며칠 후 권정생은 아버지와 어머니, 동생의 배웅을 받으며 집을 나섰다. 어머니는 힘들면 돌아오라고 했지만, 그는 그래서는 안 된다는 것을 알고 있었다.

　장터는 조용한 조탑리와 달리 사람으로 붐볐고, 인근 도시에서 떠도는 이야기도 흘러 다녔다. 전쟁이 아주 끝나지는 않았지만 휴전이라는 것을 해 더는 총이나 대포를 안 쏜다는 소식도 들렸다. 그러나 가게 문을 연 지 얼마 안 된 주인은 세상이 어떻게 돌아가든 오로지 매상에만 신경 쓰는 사람이었다. 해가 바뀌면서 단골이 늘고 장사까지 잘되었는

1956년 부산 시절의 모습. 오른쪽은 당시 가깝게 지내던 '기훈'이라는 친구로 추정된다.

데도 주인은 만족하지 못하고 욕심을 부렸다. 심지어 권정생에게 저울 속이는 법을 가르쳐 주었다. 막대 저울로 고구마 무게를 달 때 새끼손가락 끝으로 고구마가 얹힌 쪽을 약간만 누르면 된다는 것이었다. 이렇게 하면 4분의 1을 덜 줄 수 있었다. 권정생은 양심의 가책보다 일자리가 중요했다. 쫓겨나지 않으려 저울을 속였고, 양심은 그에게서 점점 멀어져 갔다. 조탑리에서 아는 아주머니가 와도 속였고, 그가 다녔던 일직 초등학교의 교장 선생님이 고구마를 사러 왔을 때도 속였다. 속이는 것이 습관이 될 무렵 어머니가 찾아왔다. 자신도 모르게 어머니에게까지 저울을 속였다. 권정생은 그날부터 양심과 싸웠다. 손님을 속일 때도 있었고, 주인에게 저울을 속여 팔았다고 거짓말을 하는 날도 있었다. 이래도 괴롭고 저래도 괴로웠다. 그는 더는 양심을 팔 수 없어 집으로 돌아왔다.*

어머니는 잘 돌아왔다며 그의 등을 두드렸지만 집에서 놀고먹을 수는 없었다. 1954년 겨울, 그는 이모가 사는 부산으로 갔다. 큰 도시인 부산

* 권정생, 「열여섯 살의 겨울」, 『빌뱅이 언덕』, 창비, 2012, 58~60쪽.

에는 낮 동안 일하고 밤에는 공부할 수 있는 점원 자리가 있을지도 모른다는 기대감에서였다. 하지만 그런 일자리는 없었다. 결국 그는 중학교 진학을 포기하고 초량동에 있는 이종사촌형의 재봉기 가게(동화미싱)에서 배달 일을 했다. 그런데 이듬해 결핵에 걸렸고, 오르막길을 걸을 때면 특히 힘에 부쳤다. 그는 억지로 참으며 1년을 버텼지만 늑막염까지 겹치면서 몸을 가눌 수조차 없었다. 1957년 정월, 권정생은 이모의 연락을 받고 온 어머니와 함께 집으로 돌아왔다.

권정생은 이런 객지 생활 경험이 있어 혼자 사는 것이 두렵지 않았다. 그리고 먹고사는 것이 여의치 않으면 다시 깡통을 들고 떠날 각오까지 했다. 그는 그동안 누구에게도 말한 적이 없는데, 사실 예전에 잠깐 거지 생활을 했었다.

부산에서 돌아온 권정생은 어머니의 간호 덕분에 몸을 추스를 수 있었다. 병세가 호전되자 그는 집에 돌아온 지 6년 만인 1963년부터 일직교회 주일학교에서 교사로 봉사하기 시작했다. 권정생이 예수를 처음 안 것은 1942년 일본 도쿄 시부야의 낡은 셋집에 살던 다섯 살 때였다. 교회 주일학교에 다니던 두 누나의 영향이 컸다. 그때 십자가에 매달린 예수가 불쌍하다고 생각한 그는 1952년부터 조탑리 어귀에 자리한 일직교회에 나갔다. 그 전년에 세워진 일직교회는 학교에 가지 못하는 소년, 소녀들을 위해 야학을 운영하고 있었다. 권정생은 수업료를 내는 대신 한 달에 한 번씩 나무를 해주기로 하고 야학에서 영어 알파벳과 수학을 배웠다. 그러나 중학교에 진학하지 못한 권정생은 일을 하기 위해 조탑리를 떠났다.

그가 다시 일직교회에 발걸음을 한 것은 아픈 몸을 이끌고 부산에서 돌아온 후였다. 식구들이 모두 잠든 밤에 통증이 시작되면 신음소리를 참을 수 없어 교회로 가 날이 밝도록 기도했다. 고통에 몸부림치며 예수를 찾았다. 기도 반, 울음 반의 처절한 시간이었다. 그는 인생에서 가장 힘든 시절 예수와 교회에 의지했기에 건강을 조금 회복하자마자 주일학교 봉사를 시작한 것이었다. 하지만 그리 오래하지 못했다. 1964년 어머니가 저수지 공사장에서 일하다 다쳐 이번에는 그가 병간호를 해야 했기 때문이다. 어머니는 자리에 누운 지 6개월 만에 세상을 떠나셨다. 권정생의 슬픔은 컸다.

어머니가 세상을 떠난 이듬해인 1965년 4월, 아버지는 그에게 동생 정을 결혼시켜 집안의 대를 이어야겠다며 1년쯤 집을 나가 있다 돌아오라고 했다. 권정생은 아직 각혈을 했지만 집을 나가라고 하는 아버지를 결코 원망하지 않았다. 오히려 결핵으로 먼저 세상을 떠난 동네 친구들이 생각날 때면 아직까지 살아 있는 자신이 저주스러웠다. 그는 이른 새벽 옷 보따리 하나를 들고 조용히 집을 나섰다. 잠든 동생의 머리맡에 "아버지 말씀 잘 따르기 바란다"는 쪽지를 남겼다. 잠시 후 동생이 쫓아와 팔을 붙잡았지만 그는 기도원에 다녀올 테니 걱정하지 말고 기다리라 했고, 정은 그럼 일주일만 있다 오라며 자신의 주머니에 있던 100원짜리 한 장을 그에게 건넸다. 대구행 열차에 몸을 실은 권정생은 한 기도원을 찾아갔지만 등록하는 데 돈이 필요했고, 끼니를 해결하기 위해서도 돈이 필요했다. 그는 어쩔 수 없이 되돌아 나왔다.

몸 상태가 정상이 아닌 그가 할 수 있는 일은 없었다. 수중에 있던 60원으로 길가 상점에서 두레박용 깡통을 하나 샀다. 그리고 그날 밤부터 노숙露宿을 하면서 대구에서 김천으로, 다시 상주, 점촌, 문경으로 떠돌아다니며 거지 생활을 했다. 그는 배가 고프거나 각혈을 할 때마다 어머

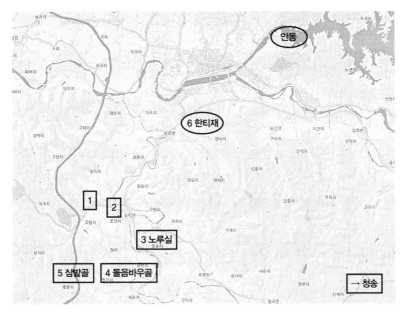

① 일직교회와 빌뱅이 언덕 아래 흙집이 있는 안동시 일직면 조탑리. ② 권정생이 원고를 부치러 다니던 일직우체국. ③『몽실 언니』의 배경인 노루실. 현재 권정생동화나라가 자리해 있다. ④ 권정생 아버지의 고향 돌음바우골. ⑤ 권정생 어머니의 고향 삼밭골. ⑥ 장편소설『한티재 하늘』의 배경인 한티재.

니 생각이 났다. 남에게 추한 모습을 보이느니 차라리 어머니 곁으로 가고 싶었다. 인적이 드문 산속에 구덩이를 팔 요량으로 장소를 봐 두기도 했다. 그러나 막상 밤이 되면 용기가 나지 않았다. 배가 고플 때면 광야에서 40일 동안 금식기도를 한 예수가 떠오르기도 했고, 성경에 나오는 눈물의 선지자 예레미야, 아모스, 엘리야, 애급으로 팔려간 요셉, 그리고 세례 요한과 사도 바울이 생각나는 날도 있었다.

그는 성경 덕분에 죽음의 고비를 넘겼지만 그사이 결핵이 악화되었다. 집을 떠난 지 석 달이 조금 넘어 경상북도 예천에 도착했을 때였다. 갑자기 온몸이 불덩이처럼 뜨겁고, 걷는 것조차 힘들 만큼 아랫배가 아팠다. 그는 어쩔 수 없이 조탑리를 향해 힘겹게 발걸음을 옮겼다. 그리고 흉한 몰골로 사람들과 마주칠까 싶어 마을 근처에서 밤이 되기를 기다렸다가 집으로 들어갔다. 그동안 동생은 결혼을 하지 못했고, 아버지는 그해 12월 세상을 떠나셨다. 이 모든 것이 불과 2년 전 일이었다.[*]

권정생은 수술 후 몸을 움직일 만했기에 거지 생활이 두렵지 않았다. 그러나 죽기 전에 꼭 하고 싶은 일이 있었다. 그는 논 주인에게 겨울을 난 다음 농막을 비우면 안 되겠느냐며 양해를 구했다. 다행히 주인은 새로운 소작인을 구할 때까지 농막에 머물러도 좋다고 했다. 1947년부터 20년 동안 소작을 해왔기에 사정을 알고 배려해 준 것이었다.

[*] 권정생, 「오물덩이처럼 딩굴면서」, 『빌뱅이 언덕』, 창비, 2012, 31~42쪽.

세상에
남기고 싶은
이야기

권정생이 꼭 하고 싶은 일은 신춘문예 응모였다. 지난해 수술을 집도한 의사는 앞으로 2년가량 살 수 있을 것이라고 했다. 그는 이 세상에 태어나 아무런 흔적도 남기지 못하고 죽는다면 허망할 것 같았다. 그리고 뭐 하나 가진 것 없는 자신이 이생에 남길 수 있는 유일한 삶의 자취는 글밖에 없다고 생각했다.

그는 태어나 한 번도 문장 수업이나 글쓰기 지도를 받은 적이 없었다. 청소부로 일하던 아버지가 폐지로 팔려고 가져온 종이더미 속에서 찾아내 읽은 『이솝우화』, 『그림형제 동화집』, 『행복한 왕자』 같은 동화책과 열다섯 살 때부터 동시를 쓴 경험, 그리고 부산의 책 대여점에서 빌려 본 『젊은 베르테르의 슬픔』, 『죄와 벌』, 『단종애사』 등 소설책이 그의 문학적 바탕의 전부였다.

그럼에도 그는 글쓰기를 꾸준히 했고 부산 초량동의 재봉기 가게에서 일하던 1955년, 청소년 월간 잡지 『학원』 '독자문예란'에 소년소설 「여

『학원』 1955년 5월호에 실린 「여선생」. 권정생의 첫 발표작이다.

선생」*을 응모했다. 집이 가난해 학교에 가지 못하는 누나가 남동생과
여선생님, 교장 선생님의 도움으로 학교에 가게 된다는 줄거리였다. 당
시 『학원』은 청소년들 사이에서 인기를 끌며 매달 5만 부 이상 발행되
던 잡지였다. 그만큼 많은 문학 지망생이 앞다퉈 작품을 응모하는 까닭
에 입선이 쉽지 않았다. 그런데 1934년 『조선일보』 신춘문예에 단편소
설 「모범경작생模範耕作生」이 당선된 후 왕성하게 작품 활동을 하던 소설
가 박영준이 그의 문학적 재능을 알아봐 「여선생」을 입선작으로 선정했
고, 『학원』 5월호에 작품이 실렸다. 그의 나이 열여덟이었다. 이에 고무
된 권정생은 계속해서 글을 쓰고 싶었지만 건강이 급격히 나빠졌다. 결

* 작품은 부록(308쪽)에 해설과 함께 수록했다.

1967~1968년 무렵 주일학교 어린이들과 함께. 뒷줄 동그라미 표시가 권정생이다. 농촌에 어린이가 많던 시절이다.

국 조탑리로 돌아와 투병 생활을 시작했다. 그러나 문학에 대한 열정은 사그라지지 않고 가슴 깊은 곳에 자리 잡았다.

11월 13일, 대구 『매일신문』에 신춘문예 모집 광고가 실렸다. 원고 접수 마감은 12월 9일이고 동화는 원고지 30매, 동시는 1편이 응모 조건이었다. 신문을 한참 들여다보던 권정생은 그동안 시간이 날 때마다 조금씩 써 놓은 「깜둥바가지 아줌마」를 다듬어 응모해야겠다고 생각했다.

수술 후 연초 퇴원해 조탑리로 돌아왔을 때 그는 170센티미터 키에 몸무게가 36킬로그램이었다. 콩팥이 하나 없고 나머지 하나도 거의 기능을 상실한 상태라 얼굴색까지 까맸다. 그런 그를 볼 때마다 동네 사람들은 귀신 같다며 수군거렸다. 반면 일직교회 주일학교 아이들은 "선생님, 선생님" 하며 그를 잘 따랐다. 그는 자신의 생김새를 개의치 않는 아이들이 고맙고 좋았다. 「깜둥바가지 아줌마」는 그런 교회 아이들과 자신의 모습, 그리고 시한부 인생인 자기 처지를 생각하며 준비하던 동화였다.

부엌에서 가장 못생긴 데다 맛없는 보리밥만 담는 깜둥바가지. 맛있는 반찬을 올리는 사기그릇과 국이나 찌개를 담는 오목탕끼(탕기湯器), 예쁘게 생긴 간장 종지, 눈부신 수저들은 그런 깜둥바가지를 천하다며 업신여긴다. 깜둥바가지 아줌마는 아직 어린 장난꾸러기들이라 그런 것이라면서 그들을 늘 웃음으로 대한다. 그리고 비록 못생겼어도 자신이 쓸모 있는 바가지로 태어나 다행이라고 생각한다. 그러던 어느 날 가장 귀엽던 사기그릇이 밥상에서 떨어지고 만다. 주인인 나미 엄마는 산산조각이 난 사기그릇을 버리면서 오래되고 금이 간 깜둥바가지도 강물에 버린다.

권정생은 원고뭉치에서 「깜둥바가지 아줌마」를 찾아 밥상에 올려놓았다. 처음부터 읽어 나가며 어색한 부분을 고치기 시작했다.

하얗고 동그랗고 쬐끄만 사기 접시가 오늘 아침에도 할아버지 밥상 위에서 거드름을 피우며 막 뻐겨댑니다.

"어흠, 내가 제일이야! 이처럼 매일 맛난 반찬만 담기니까 말이야."

정말 보기만 해도 군침이 고일 만큼 맛나 보이는 상어 고기가 빨간 고추 양념에 묻히어 냉큼 얹혔습니다.

언제나 그랬습니다.

쇠고기 볶음이랑 창난젓이랑 귀한 반찬은 꼭꼭 이 쬐끄만 사기 접시에 담겨 할아버지 밥상머리에 얹혀 갔습니다.

방금 나미네 엄마가 그릇에 담은 뜨거운 밥에서는 김이 무럭무럭 오르고 있습니다.

부엌 바닥 저쪽 구석에 아무렇게나 팽개쳐 놓은 부지깽이는 연방 침을 흘리며 쳐다보고 있습니다.

쬐끄만 사기 접시 바로 옆에 간장 종지는 끼니마다 짭짤한 간장 맛에 시달렸지만, 옆에 놓인 사기 접시의 맛난 고기 냄새만으로 흐뭇합니다.

권정생은 세상에 남기고 싶은 자신의 글을 동화라기보다 그냥 '이야기'라고 생각하며 써 나갔다. 가슴에 맺힌 사연이 있으면 누군가에게 말하고 싶듯이, 자신이 보고 들은 것을 바탕으로 떠오르는 이야기가 있으면 종잇조각에 적어 두었다가 원고지에 옮겨 썼다. 그의 주변에는 유독 하루하루를 힘겹게 살아가는 가난한 어린이가 많았다. 그래서 이왕이면 그 어린이들에게 위로가 되고, 작으나마 희망을 줄 수 있는 이야기를 쓰고 싶었다.

깜둥바가지는 조용히 말했습니다.

"너무 슬퍼들 마세요. 그동안 여러분들과 이 부엌 안에 살면서 저는 정말 행복했어요. 지금에서야 돌이켜보니, 제가 못생겼어도 쓸모 있는 바가지로 태어난 것이 얼마나 다행이었는가를 새삼 깨닫게 되는군요. 저도 정든 이 부엌을 떠나는 것이 가슴을 에듯 슬프지만 어쩔 수 없는 거예요. 이처럼 다 찢어진 제 몸뚱이는 부엌 안에서 이젠 쓸모없는 거예요. 어느 때나 한번은 헤어져야 할 우리들인걸요. 부디 몸조심하고 맡은 일을 열심히 해주세요. 그리고 서로 사이좋게 지내 주세요."

깜둥바가지 아줌마는 그 이상 말을 계속할 수 없었습니다. 눈물이 자꾸만 자꾸만 흘러내렸습니다.

권정생은 이 이야기를 쓰면서 자신도 모르게 눈물을 흘렸다. 머지않아 세상을 떠날 자신의 처지가 서럽게 느껴졌다. 그는 깜둥바가지가 낯선 강물 위를 떠내려가는 부분을 자신이 밤하늘의 반짝이는 별이 되는 것으로 마무리했다. 슬픔의 끝에는 절망이 아닌, 새로운 희망이 있음을 말하고 싶었다.

그날 밤, 깜둥바가지 아줌마는 어느 낯선 강물 위에 떠내려가고 있었습니다.

나미네 집 앞 개울물에 던져진 후, 줄곧 흘러 흘러 여기까지 온 것입니다.

강물은 몹시 차가웠습니다. 물결은 사정없이 깜둥바가지의 뺨을 후려치며 떠밀고 갔습니다. 다만 캄캄한 밤하늘에 별들이 아름답게 반짝이고 있었습니다.

깜둥바가지는 문득 쬐끄만 사기 접시 생각을 했습니다. 그 귀엽던 눈동자는 어쩌면 저 하늘의 별처럼 어디에서 말똥거리고 있을 것 같았습니다. 조각조각 바스러지던 그 순간, 한 개의 별이 되어 드넓은 하늘 위에서 반짝반짝 살아 있는 것이라 생각했습니다.

깜둥바가지는 몸을 도사렸습니다.

어디로 어떻게 가는지는 잘 모르지만 자기도 지금 쬐끄만 사기 접시가 간 곳을 찾아가고 있다고 생각했습니다.

깜둥바가지 아줌마는 이젠 슬프지 않았습니다. 일그러진 얼굴에 곱게 웃음을 머금고 반짝이는 별을 쳐다보며 귀여운 사기 접시가 간 곳을 찾아

어두운 강물 위를 흘러가고 있었습니다.

권정생은 그동안 쓴 글을 원고지에 정성스레 옮겨 적었다. 어느 정도 만족스럽게 마무리된 것 같아 뿌듯했지만, 그는 자신이 쓴 이야기가 이 시대 여느 동화들과 다르다는 사실을 잘 알았다. 그런 자신의 동화를 심사위원들이 알아주지 않을 수도 있다는 생각이 들었다. 그래도 그는 아이들의 힘겹고 외로운 현실을 외면하는 동화보다, 아이들에게 이런 현실에서 어떻게 살아가는 것이 인간다운 길인지를 보여 주는 동화를 쓰고 싶었다.

그는 운산에 있는 일직우체국에 가서 원고를 부치려고 방을 나섰다. 조탑리 들판에 흰 눈이 쌓여 있었다. 걸음을 옮길 때마다 숨이 찼다. 그는 앞으로 살날이 얼마나 남았을까 생각하며 금방이라도 눈이 내릴 듯한 흐린 하늘을 올려다봤다.

12월 13일, 대구 『매일신문』에 신춘문예 마감 현황을 알리는 기사가 실렸다. 동화가 102편이나 접수되었다는 소식에 그는 한숨을 내쉬었다. 신문사에서는 20일에 예심을 끝내고 하순까지 3차에 걸쳐 검토한 후 1968년 1월 1일자 신년호에 당선자를 발표할 계획이라고 했다.

성탄절이 지나자 권정생은 혹시 신문사에서 당선 소식이 올까 싶어 매일 집배원을 기다리며 방문 밖 소리에 귀를 기울였다. 그러나 연말까지도 당선 소감을 써 보내라는 전보는 오지 않았다. 실망이 컸지만 자신의 실력이 부족해서라고 생각하며 당선작이 발표될 새해 신문을 기다렸다. 자신의 작품과 비교하기 위해서였다.

그렇게 하루하루를 기다렸고, 마침내 1968년 1월 5일자 대구 『매일

신문』에 동화 심사평이 실렸다. 심사위원은 아동문학평론가 이재철, 아동문학가 김성도, 아동문학가 이응창 등 3인이었고 심사평은 김성도가 썼다.

문화부에서 선자選者들에게 넘겨진 작품은 10여 편. 세 사람의 선자(이응창, 이재철, 필자)가 정독 후 최종선에 남은 것은 「산으로 오는 잉어」(이천규)와 「깜둥바가지 아줌마」(권정생) 두 편.

전자前者는 간결한 문장으로 주인공의 탈출과 최후의 운명까지를 박력 있게 끌고 가고 있다. 그러나 구태여 흠을 잡는다면 스토리가 너무 직경적直經的이고 폭이 좁은 것이었다.

동화 수법으로 봐서는 후자後者가 훨씬 우수할지 모른다. 상당히 많은 주인공의 등장 개성을 잘 살렸다. 그런데 깜둥바가지 아줌마의 너그러움을 충분히 살렸으나 이야기 자체가 가져야 할 우의성寓意性(다른 사물에 빗대서 은연중 어떤 의미를 비추거나 나타내는 성질)이 희박하다. 그리고 사소한 일 같지만 "된장 뚝배기가 눈물을 흘린다"든가 또는 '사기 접시'가 떨어진다든가 하는 장면에서 그때 나름의 필요성이 보이지 않는다. 무생물無生物을 주인공으로 할 때도 필연성이 요구된다고 본다. 그러나 이것들은 옥에 티요, 인간 생활의 우의성이 희박한 것이 흠이었다.

선자 중에는 「깜둥바가지 아줌마」를 당선작으로 올리자는 말까지 나올 만큼 양자택일에 곤란을 느꼈다. 서운한 대로 권씨는 다음 기회를 기대해 주셔야겠다.

순간 권정생은 자신도 모르게 가느다란 한숨이 나왔다. 어느 심사위원이 당선작으로 올리자고 했다는 부분에서는 고마움과 함께 진한 아쉬움이 몰려왔다. 조금 더 잘 썼더라면 하는 자책과 함께, 자신에게 글 스승이나 작품에 대해 토론할 문우文友가 있었으면 하는 안타까움도 일었다. 한편으로는 비록 떨어지긴 했지만 최종심 두 편에 포함되었고 구체적인 평까지 들었으니 다음 작품을 쓰는 데 도움이 될 것이라며 마음을 다독였다. 그러나 자신에게 다음 기회가 있을까 하는 의구심에 고개가 절로 숙여졌다.

글을
쓸 수 있는
건강만
허락된다면

1968년 2월, 일직교회 토담집 문간방 바닥은 불을 때지 않아 차가웠다. 문풍지로 찬바람이 스며들었다. 방 안에는 이불과 양은냄비, 석유풍로 같은 취사도구가 있었다. 혼자 사는 방답게 살림살이가 단출했다. 조그만 밥상 위에는 심지를 넣은 기름병과 타다 남은 양초가 놓여 있었다. 방 한편에는 책으로 빼곡한 책꽂이가 자리했다. 주일학교 교재용 잡지와 책이 대부분이고, 셋째 형이 보내온 일본 책도 있었다. 방 위쪽에는 핀셋과 소독약이 있었다. 보름마다 소변줄을 갈아 끼울 때 사용하는 도구였다. 병원에서 하면 통증이 덜했지만 병원에 갈 돈이 없어 집에서 살을 에는 듯한 고통을 참아가며 스스로 갈아 끼웠다.

권정생은 며칠 전 농막을 떠나 일직교회 문간방으로 들어왔다. 그가 주일학교 교사로 봉사하던 일직교회에서 사찰집사 자리를 제안했기 때문이다. 사찰집사는 교회 문단속과 시설 관리, 그리고 종지기 업무까지 담당하는 직책이라 숙소가 제공되었다. 문간방은 여름에는 덥고 겨울에

권정생 뒤편에 보이는 건물 왼쪽이 문간방이고, 오른쪽은 일직교회에서 광으로 사용하던 공간이다. 이 문간방은 그가 빌뱅이 언덕 아래로 이사하던 1983년에 철거되었으며, 그 후 시멘트로 새로 지었다.

는 추운 서향이었지만, 그는 병들고 오갈 데 없는 자신에게 거처를 마련해 준 교회 측에 감사했다.

그는 교회 주일학교 수업이 끝나면 아이들에게 동화를 읽어 주었다. 가끔씩 아이들이 참여할 수 있는 인형극도 주도했다. 부산 재봉기 가게에서 일할 때 배운 재단 기술로 인형은 물론, 옷도 만들었다. 인형극 소재는 아동문학가 방정환이 어린이들에게 들려주기 좋게 엮은 번안동화집 『마음의 꽃』에 실린 동화들과 성경에 나오는 내용, 호랑이가 오누이를 잡아먹으려고 하늘에 오르다 떨어지는 「별순이 달순이」, 할머니가 호랑이를 꾀로 물리치는 「팥죽 할머니」 등 청송 외숙부에게서 들은 옛날이야기들이었다. 주일학교 아이들은 손가락에 인형을 끼우고, 그가 종이에 그린 배경 몇 장을 남포등으로 비추었다. 소박하게 진행했지만 아이들뿐 아니라 동네 할머니, 할아버지들도 재미있게 관람했다. 특별한 볼거리, 재밋거리가 없던 시절이었다. 당시 조탑리에는 전기가 들어오지 않았다. 텔레비전은 아예 없었고 건전지로 들을 수 있는 라디오를 가진 집도 몇 안됐다. 권정생은 인형극을 한 번 하면 사흘을 앓아누웠다. 그때마다 죽음의 그림자가 엄습했고, 다시 기운을 차리면 살았다는 사실에 안도감을 느끼곤 했다.

일직교회 문간방으로 옮겨온 후에도 계속 글을 쓴 그는 수술한 지 2년이 다 되어 가는 가을에 이르자 이제 곧 죽겠구나 하는 생각이 들었다. 다시 신춘문예를 떠올렸다. 이번에는 꼭 당선해 자신의 동화가 신문에 크게 실리는 것을 보고 싶었다. 그는 마음을 다잡고 몇 달 전부터 써 오던 동화「파리가 날아간 푸른 하늘」*을 다듬기 시작했다. 글을 쓰다 지쳐 고열에 시달리는 날이면 음식 맛을 전혀 모를 만큼 식욕을 잃었다. 그래도 억지로 밥이나 죽을 지어 먹었다. 악착같이 한 끼도 거르지 않으며 죽음의 그림자와 맞섰다.

11월 말, 그는 「파리가 날아간 푸른 하늘」 원고를 대구 매일신문사로 보냈다. 지난해처럼 성탄절 이후부터 매일매일 방문 밖 소리에 귀를 기울였다. 하지만 이번에도 당선 소감을 써 보내라는 전보는 오지 않았다. 낙담이 컸다. 신춘문예 동화부문 심사평은『매일신문』1969년 1월 1일자 8면에 실렸다. 그의 눈길은 작가 김성도의 심사평에 쏠렸다.

* 이 작품은 전해지지 않는다. 자신을 생이 짧은 파리에 비유한 동화로 추정된다.

예선을 거쳐 심사원들에게 넘겨진 작품이 13편. 윤독輪讀(여러 심사원이 같은 작품을 돌아가며 읽는 일)을 마치고 문제 삼은 작품이 「산골 아이」(전 청자), 「꽃게」(선우정지), 「그날 점심시간에 생긴 일」(박이득), 「파리가 날 아간 푸른 하늘」(권정생)의 4편이었다. – 중략 –

「파리가 날아간 푸른 하늘」의 작자는 동화 제작의 자세가 누구보다 확 실하다. '나비'와 '파리'의 대조까지는 좋았으나 끝처리가 애매하다. 더욱 분발해 주기를.

권정생은 고개를 숙이고 한숨을 길게 내쉬었다. "자세가 누구보다 확 실하다"는 심사평은 격려였지만 그에게는 아쉬움으로 다가왔다. 의욕이 앞서 마무리를 차분하게 못 하고 서둘렀다는 자책도 들었다. 생의 마지 막일지도 모를 기회를 놓쳤다는 생각에 며칠 동안 밤잠을 이루지 못했 다. 하지만 그는 어릴 때부터 기쁜 소식보다 슬픈 소식에 더 익숙했다. 세상에는 좋은 일보다 나쁘고 어려운 일이 더 많다는 사실을 몸으로 느 끼며 살아왔다.

그는 다시 기운을 차렸다. 비록 신춘문예에는 떨어졌지만 수술한 지 2년이 지났는데도 죽지 않고 살아 있어 다행이라며 스스로를 위로했다. 쓰고 싶은 글을 맘껏 쓸 수 있게 건강만 하다면 더 바랄 것이 없었다.

「강아지똥」을
쓰다

　　1969년 1월 말, 자명종 소리와 함께 권정생은 잠에서 깼다. 새벽 4시였다. 교회 마당에 미명의 어스름이 가득했다. 새벽바람이 교회 마당에 우뚝 솟은 삼나무 가지들을 스쳐 지나갔다. 그는 차가운 손을 호호 불며 종탑 아래로 갔다. 해가 긴 여름에는 새벽 4시와 저녁 8시, 해가 짧은 겨울에는 새벽 5시와 저녁 7시가 되기 30분 전 종을 쳤다. 그리고 일요일 낮 예배와 저녁 예배 전에도 종을 쳤다.

　　그는 장갑을 끼지 않은 손으로 차가운 종 줄을 잡아당겼다. 맨손으로 줄을 조절해 가며 당겨야 아름다운 종소리가 난다고 믿었기 때문이다. 그의 손을 따라 뗑그렁, 뗑그렁 종이 울렸다. 그는 하늘을 보며 종 줄을 잡아당겼다. 종탑 위 어두운 하늘에 박힌 별들이 반짝반짝 빛나고 있었다. 맑은 종소리가 빛나는 별이 가득한 우주로 퍼져 나가도록 더욱 힘차게 줄을 당겼다. 뗑그렁, 뗑그렁. 권정생에게 종소리는 기도였고, 하루를 이길 힘이었다. 그의 몸에서 땀이 나기 시작했다. 그래도 거친 숨을

권정생이 종 줄을 잡아당기던 종탑. 오른쪽은 김재화 당시 담임목사다. 이 종탑은 1983년에 철거되었다. 현 종탑은 2008년 대구에 거주하는 익명의 유치원장이 권정생을 기리는 마음에서 기증했다.

내쉬며 60번 넘게 줄을 당겼다.

새벽종 소리를 들으며 교회로 온 할머니, 할아버지들은 차가운 예배당 마룻바닥에 머리를 조아린 채 기도했다. 서울로, 대구로, 부산으로 일자리를 찾아 떠난 자식들의 이름을 불렀다. 권정생도 땀을 씻고 들어와 무릎을 꿇었다. 그는 먼저 슬픈 사연이 가득한 이웃과 힘들게 살아가는 가난한 어린이들을 위해 기도했다. 남편이 해방 전 만주에서 마적의 칼에 찔려 죽고 아들마저 폐결핵으로 사망한 후 귀머거리가 된 만주댁할머니, 환갑이 지난 나이에도 지게를 지고 산에 올라가 나무를 하는 행계댁 할머니, 자식들이 모두 도시로 떠나 쓸쓸하게 살고 있는 석이네 할머니와 오계골댁 할머니, 동촌댁 할머니, 그리고 술을 마시면 고향에 두고 온 아내와 자식이 그립다고 하소연하며 통일이 언제 되느냐고 묻는 평양 할아버지, 중학교 졸업 후 파출소에서 심부름하며 눈먼 할머니의 대소변을 받아 내고 몸져누운 어머니를 대신해 집안일도 하는 경순이, 어릴 때부터 동생 둘을 번갈아 업고 부엌 청소와 설거지를 하다 다리 신경이 마비된 순화, 매일 아침 어머니와 아버지의 밥을 이고 들로 가는 금순이, 설거지와 집 안 청소를 해놓고 종종걸음으로 밭에 나가 부지런히 고추를 따는 옥이와 순용이…. 그에게는 기도할 이웃이 너무 많아 자신을 위한 기도는 맨 마지막에 했다.

그는 기도를 마치고 문간방으로 돌아왔다. 방 안이 어두워 기름병 심지에 불을 붙이고 아침식사를 준비했다. 그는 매일 아침 보리쌀 두 홉(약 360밀리리터)으로 밥을 지은 후 세 등분으로 나누어 끼니때마다 먹었다. 보리쌀이 부족하면 죽을 끓였고, 보리쌀이 떨어지면 밀가루 반죽에 고추장을 풀어 고추장떡을 만들었다. 사찰집사는 교회에서 월급을 지급해야 하는 직책이지만, 일직교회는 가난해 그에게 문간방을 내주었을 뿐이다. 권정생은 주변의 도움으로 하루하루를 살아갔다.

2월 5일 무렵, 권정생은 며칠 전 교회로 온 『기독교교육』 2월호를 펼쳤다. 『기독교교육』은 개신교 연합단체인 대한기독교교육협회에서 발행하는 주일학교 교육 전문 월간지로, 그는 주일학교 교사로 봉사하면서 이 잡지를 봤다. 이번 호에는 무슨 내용이 실렸는지 살펴보던 그는 '제1회 기독교아동문학상 현상 모집' 광고에 눈이 번쩍 뜨였다. 그리스도교 신인 작가 발굴을 위해 동화와 동시를 모집한다는 내용이었다. 동시는 3편 이내, 동화는 200자 원고지 30매 안팎이었다. 마감은 3월 20일로 거의 50일이 남아 있었다. 작가가 되는 길이 연말에 마감하는 신춘문예만 있는 줄 알았던 그는 생각지도 않은 기회에 가슴이 뛰었다.

2년 전 그는 퇴원해 집에 돌아와 쓴 자작 동시 가운데 「맘속에 계셔요」와 「예배당 가는 길」 두 편을 『기독교교육』 독자문예란 담당자 앞으로 보낸 적이 있었다. 하나님을 붙잡고 매달리던 자신의 마음을 표현한 동시였다. 그중 「맘속에 계셔요」가 『기독교교육』 1967년 1·2월 합본호 '독자문예란'에 실렸고, "좀 더 공부하면 좋은 동시를 쓸 수 있는 분"이라는 평도 덧붙어 있었다.

권정생은 자신의 동시를 실어 준 잡지에서 모집하는 문학상이라 지난 여름에 쓴 동시 「강아지똥」을 떠올렸다.

이 강아지똥은
지렁이만도 못하고
똥 강아지만도 못하고

그런데도 보니까
봄이 돼서 보니까
강아지똥 속에서
민들레꽃이 피는구나*

그러나 그는 동시 「강아지똥」이 만족스럽지 못했다. 주일학교 아이들에게 매주 동화를 읽어 주면서 동시보다 동화에 더 큰 매력을 느꼈기 때

* 1999년 1월 어린이문학협의회 겨울 연수회에 참가한 사람들에게 말한 내용. 『어린이문학』 1999년 2월호.

문이다. 그는 「강아지똥」을 동화로 고치면 내용이 풍성해질 것 같았다. 그리고 자신의 처지를 표현한 '강아지똥'이라는 소재를 통해 예수의 사랑과 희생의 의미를 전달하면 좋겠다는 생각도 했다. 당시 권정생에게는 예수와 교회가 삶의 전부였다.

그다음 날 아침, 그는 마을 안쪽으로 향했다. 담장 아래에 있는 강아지똥과 이제 막 피기 시작한 민들레를 자세히 살펴보기 위해서였다. 바람은 아직 쌀쌀했다. 골목길 돌담 아래에 냉이와 민들레가 자리 잡았지만, 잎은 아직 흙빛이었다. 꽃이 피려면 아직 한 달쯤 더 있어야 했다. 그래도 그는 계속 돌담 아래를 살펴보며 걸음을 옮겼다. 그때 좁은 골목길을 따라 소달구지가 내려왔다. 가까이 가서 보니 석이네 아버지였다. 그가 인사를 꾸뻑하자, 석이네 아버지는 집수리하는 데 쓸 흙을 밭에서 실어 오는 참이라며 손을 흔들어 보이고 지나갔다. 길이 울퉁불퉁해 소달구지에서 떨어진 흙덩어리들이 그의 발 근처까지 굴러왔다. 그는 돌담아래 강아지똥 옆으로 굴러온 흙덩어리를 물끄러미 바라봤다.

그는 며칠 동안 아침마다 돌담길을 따라 걸었다. 새벽서리는 돌담 아래까지 내렸다. 일찍부터 먹이를 찾아다니며 짹짹 거리던 참새들이 돌담에 앉아 아침 햇살을 즐겼다. 그러다 권정생이 돌담에서 멀어지면 날갯짓을 하며 아래로 내려와 먹이를 찾았다. 그는 마을을 한 바퀴 돈 다음 방으로 돌아와 하루 종일 원고지 앞면과 뒷면에 글을 썼다.

돌이네 흰둥이가 누고 간 똥입니다.

흰둥이는 아직 어린 강아지였기 때문에 강아지똥이 되겠습니다.

골목길 담 밑 구석자리였습니다. 바로 앞으로 소달구지 바퀴 자국이 나 있습니다.

추운 겨울, 서리가 하얗게 내린 아침이어서 모락모락 오르던 김이 금방 식어 버렸습니다. 강아지똥은 오들오들 추워집니다. 참새 한 마리가 포르르 날아와 강아지똥 곁에 앉더니 주둥이로 꼭! 쪼아 보고, 퉤퉤 침을 뱉고는,

"똥, 똥, 똥… 에그 더러워!"

쫑알거리며 멀리 날아가 버립니다.

강아지똥은 어리둥절했습니다.

"똥이라니? 그리고 더럽다니?"

무척 속상합니다. 참새가 날아간 쪽을 보고 눈을 힘껏 흘겨 줍니다. 밉고 밉고 또 밉습니다. 세상에 나오자마자 이런 창피가 어디 있겠어요.

첫 부분은 마무리되었다. 이제부터는 강아지똥이 희생과 사랑의 의미를 깨닫고 민들레의 거름이 되는 과정을 써야 했다. 희생과 사랑은 기독교의 핵심 진리라 해도 과언이 아닐 정도로 어려운 단어였다. 그는 이 두 단어의 의미를 알아야 예수가 행한 십자가의 희생을 이해할 수 있다고 믿었으며, 그만큼 인간의 삶에서 가장 중요한 덕목이라고 생각했다. 그는 심호흡을 크게 하고 다시 한 줄 한 줄 써 내려갔다.

하지만 아침에 일어나기 힘든 날이 있었고, 글자가 흔들려 잘 보이지 않는 날도 있었다. 소변주머니와 연결된 27센티미터 길이의 소변줄을 갈아 끼울 때는 옆구리에서 피가 쏟아졌다. 통증이 심했고 염증이 생기면 몸에서 열도 났다. 그러면 며칠씩 자리에 누워 안정을 취해야 했다. 기운을 차리고 하루하루 글을 쓰다 보면 다시 소변줄을 갈아 끼워야 하는 날이 되었다. 그래도 정신력으로 버티며 매일 새벽 종 줄을 잡아당겼고, 방으로 돌아와서는 「강아지똥」을 썼다.

흙덩이는 어디까지나 제 잘못으로 믿고 있었습니다. 그래서 이처럼 길바닥에 버려지게 된 것을 그 죗값이라고 생각했습니다.

정말 아기 고추나무가 제 몸뚱이의 물기를 빨아 버리는 것이 얼마나 미웠는지 모릅니다. 마음으로는 그만 죽어 버려라 하고 저주까지 했습니다. 그게 아직까지 잊히지 않아 흙덩이는 괴로운 것입니다.

만약 지금 다시 밭으로 갈 수만 있다면 이제부터는 열심히 곡식을 가꾸리라 싶습니다. 그러나, 이건 헛된 꿈입니다. 언제 달구지 바퀴에 치여 죽어 버릴지 모르는 운명인 것입니다. 흙덩이의 눈에 핑 눈물이 젖어 듭니다.

그때, 과연 저쪽에서 요란한 소달구지 소리가 들려왔습니다.

'아, 나는 이제 그만이다.'

흙덩이는 저도 모르게 흐느끼고 말았습니다.

"강아지똥아, 난 그만 죽는다. 부디 너는 나쁜 짓 하지 말고 착하게 살아라."

"나 같은 더러운 게 어떻게 착하게 살 수 있니?"

"아니야, 하느님은 쓸데없는 물건은 하나도 만들지 않으셨어. 너도 꼭 무엇엔가 귀하게 쓰일 거야."

소달구지가 가까이 왔습니다. 흙덩이는 눈을 꼭 감았습니다. 강아지똥은 그만 자기도 한목에 치여 죽고 싶어졌습니다.*

조탑리 들판에 봄이 왔다. 배추밭에서는 연둣빛 냉이가 올라오고, 시냇가에는 풀냄새와 흙냄새가 물씬했다. 겨우내 방 안에서 움츠려 지내

---

* 1996년 출판된 그림책 『강아지똥』에는 이 부분이 없다. 저학년 어린이들이 이해하기 어려운 부분은 생략했기 때문이다.

던 아이들은 다시 골목으로 나와 동네 친구의 이름을 불렀다. 아이들이 하나 둘 모이면 마치 달리기 시합이라도 하듯 다들 실개천을 향해 달음 박질쳤다. 버들강아지가 초봄 햇살에 반짝이고, 얇은 시냇물에서는 피라미들이 물살을 따라 오르내렸다. 아이들은 즐겁게 소리 지르며 물에 돌을 던지거나 도망가는 피라미를 쫓아 시냇물 아래위를 뛰어다녔다. 농촌에 아이들이 많던 시절이었다.

3월 20일 원고 접수 마감일까지는 보름이 남아 있었다. 그는 어떻게 하면 마무리를 잘할 수 있을까 골몰했다. 「파리가 날아간 푸른 하늘」을 보냈다가 낙선한 대구『매일신문』신춘문에 심사평에서 "끝처리가 애매하다"고 지적한 부분이 계속 머릿속을 맴돌았다.

그가 마무리를 고민하고 있을 때 봄비가 찾아왔다. 비는 사흘 동안 내렸다. 비가 그치자 그는 옷을 단단히 챙겨 입고 동네 돌담을 따라 걸었다. 영순이네 집 처마 밑에 있던 강아지똥이 비를 맞아 흐물흐물 땅속으로 스며들었고, 그 옆에서는 민들레가 피어나고 있었다. 그는 허리를 굽혀 강아지똥과 민들레를 바라봤다. 그리고 코를 꽃 가까이 가져다 댔다. 향긋한 꽃내음이 콧속에 퍼지는 순간, 감흥이 몰려오면서 이야기가 떠올랐다. 그는 바로 집으로 돌아와 원고지를 한 칸 한 칸 채워 나갔다.

비가 내렸습니다.

봄을 치장하는 단비가 촉촉이 골목길을 적셨습니다. 강아지똥 바로 앞에 파란 민들레 싹이 하나 얼굴을 내밀었습니다.

"너는 뭐니?"

강아지똥이 내려다보고 물었습니다.

"난 예쁜 꽃이 피는 민들레란다."

"예쁜 꽃이라니! 하늘에 별만큼 고우니?"

"그럼!"

"반짝반짝 빛이 나니?"

"응, 샛노랗게 빛나."

강아지똥은 가슴이 울렁거렸습니다. 어쩌면 며칠 전에 제 가슴속에 심은 별의 씨앗이 싹 터 나온 것이 아닌가 싶었기 때문입니다.

"네가 어떻게 그런 꽃을 피울 수 있니?"

물어 놓고 얼른 대답을 기다렸습니다.

"그건 하느님께서 비를 내리시고 따뜻한 햇빛을 비추시기 때문이야."

민들레는 예사로 그렇게 대답하였습니다.

'역시 그럴 거야. 나하고야 무슨 상관이 있을라고….'

금방 강아지똥의 얼굴이 또 슬프게 일그러졌습니다.

민들레 싹은 강아지똥에게 자신이 예쁜 꽃을 피울 수 있도록 거름이 되어 달라고 부탁했다. 강아지똥은 자신이 사라지는 것이 아니라 별처럼 빛나는 꽃으로 피어날 수 있다는 말에 온몸으로 민들레 싹을 꼭 껴안았다.

비는 사흘 동안 계속 내렸습니다.

강아지똥은 온몸이 비에 맞아 자디잘게 부서졌습니다. 땅속으로 모두 스며들어 가 민들레의 뿌리로 모여들었습니다. 줄기를 타고 올라와 꽃봉오리를 맺었습니다.

봄이 한창인 어느 날, 민들레는 한 송이 아름다운 꽃을 피웠습니다. 향긋한 내음이 바람을 타고 퍼져 나갔습니다.

방긋방긋 웃는 꽃송이엔 귀여운 강아지똥의 눈물겨운 사랑이 어려 있었습니다.

　권정생은 하고 싶은 이야기를 다했다는 생각에 마음이 뿌듯했다. 그는 그동안 쓴 글을 원고지에 옮겨 적었다. 원고지 40매가 나왔다. 작품 모집 광고에 나온 동화부문의 분량은 원고지 30매 안팎이었다. 조금 덜어 내야 했다. 한참을 고심하다 감나무 부분을 빼고 다시 옮겨 썼다. 그렇게 35매로 마무리한 원고를 봉투에 정성스럽게 넣은 뒤 우체국으로 향했다.

　며칠 후 「강아지똥」 원고가 『기독교교육』에 접수되었다. 동화 응모작은 모두 37편이었다. 심사위원은 동화작가 유영희와 최효섭, 동화연구가 최영일, 그리고 『기독교교육』 편집주간이자 동화작가인 황광은 등이었다. 심사위원들은 제목부터 훑어봤고, 권정생의 작품 제목에 '똥'자가 들어갔다는 이유로 읽지도 않은 채 책상 한편으로 밀어 놓았다. 그야말로 강아지똥 취급을 받은 것이었다. 그런데 응모 작품 가운데 눈에 띄는 수준작이 없었다. 심사위원들은 그때서야 「강아지똥」을 읽어 봤다.*

　5월 12일, 권정생은 '기독교교육' 소인이 찍힌 편지봉투를 받았다. 떨리는 손으로 연 봉투에는 당선 통지서가 들어 있었다. 5월 20일까지 도착할 수 있도록 당선 소감을 써 보내 달라면서 6월 중순 시상식이 있다고도 했다.

　그는 자신이 동화작가가 되었다는 사실이 꿈만 같았다. 아이들에게

* 권정생이 심사위원으로부터 들은 이야기다. 이오덕·권정생, 『선생님, 요즘은 어떠하십니까: 이오덕과 권정생의 아름다운 편지』, 양철북, 2015, 64쪽.

들려주고 싶은 이야기가 『기독교교육』 6월호에 실린다는 것도 기뻤다. 그리고 그토록 간절히 바라던 '생의 흔적'을 남길 수 있게 되어 가슴이 벅차올랐다. 그는 밥상 앞에 앉아 마음을 가다듬으며 당선 소감을 써 내려갔다.

　　길을 걸으면서, 하늘을 쳐다보면서, 나는 거기 무수히 존재하고 있는 생명들에게 끝없는 사랑을 느낍니다.
　　강변의 돌멩이, 들꽃, 지저분하게 널려 있는 지푸라기랑 강아지똥까지 나는 미소로써 바라보며 그들과 대화를 나눕니다.
　　외로움과 슬픔이 엄습해 올 때마다 그것들의 울부짖음에 공감을 가지며 스스로를 발견합니다.
　　내게 찾아오는 어린이들, 내게서 멀어져 가는 어린이들 모두가 메마른 바람결에 목말라하고 있습니다.
　　눈물이 없는 곳엔 참된 기쁨도 없습니다. 누군가 따슨 손길로 어루만지며 함께 울어 줄 친구를 그리워하고 있습니다.
　　나도 그런 어린것의 하나입니다.
　　사랑을 이야기하며 서로가 믿음을 가지고 사귈 수 있는 친구가 있다면 세찬 눈보라가 휘몰아쳐도 조금도 두렵지 않을 것입니다.
　　꽃이 피는 봄을 찾아 굳세게 달려갈 수 있을 것입니다.
　　이제 동화 속에 내 삐뚤어진 마음을 바로잡고 외롭지 말아야겠습니다.
　　조그만 소망의 다리를 놓아 준 기독교교육사와 보잘것없는 소품을 뽑아 주신 심사위원 여러분에게 진심으로 감사드리며, 금방 돋아난 어린싹이 무럭무럭 자랄 수 있도록 알뜰한 보살핌이 있으시기 바랍니다.

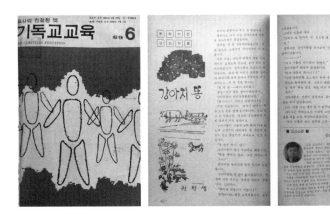

『기독교교육』에 실린 「강아지똥」 부분.

「강아지똥」과 그의 당선 소감은 심사평과 함께 『기독교교육』 1969년
6월호에 실렸다.

응모된 작품들이 거의 수준 이하의 작품이었다. ─ 중략 ─ 그러나 단 한
편의 진주알, 그것도 큼직한 것을 발견했다. 권정생 씨의 「강아지똥」이었
다. 심사위원들 간에 이 작품은 금년 신춘문예 당선 작품들 수준보다 훨
씬 높은 위도의 작품이었다는 데 의견의 일치를 보았다. 동화에서 별로
환영되지 못할 타이틀이 도리어 강한 내용 표현으로 훌륭하게 순화되었
을 뿐 아니라, 그 문장이며 동화적인 사건 처리가 조금도 무리 없이 다루
어져 있다.

이 작품을 상류의 역작으로 인정하는 동시에 이번 행사의 큰 수확으로
보아 경하해 마지않는다. 또 앞으로 이 작가에게 기대하는 바 크다.

─ 유영희

금년도 각 일간지의 어느 신춘문예 당선작보다도 나은 훌륭한 작품이다. 우선 작품 의도(작가의 주장)가 뚜렷해서 좋다. 자기의 독자에게 강요하지 않고 자연스럽게 이야기 속에 엮어 나가는 것, 이것이 동화의 어려움인데 「강아지똥」은 이 난관을 무난히 극복했다.

간결한 문장과 호흡도 마음에 들었다. 유머러스한 작가의 문장 감각도 아동문학작가로서 대성할 수 있는 기반이다. 여기에는 기독교 신관, 인간관, 고통의 문제 등 신학이 다루어져 무게 있는 작품이 되었다. 아쉬움이 있다면 아직 사건 연결에 부자연스러움이 있었던 것, 시감詩感이 정돈되지 않은 점이다. 훌륭한 아동문학가가 될 것을 의심치 않아 교계와 일반 문학계에 추천하는 바이다.   — 최효섭*

심사평을 읽은 권정생은 가슴이 뭉클했다. 지금까지 자신의 노력이 헛되지 않았다는 기쁨에 심사평을 읽고 또 읽었다. 그리고 한평생 아들을 위해 고생만 하다 돌아가신 어머니를 추억했다. 누구보다 먼저 아픈 아들을 감싸 준 어머니였다.

어머니는 아들이 부산에서 결핵과 늑막염에 걸려 집으로 돌아온 1957년부터 1964년 자신이 세상을 떠날 때까지 매일 밤 뒤꼍 뽕나무 아래에 정화수를 떠 놓고 기도했다. 아침마다 논일을 나갔다 돌아오는 길에는 산에서 약초를 캐거나 들에 나가 메뚜기와 개구리, 심지어 뱀까지 잡아 왔다. 그는 어머니가 잡아 온 개구리가 수천 마리는 될 것이라면서 아들의 병구완을 하느라 일찍 돌아가셨다고 자책했다. 그에게 어머니는 마음의 뿌리였고, 가슴이 시릴 때마다 떠오르는 고향이었다. 그의 아픔이

---

*『기독교교육』, 1969년 6월호, 54~55쪽.

어머니의 아픔이었고, 어머니의 아픔이 곧 그의 아픔이었다. 서로 같은 아픔을 부둥켜안고 사는 한 나무였다.

세상의 어머니는 모두가 그렇게 살다 가시는 걸까.
한평생
기다리시며
외로우시며
안타깝게…

배고프셨던 어머니
추우셨던 어머니
고되게 일만 하신 어머니
진눈깨비 내리던 들판 산고갯길
바람도 드세게 휘몰아치던 한평생
그렇게 어머니는 영원히 가셨다.
먼 곳 이승에다
아들 딸 모두 흩어 두고 가셨다.
버들고리짝에
하얀 은비녀 든 무명 주머니도 그냥 두시고
기워서 접어 두신 버선도 신지 않으시고
어머니는 혼자 훌훌 가셨다.

어머니 가실 때
은하수 강물은 얼지 않았을까

차가워서 어떻게
어머니는 강물을 건너셨을까
어머니 가신 거기엔 눈이 내리지 않는 걸까
찬바람도 씽씽 불지 않는 걸까

어머니는 거기서 많이 쉬셨으면
주름살도 펴지시고
어지러워 쓰러지지 말으셨으면
손목에 살이 좀 오르시고
허리도 안 아프셨으면*

　권정생은 시상식에 참석하고 싶었지만 서울까지 갈 형편이 안 되었다. 차비는 물론, 입고 갈 옷도 마땅치 않았다. 그뿐 아니었다. 아직 서울에 한 번도 가보지 못했고, 아는 사람도 없었다. 청량리역이라는 곳에서 내려 혼자 종로 2가까지 찾아갈 자신이 없는 데다, 시상식 후 기차가 끊기면 하룻밤 자고 올 곳조차 없었다. 그는 『기독교교육』에 편지를 썼다. 몸이 불편해 시상식에 참석할 수 없다며 심사위원분들과 사측에 감사하다는 인사를 전했다.

　얼마 후 『기독교교육』 측에서 그에게 상금 1만 원(현재 가치로 약 100만 원)을 우편환으로 보내왔다. 난생처음 만져 보는 큰돈이었다. 조탑리에서 서울로 올라가 청계천 피복상회 봉제 공장에서 보조로 하루 12시간 이상 고된 노동을 하는 어린 소녀들이 월급 3,000~3,500원 중

* 권정생, 「어머니 사시는 그 나라에는」, 첫 부분과 마지막 부분 발췌.

1,000~1,500원을 부모에게 보내던 시절이었다. 그는 상금에서 5,000원을 떼어 새끼 산양 한 쌍을 샀다. 산양 젖이 몸에 좋다고 해 키워 볼 요량이었다. 그리고 흰 쌀밥이 먹고 싶어 500원을 주고 쌀 한 말(8킬로그램)을 샀다.

고민과 고심,
그리고
알 수 없는 답

6월 초, 권정생 앞으로 『새벗』에서 보내온 두툼한 우편물이 도착했다. 『새벗』은 1952년 대한기독교서회에서 창간한 어린이 교양 잡지로 동화, 동시, 동요 같은 문예작품과 교양, 오락, 학습 등에 관한 글을 실었다. 집필진으로는 강소천, 이원수, 윤석중 등 한국 아동문학의 큰 어른들과 황순원, 박목월, 김동리, 안수길 같은 쟁쟁한 문인들이 참여했다.

그는 조심스럽게 봉투를 열었다. 봉투 속에는 원고 청탁서와 함께 『새벗』 6월호가 들어 있었다. 『기독교교육』 6월호에 실린 「강아지똥」을 보고 원고 청탁을 해온 것이었다. 원고 청탁서는 '권정생 작가님께'로 시작했다. 작가님이라니! 원고 청탁서를 받다니! 그는 난생처음 접하는 '작가님'이라는 호칭을 한참 동안 들여다봤다. 묘한 감정이 그를 감쌌다.

그는 계속해서 원고 청탁서를 읽어 내려갔다. 작가님의 귀한 동화를 『새벗』 8월호에 싣고 싶으니 7월 초까지 보내 달라는 내용이었다. 가능한 한 그리스도교 정신에 입각해 사랑과 희망을 전달하고 용기 있게 살아가는 데 도움이 될 만한 내용이면 좋겠으며 원고료는 3,000원이라고 했다. 원고지 30매 안팎이긴 했지만, 한 달 안에 새 동화를 쓸 자신이 없었다. 쓰고 있는 작품은 모두 장편이었다. 그렇다고 첫 원고 청탁을 거절하기는 싫었다. 며칠 동안 고민한 그는 2년 전 대구 『매일신문』 신춘문예 최종심에서 낙선한 「깜둥바가지 아줌마」를 보내기로 결정했다. 당선작으로 뽑고 싶어 한 심사위원도 있었으니 작품 수준이 낮다는 소리는 안 들을 것 같았다.

『새벗』 8월호에 「깜둥바가지 아줌마」가 실렸다. 권정생은 자신감을 얻었다. 시간이 날 때마다 밥상 앞에 앉아 지쳐서 못 쓸 때까지 원고지와 씨름했다. 동화작가로 이름을 얻겠다는 욕심보다 좋은 작품을 남기고 싶다는 마음에서였다. 그러나 『새벗』 이후 더는 원고 청탁이 오지 않았다.

당시 문단은 서울 중심이었다. 발행처 주소가 서울인 문예지의 경우 서울에 본사가 있는 신문의 신춘문예에 당선되거나 문예지에서 추천(소설 2회, 동화 3회, 시 3회, 동시 4회)을 완료해야 등단으로 인정하고 작가로도 대우했다. 서울이라 해도 신춘문예 가작은 등단으로 인정하지 않았고, 지방 신문 신춘문예에 당선된 사람은 문학 지망생 취급을 했다. 종교계 잡지 또는 지방 잡지의 문예 공모에 당선되어도 마찬가지였다. 서울에서 발행하는 문예지에 작품을 실을 기회를 얻으려면 서울에서 재등단해야 했다.

권정생은 서울 일간지의 신춘문예에 응모해야겠다고 마음먹었다. 당선될지 안 될지도 모르고 자신에게 시간이 얼마나 남았는지도 알 수 없지만, 가난하고 불쌍한 어린이들에게 힘든 현실을 이겨 나갈 수 있는 희망을 안겨 줄 동화를 쓰고 싶었다. 그것이 자신이 이 세상에 존재하는 동안 하고 싶은 유일한 일이었다.

8월 중순, 권정생은 결핵약을 받으려고 안동보건소에 들렀다. 큰길에 나가 하루에 네 번만 오가는 버스를 타면 거의 한 시간이 걸리는 거리였다. 한 달에 한 번씩 가는데, 약이 있을 때보다 없을 때가 더 많았다. 약을 못 받으면 약국에서 사야 하지만 돈이 없을 때는 한 달을 참아야 했다. 다행히 이번 달에는 약이 나왔다.

그는 조탑리로 가는 버스 시간이 조금 남아 헌책방에 들렀다. 헌책방 주인은 그가 동화를 쓴다는 사실을 알고 괜찮은 동화책이나 동시집이 들어오면 보관해 두었다가 책방에서 읽게 해주었다. 권정생이 들어서자 주인은 반가운 얼굴로 안부를 물었다. 그리고 『햇불』이라는 잡지를 건네며, 『한국일보』 자매지인 『소년한국일보』에서 1월 창간한 아동문학지로 이원수 등 집필진이 쟁쟁하고 글 수준도 높다고 설명했다. 그가 고맙다는 인사를 하고 책장을 넘기는데 '신인추천제' 안내가 보였다. 눈이 번쩍 뜨였다.

아동문학계에 참신한 바람을 불러일으키기 위해 소년한국일보에서는 '소년한국 신인추천제'를 마련했습니다. 우리는 『소년한국일보』에다가 월간 『햇불』을 아울러 두낱의 발표기관을 갖고 있어서 추천 받은 신인작가가 계속 작품 활동을 함에는 어느 딴 기관보다 폭넓은 지면을 가졌다고 생각합니다. 서슴지 말고 응모해 주시면 잇달아 작가로서 활약할 기회를 드리겠습니다.

신인추천제 안내 글에는 자세한 응모 규정도 나와 있었다. 동화는 『소

1969년 교회 주일학교 아이들 앞에서 율동 시범을 보이는 권정생.

년한국일보』에 실을 수 있는 원고지 12매와 잡지『횃불』에 실을 수 있는 25매 가운데 하나만 선택해 응모해야 한다는 조건이었다. 3회 추천을 완료해야 기성작가로 인정한다고도 했다.

다음 날부터 권정생은 고심했고, 집필 경험이 없는 원고지 12매짜리보다『횃불』에 실을 수 있는 25매 분량의 동화를 써야겠다고 마음먹었다. 그러나『횃불』은 기독교 잡지가 아니라서 예수의 희생과 사랑이 주제가 되면 안 될 것 같았다. 이리저리 궁리하다 보니, 지난봄 주일학교에서 어린이들과 인형극을 하려고 썼던「하얀 찔레꽃잎과 무지개」대본이 생각났다. 찔레꽃잎이 시냇물을 따라 내려가다 무지개를 만나 기뻐한다는 내용이었다. 주일학교 아이들이 재미있다며 깔깔거리던 모습이 떠오른 그는 이번에는 어둡던 앞서 두 작품과 달리 즐겁고 신나게 읽을 수 있는 동화를 써야겠다 싶었다. 그는 원고뭉치에서 대본을 찾아 밥상에 올려놓고 동화로 고치기 시작했다.

저쪽 칡넝쿨 골짜기에서 흘러오던 물과 가재 개울물이 한데 어울리어졌습니다.

모두 남실남실 손잡고 흘러갑니다. 무척 재미있습니다.

졸졸졸 노래 부르며 바위등치에 찰싹 부딪고는 공중 높이 뛰어오르기도 합니다.

시냇가에 찔레나무가 하얗게 꽃을 피우고 서 있었습니다.

솔바람이 지나다가 예쁜 아기 찔레꽃잎 하나를 따 가지고 호르르 날렸습니다.

팔랑팔랑 춤을 추며 날던 꽃잎이 사뿐히 앉았습니다. 바로 장난꾸러기 시냇물 위였습니다.

시냇물은 하얀 꽃잎을 데리고 어딘지 자꾸 갑니다.

권정생은 「강아지똥」이나 「깜둥바가지 아줌마」 때와 달리 재미있고 즐거운 이야기를 쓰는 것이 조금 어색하게 느껴졌지만, 이번 기회에 자신에게 다른 종류의 동화를 쓸 능력이 있는지도 알아보고 싶었다.

그는 이야기를 이어 나갔다. 꽃잎은 시냇물을 따라 내려가다 파란 양철지붕 위의 학교를 바라보고 초가집 마을도 구경한다. 소나기를 만나 흠뻑 젖기도 한다.

새파란 하늘에 색동무지개가 곱게 피어나 있었습니다.

「횃불」 1969년 11월호에 실린 「하얀 찔레꽃잎과 무지개」(훗날 「찔레꽃잎과 무지개」로 제목이 바뀌었다).

"저게 무지개야. 얼마나 아름다우니!"

이젠 모두 의젓해진 물결이 보란 듯이 말했습니다.

"정말 예뻐!"

꽃잎은 정신없이 쳐다보며 가슴을 두근거렸습니다. 그러고는 알락달락 고운 무지개 빛깔을 저의 하얀 가슴에 차곡차곡 간직하였습니다.

햇빛이 반짝반짝 빛나는 사이로 초록빛 바람이 불어왔습니다.

이야기를 끝낸 그는 이렇게 쓰는 것이 맞는 것일까 의구심이 들었다. 그러나 조언을 구할 데가 없었다. 잡지사에 보내 심사위원으로부터 평을 듣는 방법밖에는 없었다. 그는 원고를 봉투에 넣어 '신인추천제 응모

작품'이라고 쓴 다음 서울 종로구 중학동 『소년한국일보』 편집국으로 보냈다.

「하얀 찔레꽃잎과 무지개」는 『햇불』 11월호에 1회 추천작으로 실렸다. 그러나 작품을 심사한 아동문학가 박홍근은 '추천 소감'에서 "수준에 이르지 못하는 작품이지만 앞날에 기대를 가질 수 있고 용기를 주는 의미에서 추천했다"며 "어느 정도 동화의 세계를 보여 주기는 했지만 주제를 비롯해 미숙한 점이 적지 않다"고 지적했다.

권정생은 얼굴이 화끈거렸다. 박홍근은 동화, 동시를 모두 쓰는 작가로 강소천, 윤석중, 마해송, 조흔파와 함께 당시 아동문학을 대표하는 5인 가운데 한 명이었다. 그는 원로 아동문학가가 지적한 "주제가 미숙하다"는 비평이 심장을 찌르는 듯 아프게 다가왔다. 아직 멀었다는 생각에 얼굴을 들 수가 없었다. 그러나 한편으로는 「하얀 찔레꽃잎과 무지개」를 쓰는 내내 품었던 '부족한 부분이 무엇일까'에 대한 답을 얻어 다행이라고 여겼다. 재미에 치우치다 주제의 중요성을 간과했던 것이다.

그는 동화에서 주제가 얼마나 중요한지를 뇌리에 각인하면서 무슨 이야기를 어떻게 써야 할지 고민했다. 그리고 생각하면 할수록 「하얀 찔레꽃잎과 무지개」는 주제가 가볍고 등장인물의 성격도 뚜렷하지 않았다. 점점 익숙해지는 기독교적 주제에서도 벗어나고 싶었지만 어디에서 어떻게 시작해야 할지 막막했다. 추운 겨울, 권정생은 방 안에서 깊은 고심에 빠져들었다.

새로운
작품 세계를
고민하다

　1970년 1월, 권정생은 서른세 살이 되었다. 의사가 예상한 2년에서 1년을 더 살았다. 그는 계속 교회 종을 쳤고, 차가운 예배당 마룻바닥에 무릎을 꿇은 채 한 시간 넘도록 기도를 드렸다. 마을의 불쌍한 할머니와 할아버지, 가난한 아이들을 위한 기도가 끝나면 자신을 위해 기도했다. 그는 계속 동화를 쓸 수 있도록 건강을 허락해 달라고 매달렸다. 또 그동안 써 온 동화에서 한 발 더 나아가는 것이 이렇게 힘들지 몰랐다며 무슨 이야기를 어떻게 써야 하는지 알 수 있는 지혜를 달라고도 했다.

　다시 봄이 왔다. 겨우내 움츠렸던 아이들이 어깨를 펴고 들판으로, 시냇가로 뛰어다녔다. 권정생도 산양 두 마리를 끌고 빌뱅이 언덕을 오르내렸다. 산양의 살이 통통하게 올랐고, 38킬로그램을 넘지 않던 그의 몸무게도 45킬로그램까지 늘었다. 지난해에 받은 상금으로 가끔씩 쌀과 달걀을 사 먹은 데다, 보건소에서 결핵약을 받지 못할 때는 직접 약을 사서 복용한 덕분이었다. 무엇보다 피로가 덜 느껴졌다.

권정생은 산양 목에 걸어 놓은 끈을 말뚝에 묶은 후 언덕에 앉아 푸른 보리밭을 하염없는 눈길로 바라봤다. 그는 동네 할머니들이 찾아와 자식에게서 온 편지를 읽어 달라고 하면 읽어 주고, 편지를 써 달라고 하면 써 주었다. 오는 편지도 구구절절했고, 보내는 편지도 마음 아팠다. 모두 가난해서 그랬다. 자신이 중학교에 못 간 이유도, 이 마을의 많은 아이가 중학교 졸업 후 서울 공장에 취직해 돈을 버는 이유도 다 가난 때문이었다. 가난은 부모의 고달픈 삶이었고, 윗마을 긴대골 할머니의 슬픈 삶이었으며, 정미소 뒷집 아주머니의 눈물이었다. 그리고 가난 뒤에는 고난의 역사가 자리했다. 조탑리에도 동학군의 후손, 구한말 의병의 후손, 만주 독립군의 후손이 살았고, 6·25전쟁 때 돌아오지 못한 군인의 가족도 살고 있었으며, 베트남전쟁에 나갔다 다시는 집에 오지 못한 아들도 있었다. 가난한 사람이 빌뱅이 언덕에 피어나는 들꽃만큼 많았고, 시골에 사는 아이는 죄다 가난하다고 해도 과언이 아니었다.

그는 가난과 슬픈 역사에 대한 이야기를 쓰고 싶었다. 시골 아이들에게 가난이 부모의 잘못 때문이 아니라고 말해 주고 싶었다. 부모가 가난한 이유는 나라의 혜택이 거의 미치지 못하는 시골에서 태어났고, 시골에는 고난과 슬픔의 역사가 도시보다 혹독하게 몰아쳤기 때문이라고…. 그리고 돈의 힘, 권력의 힘, 무기의 힘이 많은 것을 착취하는 수단이 되어 가난한 이들을 다스려 온 탓에 힘없는 시골 사람들이 더 큰 고통을 당하고 있는 것이라고….

물론 그런 이야기가 동화가 될 수 있을지, 이렇게 슬프고 아픈 사연을 동화로 쓸 만한 능력이 자신에게 있는지 아직은 알 수 없지만 마을에서 수없이 들어온, 슬픈 역사로 고통 받는 어머니들의 이야기는 곧 자신의 이야기이기도 했다. 꼭 쓰고 싶었다. 그는 어머니가 시집와 살았던 돌음

1970년 일직교회 주일학교 중등부 학생들과 함께. 앞줄 가운데가 권정생이다.

바우골 쪽을 바라봤다. 이날 이후 그는 어머니가 들려주시던 이야기와 마을 사람들의 사연을 생각나는 대로 종잇조각에 적으며 일제강점기부터 현재까지 시대순으로 정리하기 시작했다.*

3월이 지나도록 어디에서도 원고 청탁은 오지 않았다. 그가 지난해 1회 추천을 받은 『햇불』에 2회 추천용 원고라도 보내야겠다고 마음먹을 즈음, 『기독교교육』 6월호에 실을 동화 한 편을 보내 달라는 원고 청탁서가 도착했다. 원고지 30매 안팎이고 원고료는 3,000원이라고 했다. 그는 며칠 동안 기독교적 주제의 동화를 계속 쓸 것인지, 아니면 가난과

* 권정생, 「나의 동화 이야기」, 『빌뱅이 언덕』, 창비, 2012, 17쪽.

고난의 역사를 다룬 동화를 준비하는 일에 매진할 것인지를 두고 고민했다. 욕심 같아서는 새로운 동화의 길로 가고 싶었다. 그러나 현실을 고려하지 않을 수 없었다. 1년 전에 받은 상금이 더는 남아 있지 않았다. 산양 한 쌍과 쌀 한 말을 사고 남은 4,500원으로 한 해 넘게 생활하는 것은 무리였다.

그는 윗마을, 아랫마을의 골목을 거닐며 고민을 거듭했다. 아이들이 모여 노는 시냇가를 걷고, 빌뱅이 언덕에 올라 노랗게 핀 개나리를 보고, 상수리나무 위에서 지저귀는 새소리도 들었다. 또 좁은 골목길을 오르내리는 소달구지를 바라보고, 엄마 닭이 병아리들을 데리고 모이를 찾는 모습도 물끄러미 쳐다봤다. 그는 이 모든 것이 우리와 더불어 살아가는 이웃이라는 생각을 하다 문득 쓸 이야기가 떠올라 서둘러 문간방으로 돌아왔다. 제목은 「눈이 내리는 여름」으로 정했다.

아이들에게 천대 받는 앉은뱅이 아주머니의 꿈 이야기였다. 그는 불우한 환경에 처한 이웃을 소재로 글을 쓰고 싶었다. 그리고 인간의 눈에는 부족해 보이는 장애인도 하나님이 보시기엔 아름다운 존재일 것이라고 믿었다. 폐병에 걸려 얼굴색이 검고 방광이 없어 소변주머니를 차고 다니는 자신이나, 다리를 다쳐 앉은뱅이가 된 사람이나, 허리를 다쳐 꼽추가 된 사람이나, 한센병에 걸려 숨어 사는 사람이나, 지적 능력이 떨어지는 장애인이나, 듣지 못하고 말도 못하는 농아나 다 같은 이웃이기에 더불어 살아야 하는 존재들이며, 그들을 무시하지 않고 보듬어 함께 살아간다면 세상은 훨씬 더 아름다워질 수 있다고 확신했다. 이것이 이번 동화의 주제였다. 그는 밥상 앞에 앉아 원고를 써 내려갔다.

탑이는 마흔 살도 넘은 여자 어른입니다.

두 쪽 다리가 오그라들어 일어설 수가 없었습니다. 몸은 뼈만 남았습니다. 오래전부터 동네 어귀에 앉아 구걸을 해서 그날그날 살아가고 있었습니다.

거지인 탑이한테 아무도 말 한마디 정답게 해주는 사람이 없었습니다.

아이들까지도 그냥

"탑아."

"탑아."

하고, 존댓말을 쓰지 않고 이름을 부르면서 짓궂게 굴었습니다.

탑이는 부들부들 떨고 있었습니다.

그도 역시 길거리에 앉았다가 눈을 맞고 길을 잃어버린 것을 알 수 있었습니다.

권정생은 인간은 자연과 공존해야 하고, 한 걸음 더 나아가 살아 숨 쉬는 동물들과도 더불어 살아야 한다고 믿었다. 그래서 그에게는 마을을 어슬렁어슬렁 돌아다니는 토종개뿐 아니라, 밤마다 옆집 할머니네 감나무에 찾아와 우는 부엉이, 심지어 방문을 긁다 돌아가는 살쾡이도 소중한 존재였다. 동물만이 아니었다. 그는 방천防川에 우거진 아카시아나무와 물복숭아나무를 사랑했고, 일직교회 마당 가장자리에 서 있는 플라타너스와 단풍나무, 측백나무, 대추나무, 꽃밭에서 자라는 백일홍과 상사초, 봉선화를 아꼈다. 냇물에 사는 물고기는 물론 아침부터 저녁까지 나무 위에서 지저귀는 까마귀, 까치, 제비, 참새, 딱따구리, 뻐꾸기, 꾀꼬리도 인간과 더불어 살아가는 자연의 한 부분이라며 소중히 여겼다.

그는 또한 푸른 하늘, 밝은 해와 달과 별, 철마다 피고 지는 꽃과 나무와 열매, 아름다운 새소리, 시원한 바람과 깨끗한 물, 그리고 정겨운 이웃이 있는 세상에서 서로 바라보고 웃고 땀 흘리며 일하는 것이 진정한 바른 삶이라고 믿었다.*

어느 틈에 눈이 말끔 걷히고 희뿌옇게 하늘이 밝아졌습니다.

은 싸라기 같은 햇살이 눈부시게 쏟아져 내렸습니다.

복숭아나무 가지 위에서 새들이 깃을 털고 날개를 활짝 펼쳤습니다. 그들은 파란 하늘로 일제히 날아갔습니다. 많은 짐승들도 기지개를 켜고 일어섰습니다. 따뜻한 햇볕에 몸이 녹아 모두가 즐거운 얼굴이었습니다.

송아지도, 돼지도, 누렁 황소도, 호랑이도, 늑대도 사뿐 가뿐 날아가듯 넓은 풀밭으로 뛰어갔습니다. 산과 들이 풀푸르게 빛났습니다.

바라보이는 사과밭에서는 잎사귀마다 초록빛의 구슬을 매달고 있었습니다.

앞산과 뒷산을 가로지르고 일곱 빛 무지개가 선을 둘렀습니다.

복숭아나무 그늘에서 영찬이네 흰둥이가 코를 골고 있고, 탑이 아주머니가 역시 낮잠을 주무시고 있었습니다.

개울물 소리가 즐겁게 노래 부르는 잔디밭에 5학년 아이들이 아홉 사람 푸른 풀 향기를 맡으며 함께 둘러앉아 먼 하늘을 바라보고 있었습니다.

「눈이 내리는 여름」이 『기독교교육』 6월호에 실린 뒤 그는 또 한 통의 원고 청탁서를 받았다. 『기독교교육』을 발행하는 대한기독교교육협회에서 온 것으로, 11월 중 『성탄에 들려줄 동화집』을 출판할 예정이니 동화

* 권정생, 「가난한 예수처럼 사는 길」, 『빌뱅이 언덕』, 창비, 2012, 164~168쪽.

권정생의 첫 번째 합동 동화집 『성탄에 들려줄 동화집』에 실린 「눈 꽃송이」. 등단 순서를 따르는 관례에 따라 44편 가운데 맨 마지막에 실렸다.

한 편을 8월까지 보내 달라는 내용이었다. 주일학교 교재로 사용하고 어린이들에게 성탄의 의미도 전달할 수 있는 동화를 원고지 20매 안팎으로 써 달라면서 원고료로 2,000원을 지급하겠다고 했다. 두세 달은 생활할 수 있는 액수였다. 그는 사실 원고료보다 합동이기는 해도 자신의 동화가 책으로 출판된다는 사실에 더 들떴다. 잡지는 한 달 후면 과월호가 되어 묻히지만 이번 동화집은 전국 주일학교에서 교재로 사용된다고 하니 몇 년에 걸쳐 읽힐 터였다.

그는 주일학교 어린이들이 크리스마스를 맞아 불우한 이웃들에게 작은 사랑을 베푸는 이야기를 담은 「눈 꽃송이」를 종로구 연지동 대한기독교교육협회로 보냈다. 「눈 꽃송이」가 실린 『성탄에 들려줄 동화집』은

1970년 11월 10일 출판되었다.*

　권정생은 계속해서 고난으로 가득한 시절의 이야기를 정리했다. 그는 우여곡절로 점철된 근현대사를 공부한 적도, 역사책을 읽은 적도 없었다. 그래서 어머니가 들려주신 이야기, 동네 할머니들로부터 들은 이야기를 중심으로 정리해 나갔다. 그들은 역사의 주인공도 아니고 역사에 작은 흔적조차 남기지 못했지만, 권정생은 그들이 겪은 고난의 발자취가 곧 역사라고 생각했다.

*『성탄에 들려줄 동화집』에 실린 「눈 꽃송이」는 권정생의 문학 활동 초기 주요 작품이기에 윤문하지 않은 원작과 해설을 이 책 부록(319쪽)으로 수록했다.

"문제되는
내용을 삭제해야
합니다"

10월이 지나면서 권정생은 다시 생활비를 걱정해야 했다. 올해처럼 1년에 동화 두 편을 써서는 아무리 절약해도 몇 달밖에 살 수 없었다. 『햇불』에 2회 추천작이라도 실리면 원고료를 받겠지만 그 잡지는 몇 달 전 폐간되었다. 결국 그는 그동안 열심히 키운 산양을 팔았다. 정이 들어 내키지 않았지만 끼니를 해결하고 약을 사 먹으려면 어쩔 수 없었다. 수놈은 안동 시내에 있는 장사꾼에게 팔았고, 그동안 그가 젖을 짜서 먹던 암놈은 윗마을 순이네 아버지가 몸보신한다고 사 갔다. 수놈은 끌려가지 않으려고 음매 음매 하며 안간힘을 썼다. 그는 그 모습을 차마 지켜볼 수 없어 방에 들어와 문을 걸어 잠갔다. 산양도 불쌍하고 자신도 불쌍해 하염없이 눈물이 났다.

11월 14일, 대구 『매일신문』에 신춘문예 모집 광고가 실렸다. 지방 신문이라 당선되어도 서울 문예지에서는 정식 등단으로 인정하지 않을 테지만, 동화부문 상금이 4만 원이었다. 1년 이상 생활할 수 있는 큰돈이었다. 그러나 현재 준비 중인 작품은 50년에 걸친 내용이라 완성하려면 아직 멀었기 때문에 일부 소재만 가져와 간략하게 쓰기로 결정했다.

그가 생각한 동화 내용은 6·25전쟁과 베트남전쟁에 관한 것이었다. 전쟁이 어린이들에게 어떤 상처를 안기는지 이야기하고 싶었다. 그는 어린 시절 큰 전쟁을 두 번이나 겪었다. 그때마다 전쟁이 인간의 모든 희망과 미래를 앗아 간다는 사실을 뼈저리게 경험했다.

1944년 일본 도쿄 시부야에 살던 일곱 살 권정생은 날마다 미군 폭격기의 공습에 시달렸다. 살던 집도 폭격으로 불탔다. 그해 겨울에는 원자폭탄에 대한 소문도 나돌았다. 빛이 번쩍하면 그 둘레 안에 있는 건물과 사람이 고스란히 재가 된다는 무서운 소문이었다. 이듬해 그 무서운 소문이 현실이 되었을 때 그는 세상이 끝나는 줄 알았다. 그러나 일본은 항복했고 그는 살아서 가족과 함께 아버지 고향으로 돌아왔다.

몇 년 후 6·25전쟁이 발발했다. 그는 피란길에서 많은 죽음을 봤고, 자신도 죽음의 위기를 겪었다. 피란을 끝내고 집에 돌아온 그는 앞집 친구의 아버지가 반동분자라는 이유로 인민군에게 잡혀가 총살을 당하고, 뒷집 아저씨는 용공분자라는 이유로 국군에게 총살되었다는 소식을 들었다. 학교 선생님 한 분도 좌익 부역자로 처형되었고, 빨치산이 된 영수 아버지도 죽었다. 영수는 토벌대가 아버지를 죽였다는 소식을 듣고 양잿물을 마셔 자살했다. 산에 나무하러 갔다가 갈퀴로 지뢰를 건드려 죽은 사람도 여럿이었다. 그때부터 그는 전쟁은 일어나서는 안 되는 재앙이라고 생각했다.

그는 동화 속 주인공을 그림자로 설정했다. 그림자가 등장하면 전쟁의 폭력성과 상처를 상징적으로 표현할 수 있을 것 같아서였다. 그리고 전쟁은 어둠의 그림자이기도 했다.

어둠게만 삽니다. 꼭두각시처럼 따라만 다니고 흉내만 냅니다. 하늘 높이 날 수도 없습니다. 누워서만 지냅니다. 예쁘게 몸치장도 못 합니다. 소리를 낼 수 없어 슬퍼도 울지 못합니다. -중략-

동편에 빨간 아침 해님이 떠오르면, 이때부터 딸랑이는 아기 양의 흉내쟁이가 됩니다. 넓은 풀밭, 가파른 산비탈, 어디든지 아기 양이 가는 데만 붙어 다녀야만 됩니다. 아기 양이 뜀을 뛰면 저도 뜁니다. 느릿느릿 걸으면 저도 느릿느릿 갑니다. 아기 양이 보들보들한 풀을 뜯어 먹으면 딸랑이는 그냥 주둥이만 따라 냠냠 움직일 뿐입니다.

그는 얼마 전까지 빌뱅이 언덕에서 풀을 뜯어 먹던 산양들을 떠올리며 그림자를 묘사했다. 이 과정에서 그는 『횃불』에 실린 「하얀 찔레꽃잎과 무지개」 같은 상상의 세계보다 자신이 경험한 내용을 글로 쓰는 것이 더 편하다는 사실을 깨달았다. 이에 자신감이 생겼고, 쓰는 속도도 빨라졌다.

아기 양은 신나게 산등성이를 뛰어가다가 저쪽에서 마주 뛰어오는, 자기와 비슷한 아기 양을 만났습니다. 두 아기 양들은 하얀 털을 까칠하게 일으켜 세우고는, 앞발을 번쩍 들고 머리를 삐딱하게 꼬나보았습니다.

이상한 일입니다. 남남이라 하지만 서로가 같은 동족이 아니겠어요? 까닭도 없이 싸우다니 모를 일입니다. 무기래야 하찮은 뿔밖에 더 있겠어요. 그러나 작은 아기 양치고는 어마어마한 싸움이 벌어지고 말았습니다.

밀고 밀리며 뿔대가리로 한참 동안 박치기를 하다가 마지막에는 둘 다 낭떠러지에 굴러 떨어지고 말았습니다. 데굴데굴데굴….

물론 두 그림자도 함께 굴러 내려갔습니다.

아기 양들은 가시에 긁히고 바윗돌에 부딪히고 해서 머리랑 모가지랑 피투성이가 되었습니다.

권정생 가족은 조탑리를 점령한 인민군이 다시 38선 이북으로 후퇴한 뒤 마을로 돌아왔다. 그러나 마을은 이전과 달라져 있었다. 아들이 국군에 징집된 가족이 있는가 하면, 인민군에 징집된 가족도 있었다. 아들이 토벌대가 된 가족도, 빨치산이 된 가족도 있었다. 마을 사람들은 누가 적이고 누가 자기편인지 몰라 서로 불신했고 의심의 눈초리를 거두지 않았다. 한동네 이웃끼리 서로 감시하고 감시 받으며 살아야 하는 살벌한 세상이었다. 인민군이 들어왔을 때 「위대한 김일성 장군의 노래」를 배워야 했던 아이들은 국군이 들어오자 김일성을 때려잡는 노래를 불렀다. 남자 아이들은 전쟁 흉내를 내며 "이 몸이 죽어서 나라가 선다면, 아아 이슬같이 죽겠노라"고 군가를 부르거나 막대기를 휘두르며 난폭한 언어를 내뱉었고, 여자아이들은 줄넘기를 하면서 "무찌르자 오랑캐, 몇천만이냐…"를 불렀다. 죽이고 죽는 것이 당연한 세상이었다.*

전쟁은 3년여 만에 끝났다. 그러나 세상은 뒤숭숭했다. 수시로 무장 간첩이 침투했고, 마을 청년들은 맹호부대 용사가 되어 베트남으로 떠났다. 글을 읽을 줄도, 쓸 줄도 모르는 윗마을 긴대골 할머니는 한 달에 한 번씩 베트남에서 둘째 아들이 보내오는 편지를 들고 그의 문간방 문을 두드렸다. 편지는 1년이 넘도록 오갔다. 그러던 어느 날, 할머니는 늘 들고 오던 항공용 봉투가 아닌 누런 봉투를 그에게 내밀었다. 아들의

* 권정생, 「열여섯 살의 겨울」, 『빌뱅이 언덕』, 창비, 2012, 52~53쪽. 권정생, 「영원히 부끄러운 전쟁」, 『우리들의 하느님』, 녹색평론사, 2008, 153쪽.

'전사 통지서'였다. 할머니는 주먹으로 방바닥을 치며 통곡했다. 대통령이 달러 몇 푼과 자기 아들을 맞바꾸었다며 울부짖었다. 글을 못 읽는 할머니도 알 건 다 안다는 생각에 마음이 더욱 무거워진 그는 흐르는 눈물을 연신 닦았다. 며칠 뒤, 할머니네 오두막집 기둥에 '충절의 집'이라고 쓰인 조그만 양철 조각이 붙었다. 양철 조각을 본 그는 눈에 넣어도 아프지 않을 자식이 남의 나라 전쟁터에서 죽었는데 이게 무슨 소용이고, 훈장이 무슨 대수인가 싶었다.

이제 이야기를 마무리할 차례였다. 그는 2년 전 대구 『매일신문』 신춘문예에서 낙선할 때 지적 받았던 "끝처리가 애매하다"는 소리를 다시 듣지 않아야 한다고 다짐했다. 전쟁은 없어야 한다는 주제를 놓치지 않겠다는 각오였다.

아기 양은 마른 풀밭에 누운 채 추워서 일어설 줄 모릅니다. 미루나무 가지가 윙윙 소리 냅니다. 세상은 어디에나 겨울입니다.

그때, 마을 쪽에서 아이들의 고함 소리가 납니다.

"우리는 맹호부대 맹호부대 용사들아…."

목이 터져라 군가를 부릅니다. 딸랑이는 쪼르르 눈물을 흘린 채 얼굴을 들고 미루나무 그림자를 쳐다봅니다.

"저것도 싸운다는 노래죠?"

"그렇구나."

미루나무 그림자는 길게 한숨을 쉽니다.**

** 이 부근에 심사위원이 권정생의 동의를 받아 삭제한 문장이 있었을 것으로 추정된다.

"정말 사람들의 말대로 싸우고 싸워서 이 나라를 세운 거예요?"

딸랑이는 입술을 깨물었습니다.

"모두들 왜 미워할까? 싸우지 않을 수는 없을까?"

슬픔이 치밀어 올랐습니다. 미루나무 그림자의 가슴에 와락 기대며, 소리 없는 울음을 안타까이 흐느껴 울었습니다.

그는 제목을 「아기양의 그림자 딸랑이」로 정한 뒤 원고를 매일신문 사로 보냈다. 11월 말이었다. 불을 때지 못해 바깥만큼 추운 방 안에 앉 아 그는 소식을 기다렸다. 당선은 자신의 궁핍을 해결해 줄 유일한 희망 이었다. 당선되지 않으면 다시 깡통을 들고 거지 생활을 할 수밖에 없을 정도로 절박한 상황이었다.

12월 26일 오후, 집배원이 그의 방문을 두드렸다.

"아저씨, 오늘 아침에 대구 매일신문사에서 전화가 왔는데, 내일 아침 11시 우체국에 와서 전화 받으랍니다."

그는 귀가 번쩍 뜨여 얼른 대답했다.

"예, 고맙습니다. 내일 아침에 가겠습니다."

전화가 귀할 때라 우체국에 가야 시외전화를 걸 수 있었고, 전화하는 사람을 위해 칸막이 책상이 설치되어 있었다. 그러나 받는 전화 소식, 그것도 우체국에서 30분가량 떨어진 조탑리까지 찾아와 내일 전화를 받 으러 오라고 전달해 준 것은 신문사 부탁이기에 가능한 일이었다. 그는 당선 전화인 것 같아 가슴이 설렜다.

잠을 설친 그는 다음 날 아침 우체국으로 가 전화를 기다렸다. 11시가 조금 넘자 전화벨이 울렸다. 우체국 직원이 그를 불러 1번 책상에 가서 전화를 받으라고 했다.

"여보세요."

"권정생 선생님이십니까?"

"예, 제가 권정생입니다."

"여기는 대구 『매일신문』 문화부입니다. 전화를 드린 이유는 선생님께서 이번에 응모하신 작품에 문제되는 부분이 있는데, 그것을 삭제하는 조건으로 가작에 밀려고 합니다."

권정생은 당혹감에 휩싸였다. 문제되는 부분은 뭐고, 삭제는 또 뭐란 말인가…. 그가 아무 말을 못 하고 있자 문화부 기자가 말을 이었다.

"베트남전쟁 참전에 대해 부정적으로 쓴 뒷부분이 문제가 됩니다. 이대로는 신문에 실을 수 없어 그 부분을 삭제해야 합니다."*

그는 그때서야 무슨 뜻인지 알아차렸다. 마음 같아서는 삭제를 거부하고 싶었다. 그러나 상금이 아니면 내년 한 해 살길이 막막했다.

"예, 무슨 말씀인지 알겠습니다. 신문사 의견에 따르겠습니다."

"그럼 그렇게 알고 가작으로 하겠습니다. 가작은 당선과 달리 소감문을 싣지 않으니 따로 준비하실 건 없습니다. 그래도 시상식은 하니까, 그때 대구에 오시면 뵙겠습니다."

"예, 수고하십시오."

수화기를 내려놓은 권정생은 잠시 의자에 앉아 있었다. 동화도 마음대로 못 쓰는 세상이구나 하는 생각에 허탈감이 밀려왔다. 우체국을 나온 그는 조탑리를 향해 힘없이 발걸음을 옮겼다. 바람이 찼다.

박정희 대통령은 1971년 1월 1일 신년사에서 "올해는 대통령 선거와

* 원종찬 엮음, 권정생 인터뷰 「저것도 거름이 돼가지고 꽃을 피우는데」, 『권정생의 삶과 문학』, 창비, 2008, 65쪽.

국회의원 선거의 해이며 국가 안보상 중대한 시련이 예상되는 해"라면서 "이 한 해야말로 민주적 기반이 반석 위에 올랐다는 벅찬 환희를 안고 민족중흥의 찬가를 우렁차게 합창하는 중단 없는 전진의 해가 되게 하자"고 말했다. 파월장병에게 보내는 격려의 메시지도 함께 발표했다.

권정생은 이 신년사를 읽고 만약 신문사에서 베트남전쟁 참전에 대해 부정적으로 쓴 부분을 삭제하지 않았으면 문제가 되었을 수도 있겠다는 생각에 절로 한숨이 나왔다. 당시 그는 조총련에서 활동하는 형들 때문에 '요주의 인물'로 분류되어 있었다. 셋째 형으로부터 오는 편지는 검열 뒤 그에게 전달되었고, 책도 마찬가지였다. 여름 성경학교 포스터에 '동무들아 나오너라'는 문구를 썼다고 파출소에 불리어 가 곤욕을 치른 적도 있었다. 심지어 아이들에게 읽어 주는 동화 내용이 이상하다는 신고가 들어가 파출소에서 그를 호출하기도 했다. 마을마다 '요주의 인물'의 동향을 감시하는 사람이 있던 시절이었다.

「아기양의 그림자 딸랑이」는 대구『매일신문』1971년 1월 5일자와 6일자에 나뉘어 실렸다. 심사평에서 아동문학가 이재철은 문장을 좀 더 다듬으라는 조언을 했다.

그의 동화가 대구『매일신문』에 실린 날, 안동군 임동 동부초등학교 대곡분교에서 교사로 재직 중이던 아동문학가 이오덕(1925~2003)은 권정생의 동화를 읽고 깜짝 놀랐다. 1954년 아동문학가 이원수의 추천으로 동시를 발표하다 며칠 전『동아일보』신춘문예에 동화「꿩」,『한국일보』신춘문예에 수필「포플러」가 동시에 당선된 이오덕은 서슬 퍼런 시대에 전쟁을 반대하는 주제의 동화를 쓰는 작가가 있다는 사실이 경이롭기까지 했다. 권정생이라는 작가를 찾아가 대화해 보고 싶다는 마음이 생겼다. 그러나 권정생의 동화는 가작이라 당선 소감은 물론, 그의

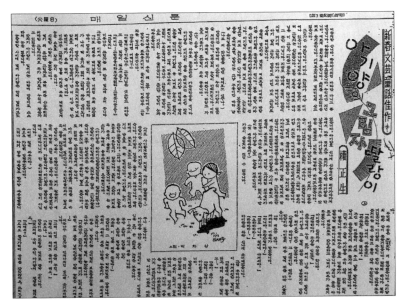

대구 『매일신문』 1971년 1월 5일자와 6일자에 나뉘어 실린 「아기양의 그림자 딸랑이」.

주소나 약력도 실리지 않았다. 이오덕은 나중에 대구에 가면 매일신문사에서 동화를 심사하는 작가 김성도를 만나 물어봐야겠다고 생각하며 신문을 덮었다. 그러나 4월, 경상북도 문경군 김룡초등학교 교감으로 승진 발령이 나면서 조탑리까지 찾아갈 여유가 없었다.

1월 15일 오후 3시, 권정생은 대구 매일신문사에서 열린 시상식에 참석했다. 대구는 서울만큼 멀지 않아 용기를 낼 수 있었다. 심사를 맡은 작가 김성도가 그를 반갑게 맞으며 축하 인사를 건넸다. 권정생은 매일신문사 김영호 사장으로부터 상장과 상금 2만 원을 받았다. 동화부문 당선 상금은 4만 원이었지만 가작이라 그 반만 지급된 것이었다. 6개월은 생활할 수 있는 액수였다.

'살아 있으니
기쁜 일도
생기는구나'

　권정생은 다시 글쓰기에 매달렸다. 그러나 험난하고 곡절 많은 50년 역사를 원고지 몇십 장에 담아내는 것이 쉬운 일은 아니었다. 그는 한 문장 한 문장을 고도로 압축해야겠다고 생각하며 제목을 「무명저고리와 엄마」로 정했다.

　그는 어머니에 대한 회상으로 이야기를 시작했다. 부산에서 결핵에 걸려 돌아와 방에 누워 있던 그에게 어머니는 물레를 돌리며 돌음바우 골로 시집와 겪은 서럽고 고달팠던 시집살이 이야기, 친가와 외가의 가족사, 삼밭골 이웃들의 삶 등을 작은 목소리로 조단조단 들려주셨다. 간혹 그의 귓가에 어머니의 넋두리와 물레 소리가 함께 들릴 정도로 그 추억은 마음속 깊이 간직되어 있었다.

　물레 소리가 납니다.
　짤깡 짤강 베 짜는 소리도 납니다.

1971년 무렵 일직교회 전도사의 아기를 안고 있는 권정생의 모습. 뒤에 보이는 집은 전도사 사택이다.

엄마 저고리, 무명 오라기 오라기마다 그 소리들이 들립니다.

하도 많은 일을 한 엄마의 마디 굵은 손가락이, 따습게 바느질을 한 저고리입니다. 엄마 저고리는 엄마가 손수 고치를 잣고, 베틀로 꽁꽁 짜서 지어 입은 옷입니다. 그 많은 아가들의 시중을 들면서도 엄마는 어느 누구한테 바느질을 맡길 곳이 없었습니다. 그보다도 엄마는 더 많은 아가들을 위해 일을 하고 싶어, 무엇이나 엄마 손으로 밤낮을 가릴 수 없이 바빴습니다.

첫아기, 복돌이를 낳고부터 엄마 일손은 더욱 바빠진 것입니다. 그러나 엄마는 즐거웠습니다. 잇달아 차돌이와 삼돌이가 태어났습니다. 복돌이의 복숭아 볼이 비비적거리던 어깨판에, 차돌이와 삼돌이의 볼이 연거푸 저고리를 비볐습니다. 엄마 저고리는 젖 냄새가 납니다.

그는 계속해서 일제강점기 일본의 수탈이 얼마나 심했는지를 써 내려 갔다. 해방 후 권정생 가족이 일본에서 돌아와 청송에 살 때 그에게 옛날이야기를 들려주곤 하던 외숙부는 일본 순사들이 마을을 들락거리면서 곡식은 물론, 땅까지 빼앗아 갔다고 했다. 그리고 공출 나락을 실은 짐바리가 고개 너머 주재소가 있는 장터 길까지 줄을 이었다며 치를 떨었다. 이에 살기 어려워진 많은 농민이 괴나리봇짐을 둘러메고 간도 땅으로 갔고, 거기서 독립운동을 하다 죽은 사람이 한둘이 아니라고, 아버지가 독립군으로 죽자 아들도 따라 독립군이 되어 사망한 집도 있다고 했다. 그는 그때 들은 이야기들을 떠올리며 해방까지 내용을 글로 썼다.

이제 6·25전쟁을 배경으로 쓸 차례였다. 권정생이 열세 살 때였다. 그는 가족을 따라 영천 부근 화산 쪽으로 피란을 갔다. 강변에 천막을 쳐놓고 지내던 어느 날, 밤에 인민군이 들이닥친다는 소문이 돌았다. 피란민들은 서둘러 떠났고, 그의 가족도 천막으로 사용하던 홑이불을 챙겨 산길을 밤새도록 걸었다. 날이 밝자 다른 피란민들은 다시 홑이불로 천막을 만들어 휴식을 취했다. 그런데 그의 가족은 홑이불을 받칠 버팀목 네 개를 두고 와 천막을 치지 못했다. 그때 권정생이 강변에 두고 온 버팀목을 가져오겠다며 밤새 걸어온 길을 되돌아 뛰어갔고, 식구들은 걱정스러운 눈길로 그의 뒷모습을 바라봤다.

강변에 도착한 그는 버팀목으로 사용할 수 있는 기다란 막대기들을 주운 뒤 옆에 있던 새끼줄로 등에 묶었다. 멀리 강 건너 둔덕에 수많은 인민군이 엎드려 있는 모습이 보였다. 그는 덜컥 겁이 나 다시 산길을 향해 뛰었다. 잠시 후 그의 양옆에 있는 돌멩이들에서 노란 구릿빛 불똥 같은 것이 탁탁 튀었다. 그때 그는 전쟁은 어린이, 어른 할 것 없이 모든 사람을 죽음과 공포로 몰아넣는다는 것을 몸소 경험했다. 죽기 살기로 뛴다는 말이 무슨 뜻인지도 알게 되었다. 그는 필사적으로 달려 가족이 기다리는 곳에 도착했고, 어머니는 그를 붙잡고 눈물을 흘리셨다.* 그때 기억을 되살려 6·25전쟁 부분을 집필했다.

피란길, 고향을 떠난 사람들의 물결 속에서 삼남매를 데린 엄마 역시, 강펄이나 산비탈에서 잠을 잤습니다.

그믐달이 막 동산에서 솟아오르는 어느 새벽녘이었습니다. 대포 소리가 땅을 흔들며 무섭게 들렸습니다. 사람들은 짐을 꾸려 헐레벌떡 달아나고 있습니다. 엄마도 삼남매를 깨워 급히 자리를 챙겼습니다. 부랴부랴 오릿길을 걸어왔을 때야 가까스로 숨을 돌릴 수 있었습니다.

동이 트고 해가 솟았습니다. 마른 나뭇가지를 주워 모아 놓고 아침밥 준비를 하려고 했습니다. 엄마는 가슴이 덜컥 내려앉았습니다. 목숨만큼 소중한 밀가루 자루가 보이지 않았습니다. 서둘러 오는 바람에 자고 있던 강펄에 그냥 두고 온 것입니다. 또분이 누나가 일어서는 것을 막돌이가 먼저 달렸습니다.

엄마는 한사코 팔을 내둘렀지만 막돌이는 싱긋 웃으며 제비만큼 빠른 걸음으로 벌써 산모퉁이를 돌아가고 있었습니다.

초조한 엄마는 금방 까무러칠 것만 같았습니다. 반 시간이 되었을까? 갑자기 엄마 귀에 벼락 떨어지는 소리가 들렸습니다. 엄마는 더 오래 서서 기다릴 수가 없었습니다. 처음엔 엄마가 앞장섰던 것이, 또분이가 앞질러 버렸습니다. 그러고는 무돌이가 또 또분이 누나를 앞질러 뛰었습니다. 지름길 산 고개에서 밀가루 자루를 껴안은 막돌이가 엎더져 있었습니

* 권정생, 「구릿빛 총탄이 날아오던 날」, 『빌뱅이 언덕』, 창비, 2012, 179~180쪽.

다. 싸움터에서 날아온 포알의 파편에 맞은 것입니다. 피투성이가 된 채, 다리 하나가 달아나고 없었습니다.

어느덧 겨울이 되었다. 그사이 『기독교교육』에서 원고 청탁이 와 하나님의 사랑과 희망을 주제로 쓴 「떠내려간 흙먼지 아이들」을 7·8월 합본호에 발표한 것 외에는 주일학교 활동과 「무명저고리와 엄마」 집필에만 매달렸다. 글을 쓰면서 어머니의 고달팠던 삶이 떠오를 때면 눈시울이 붉어지곤 했다.

　　어머니는 거기서도
　　바람머리 앓으실까
　　이앓이도 하실까
　　머리도 수건 두르시고
　　아픈 것도 애써 참으실까
　　겨울밤 어머니 방엔 군불 많이 지피실까
　　솜이불 두꺼운 걸로 덮고 주무실까
　　방바닥엔 삭자리 깔았을까
　　짚자리 가지런히 깔았을까
　　윗목에 물레실 자으시다가
　　어머니는 밤늦게 잠자리 드시는 걸까

　　어머니 사시는 나라에도
　　그리움이 있을까
　　애달픔이 있을까

개똥벌레 날아가는 밤
귀뚜라미 우는 밤도 있을까
정지 부뚜막에 생쥐가 찍찍 울며 다닐까
뒷산에 부엉이가 와서 울까*

해가 바뀌어 1972년이 되었고, 권정생은 삼십대 중반에 접어들었다. 지난여름 이후 원고 청탁을 해온 잡지는 없었다. 발표할 지면이 없다는 생각이 들 때면 허탈감이 몰려왔다.

그는 지난해 가을 한국문인협회 안동지부(약칭 안동문협)가 만들어질 때 창립 회원으로 참석했다. 한국문인협회 지부에 가입하면 기관지인 『월간문학』에 작품을 발표할 기회가 주어진다며 가입을 권유 받은 데다, 창립 발기인 명단에 이오덕이 있어서였다. 권정생은 『동아일보』 신춘문예 당선작인 동화 「꿩」의 심리묘사가 탁월한 데 감탄해 작가 이오덕을 만나 대화를 나누며 동화의 넓은 세상을 배워야겠다고 마음먹은 터였다. 그러나 이오덕은 문경군 김룡초등학교 교감직을 수행하느라 정신없이 바빠 안동문협 월례회에 참석하지 못했다. 그 사정을 모르던 권정생은 안동문협 월례회에 매번 참석했고, 헌책방에서 1969년 출판된 이오덕의 동시집 『탱자나무 울타리』를 사서 읽은 후부터는 이오덕과 만남을 더욱 기다렸다.

이오덕의 동시들은 가난과 궁핍에 찌든 농촌에 대한 애정으로 가득했다. 움집에서 살거나 학교에 공납금을 내지 못하는 배고픈 가정의 학생

* 권정생, 「어머니 사시는 그 나라에는」 중에서.

들을 가슴 아프게 여기고, 책값이나 기성회비, 시험지 값을 내지 못하는 학생을 마구 때리는 교사들을 비판했다. 쇠먹이풀 마련하기, 다슬기 줍기, 냉이·씀바귀 캐기, 솔방울·구기자 따기, 나무하기, 낙엽 긁어모으기 등 시골 아이들이 공부보다 일에 더 매달리는 모습을 그린 대목에서는 자신의 어린 시절을 보는 것 같아 반가웠다. 그뿐 아니었다. 이오덕의 동시 중에는 아름다운 자연과 고귀한 생명에 대한 사랑을 이야기한 작품은 물론, 전쟁과 총을 반대하는 내용의 시도 다섯 편이나 있었다. 권정생은 자연과 생명을 사랑하고 가난과 폭력이 없는 세상을 꿈꾸는 이오덕의 작품을 읽을수록 꼭 만나 대화하고 싶다는 마음이 커졌다. 그래서 안동문협 월례회에 매번 참석했지만, 가을이 되도록 이오덕의 얼굴을 볼 수 없었다. 김성도만 가끔 참석했다.

가을이 지날 무렵, 만남을 목 빼고 기다리던 권정생은 이오덕에게 편지를 썼다.

이오덕 선생님

진작 서신을 드렸어야 했을 것을, 이렇게 늦었습니다.

안동문협 지부에 한번 오실 줄 알고 회의 때마다 기다렸습니다. 무척 바쁘신 것을 짐작하겠습니다.

선생님의 첫 동시집 『탱자나무 울타리』를 갖고 있습니다. 김성도 선생님께도 말씀드렸지만, 제가 많은 감동을 받은 시집이었습니다.

한번 만나 뵈옵고 싶은 마음 간절했습니다. 이렇게 서면으로 말씀드리는 것 용서해 주시기 바랍니다.

이번 지부지에 실린 「농촌 아동시」 역시 선생님이 아니면 아무나 찾아내지 못할 산골 어린이들의 모습을 새롭게 해주셨습니다. 저 자신 무척 놀라웠습니다.

아동문학을 하고, 또 어린이를 사랑한다는 많은 사람이 있지만, 이토록 외면당하고 있는 현실의 농촌 어린이 가슴을 이해해 주는 분은 드물었습니다. 선생님 작품은 마음으로 쓰는 시가 아니라, 더 가깝게 가슴으로 쓰는 시라고 느껴집니다.

기교나 어휘엔 별로 염두에 두지 않고, 한 줄 한 줄 아이들의 설움을 눈물겹게 묘사하신 『탱자나무 울타리』는 많은 어른들과 어린이들에게 읽혀져야 될 것입니다.

선생님, 여가를 내셔서 언제 꼭 만나 주시기 바랍니다.

그럼 오늘은 이만 줄입니다.

선생님의 건필, 그리고 제게 많은 지도 편달을 빕니다.

안녕히!

1972년 10월 21일

권정생 드림*

그러나 권정생은 편지를 부치지 않았다. 자신보다 나이가 열두 살이나 많고, 동시집을 보니 작품 활동도 1954년에 시작한 문단의 원로였다. 그런 분에게 불쑥 편지를 보낸다는 것이 쑥스러워 부칠 용기가 나지 않았다.

그는 계속해서 「무명저고리와 엄마」를 집필했다. 벌써 3년째였다. 올해도 원고 청탁은 한 곳에서만 있었다. 앞으로 작품 활동을 활발히 하려면 문예지를 거쳐야 하는 것은 아닐까 고민했지만 「무명저고리와 엄마」

---

* 이오덕·권정생, 『선생님, 요즘은 어떠하십니까: 이오덕과 권정생의 아름다운 편지』, 양철북, 2015, 20쪽.

를 마무리한 후 생각하기로 했다.

　바다는 푸르게 파도를 일으키며, 먼 수평선으로 끝없는 그리움을 노래
하고 있었습니다. 전쟁으로 자식을 잃은 엄마의 슬픈 노래를 대신 불러
주는 듯도 했습니다. 차마 떨어지지 않는 발걸음을 돌이켜, 엄마는 막돌
이의 한쪽 다리를 부축하여 무돌이의 손을 잡고 고향으로 돌아왔습니다.
배꽃가지에 하얀 둥근 달이 걸리고 소쩍이가 우는 고향이었습니다. 그러
나, 새 이엉을 갈아 덮지 못한 초가삼간 집 안은 서늘한 바람기가 맴돌고
있었습니다. 세 식구만이 살아가게 되었습니다.

　엄마는 재 너머 큰분이 소식을 서둘러 알고 싶었습니다. 붉나무 단풍
잎 고개는 새롭게 어린싹이 돋고 있었습니다. 찾아간 갯마을에 큰분이는
없었습니다. 폭격으로 잿더미가 된 마을이었습니다. 깨진 오지그릇들이
널린 빈터를 돌아 나오다가 또아리 감나무 숲의 산 밑에 하얀 할아버지가
보였습니다.

　할아버지는 무거운 입을 열어 큰분이가 간 곳을 애기했습니다. 딸아기
를 낳고 세이레(삼칠일三七日·21일)를 채 못 가서, 큰분이는 북녘 땅으로
마을 사람들과 끌려갔다고 했습니다. 벌써 한 돌이 지나간 옛이야기였습
니다. 엄마는 후들거리는 다리를 간신히 버티어 절름발이 막돌이가 있는
집으로 간신히 돌아왔습니다. 쨍한 봄볕에 쓰러질 것처럼 어지러운 생활
이 간신히 이어져 나갔습니다. 까마득한 북녘 땅에 큰분이의 촛불이 깜빡
깜빡 엄마 눈에 보였습니다.

　그는 하루도 거르지 않고 글을 쓰고 싶었으나 몸이 따라 주지 않았다.
이틀 쓰고 사흘 앓을 때도 있었고, 일주일이 지나도록 일어나기 힘들 때

도 있었다. 그래도 새벽이면 어김없이 교회 종탑의 종 줄을 잡아당겼다.

1945년 공습을 피해 후지오카로 피란을 갔던 권정생 가족은 일본이
패망한 직후 도쿄로 돌아왔다. 그러나 전에 살던 판잣집이 헐려 근처 농
가의 누에 치는 잠실을 빌려 이사했다. 그 집에 큰형과 셋째 형의 친구
들이 몰려들었다. 그들은 좁은 방 안에서 밤을 새우며 무언가를 의논했
다. 이듬해 3월 권정생 가족은 시노모세키항에서 귀국선을 탔다. 그러나
조선청년동맹에 가입한 두 형은 일본에 남기로 했고, 큰형은 어린 딸과
아내만 고향으로 보냈다. 어머니는 6·25전쟁이 발발하기 전까지 저녁마
다 정류장에 나가 두 아들을 기다렸지만, 그들은 끝내 돌아오지 않았다.
그는 그때 일을 회상하며 「무명저고리와 엄마」의 이야기를 이어갔다.

전쟁은 잠시 멈추었지만 젊은이들은 계속 군대에 갔다. 막내아들 무
돌이도 입대해 베트남 전선으로 떠났다. 무돌이는 일주일에 한 번 알록
달록 색동 테를 두른 편지를 부쳐 왔고, 엄마는 앞산 뙈기밭에 목화를
심었다. 시집살이가 고되긴 했어도 시아버지와 목화밭을 일구어 집안을
일으켜 세웠을 때가 인생에서 가장 행복했다는 엄마였다. 그러나 그 행
복이 일본 순사를 앞세운 지주의 착취로 오래가지 못했듯, 부지런히 김
을 맬 즈음 무돌이의 편지가 끊겼다. 얼마 후 '전사 통지서'가 도착했다.
엄마는 쓰러졌고, 이내 일곱 아기의 저고리를 안은 채 세상을 떠났다.

권정생은 고난과 슬픔과 가난 속에서도 가족을 위해 헌신한 이 땅의
어머니는 그렇게 자식들을 가슴에 품고 눈을 감는다고 생각했다.

막돌이는 겨드랑에 끼고 온 엄마 저고리를 산마루 청솔가지 위에 펼쳐
놓았습니다. 때가 묻은 저고리였습니다. 어깨판과 팔꿈치가 기워져 있었

습니다. 일곱 아가들이 코 흘린 자국이 남아 있었습니다. 웃는 소리, 우는 소리와 베틀 소리가 아련히 담긴 꿈같은 냄새가 담겨 있었습니다. 검은 구름 떼가 하늘을 가득 덮었습니다. 사방이 어두워졌습니다.

막돌이는 엄마 저고리를 이윽히 쳐다보고는 목화밭을 매기 시작했습니다.

– 중략 –

엄마 저고리가 하늘 가운데 사뿐히 걸려 옷고름만 남실남실 나부꼈습니다.

해님이 구름 사이에서 눈부신 빛을 쏟아 내렸습니다. 엄마 저고리를 가운데 두고 무지개가 피어났습니다. 일곱 빛의 촛불이 따스한 그림처럼 엄마 저고리를 밝혔습니다. 무지개를 타고 엄마의 사랑스러운 아가들이 조롱조롱 나타났습니다.

복돌이 얼굴이 엄마 어깨 위에서 울고 있었습니다. 차돌이와 삼돌이와 큰분이, 또분이, 막돌이와 무돌이가 저고리 가슴팍에서 방긋방긋 웃고 있었습니다. 색동 무지개가 아가들의 얼굴을 곱게 물들였습니다. 목화밭에서는 하얀 목화송이들이 피어났습니다. 북간도와 남태평양 바다와, 월남 땅으로 엄마의 손길처럼 따스한 목화송이들이 날아가고 있었습니다.

한쪽 다리로 반 조각 땅을 딛고 선 막돌이가 무지개 한 끝을 잡고 목화밭 위에 사뿐히 펼쳐 놓았습니다. 엄마 얼굴이 조용히 내려다보고 있었습니다. (끝)

찬바람이 부는 11월 초, 권정생은 원고를 마무리했다. 차가운 문간방에서 나와 황량하게 펼쳐진 벌판을 향해 천천히 걸어갔다. 이제 눈이 오면 저 벌판도 하얗게 변하겠지. 그럼 새해가 되겠지…. 그는 하염없는 눈길로 조탑리 들판을 바라봤다.

11월 중순『조선일보』에 신춘문예 모집 광고가 실렸다. 동화부문 매수 규정이 50매까지였고, 당선 상금도 8만 원이나 되었다. 올해 진 빚을 갚고도 1년 이상은 생활할 수 있는 돈이었다.「무명저고리와 엄마」는 문예지 응모를 염두에 두고 쓴 작품이라 분량이 원고지 60매에 가까웠다. 그는「강아지똥」을 응모할 때 감나무 내용을 뺀 것처럼 어느 한 부분을 덜어 낼까 고민하며 살펴봤지만 워낙 압축해 쓴 작품이라 마땅한 부분이 없었다. 그는 10매가량 초과한 원고를 그냥 보내기로 마음을 굳혔다.

11월 25일, 권정생은 일직우체국에 갔다. 봉투에 '신춘문예 응모작'이라고 쓴 다음 서울 중구 태평로 조선일보사 문화부 앞으로 보냈다. 그는 지난 3년여 동안 혼신의 힘을 다해 준비하고 썼기에 어떤 결과가 나와도 후회나 미련이 없을 것 같다며 홀가분한 마음으로 우체국을 나섰다.

『조선일보』12월 15일자에 신춘문예 동화부문에 135명이 136편을 응모했다는 기사와 함께 원고가 수북이 쌓인 사진이 실렸다. 그는 하루에도 몇 번씩 될 것 같기도 하고 안 될 것 같기도 했다. 자신이 쓴 이야기가 동화 주제로는 아무래도 너무 무거운 것 같아 초조한 마음으로 하루하루를 보냈다.

12월 27일, 전날 눈이 내렸고 여전히 날씨가 흐려 몹시 추웠다. 그는 감기에 걸린 탓에 아침도 먹지 못한 채 누워 있었다. 그때 집배원이 전보가 왔다며 방문을 두드렸다. 그가 일어나 앉자 전보 종이를 건네고는 빙긋 웃었다. 종이를 펴 보자 "축 당선. 28일까지 사진과 원고지 2장의 당선 소감 및 간단한 약력 도착 요망"이라고 적혀 있었다. 1955년 부산에서 처음 동화를 쓴 이래 17년 만에 이룬 신춘문예 당선이었다.

권정생은 가슴이 먹먹하고 머리가 멍했다. 고통과 서러움과 외로움으로 가득하던 지난 세월이 주마등처럼 스쳐 지나갔다. 너무 어두워 되돌아보려고도 하지 않던 지난날의 기억들이….

가난한 피란민, 깡패, 부두 노동자, 밀수꾼이 득실거리던 부산 초량동의 재봉기 가게에서 일할 때가 제일 먼저 떠올랐다. 책 대여점인 계몽서적에서 자신과 함께 도스토옙스키의 『죄와 벌』을 빌려 본 뒤 "소냐처럼 먼 시베리아까지 함께 가줄 연인이나 친구가 있어야 할 텐데…"라 말하고 슬픈 눈을 하다 세상을 떠난 기훈이, "다시 교회에 나가"라며 찬송가와 성경책을 건네고 얼마 후 윤락가로 간 고아 출신 명자가 생각났다. 집을 나와 거지 생활을 할 때 배고파 찾아가면 얼굴을 찌푸리지 않고 깡통에 밥을 꾹꾹 눌러 주던 점촌의 조그만 식당집 아주머니, 뱃삯이 없다니까 그냥 강을 건너게 해주던 뱃사공 할아버지, 그리고 마을에서 읍내까지 함께 결핵약을 타러 다니다 세상을 떠난 친구들도 있었다. 식모살이 도중 폐병쟁이라며 쫓겨 온 성애, 석탄가루를 마시던 철도기관사의 조수로 있다가 돌아온 태호, 산판에서 일하다 온 청수, 기덕이, 옥이, 성란이도 생각났다. 모두 전쟁과 가난의 희생자들이었다. 부산의 한 자선병원에서 콩팥 하나를 떼어 낸 일, 그리고 몇 달 후 부산대학교병원에서 방광을 들어내고 소변주머니를 단 자신의 모습에 눈앞이 깜깜해진 기억도 떠올랐다. 의사가 2년가량 생존할 것이라고 했는데, 6년이 다 되도록 살아 있으니 이런 기쁜 일도 생기는구나…. 그는 마음을 진정하고 당선소감을 쓰고자 밥상을 끌어당겼다.

산골 마을, 음산하고 추운 나의 오막살이 방 안에도 오늘은 때아닌 봄빛이 활짝 퍼진 것만 같습니다.

병고에 시달려 온 나는 어느 때부터인지, 밝은 낮보다 어두운 밤하늘이 더 좋았습니다.

초롱초롱 빛나는 고운 별빛을 벗하며, 길고 긴 병상 생활에서 그 누군가를 한없이 기다렸습니다.

나의 어머니이자, 5천만 우리 민족의 슬픈 어머니의 이야기를 꼭 적어 보고 싶었습니다.

그러나 동화로 엮어 나가기란 어려웠습니다. 50장의 원고를 3년 만에 탈고했습니다.

저승에 계신 어머니께서도 함께 기뻐해 주세요.

워낙 기대조차 하지 않았던 이 소품小品을 빛을 보게 하신 심사위원, 그리고 조선일보사에 진심으로 감사드립니다.

힘겨운 작업이지만, 계속 동화를 써 나가겠습니다.

그는 하루 종일 기쁜 마음과 슬픈 감정이 교차했다. 세상이 자기 것이라도 된 양 기쁘다가도, 지난 세월을 돌이켜보면 슬프고 서러웠다. 결핵 환자에게 흥분은 치명적이라는 사실을 잊은 채 감정을 억제하지 못하고 온종일 들떠 있었다. 결국 그날 밤 심하게 각혈을 했다. 그래도 그는 꼭 쓰고 싶던 동화를 완성했고, 그 작품이 서울에서 발행되는 신문에 실려 빛을 보게 되었으니 죽어도 여한이 없다는 생각이 들었다. 기쁨이 컸지만, 죽음의 그림자도 어른거리는 밤이었다.

다음 날 아침, 권정생은 힘겹게 일어나 운산에 가서 사진을 찍었다. 그리고 당선 소감과 약력을 적은 원고지를 봉투에 넣어 신문사로 보냈다. 우체국 직원이 봉투에 직인을 찍었고, 그때서야 「무명저고리와 엄마」가 세상에 나오는구나 하는 안도감이 들었다. 그는 우체국을 나서며 어깨를 활짝 폈다.

운산시장 골목은 연말이라 사람들로 북적였다. 그는 주머니에 돈은 없지만 시장을 한 바퀴 돌았다. 떡 장수, 부침개 장수, 구두 수선공, 떡볶이 장수, 쥐치포 장수, 시골에서 올라온 나물 장수, 고구마 장수, 광주리 장수가 있는 시장 골목에서는 검정 고무신을 신었다고, 허름한 작업복을 입었다고 그를 흉보는 사람은 없었다. 그는 쪼그리고 앉은 할머니, 다리를 편하게 벌리고 앉은 아주머니, 두 다리를 쭉 뻗어 태평으로 앉은 아저씨, 싸다고 외치는 장사꾼의 꾸밈없는 모습에서 동질감과 정겨움을 느꼈다. 겉모양을 꾸미고 허세 부리는 것을 제일로 아는 세상보다, 가난해도 하루하루를 열심히 사는 모습을 엿볼 수 있는 시장 골목이 더 좋았다.

얼마 만에 느끼는 여유인가. 보이지 않던 길이었다. 막막하던 길이었다. 그래도 한 발자국, 한 발자국 걸음을 옮겼고, 이제 길이 조금 보이는 것 같았다. 시작이 늦은 만큼 열심히 가고 싶었다. 그러나 가고 싶다고 갈 수 있는 길이 아니었다. 얼마나 이 길을 더 갈 수 있을까. 하늘에서 눈이 내리기 시작했다.

제2부

사랑을 이야기하며 믿음으로 사귈 수 있는 친구가 있다면

_ 「강아지똥」 당선 소감 중에서

이오덕 선생이
찾아오다

1973년 1월 8일, 권정생은 「무명저고리와 엄마」와 심사평, 당선 소감이 실린 1월 7일자 『조선일보』 5면을 하염없이 바라봤다. 동화작가 이원수의 심사평을 읽고 또 읽었다.

　응모작이 많았던 만큼 마음을 즐겁게 해주는 작품도 많았다. 마지막으로 권정생 씨의 「무명저고리와 엄마」, 강순아 씨의 「비안네방의 아이」, 이옥선 씨의 「푸른빛 머루」 이상 세 편을 놓고 오랫동안 망설였다. 모두 당선작으로 밀어 마땅하다는 기분이었다.
　여기서 「무명저고리와 엄마」를 당선작으로 정하게 된 것은, 일곱 남매를 낳아 기르면서 일생을 두고 외국의 침략과 전쟁 등에 그 자식들을 빼앗기고 혹은 잃어버리는 그 슬픔을 시종여일하게 시적인 문장, 상징적인 표현을 해가면서 감동적으로 끌어간 점을 높이 보았으며(앞에 두 작품도 시적인 미가 농후했다), 우리나라 모성의 한 전형典型이 귀히 여겨졌기 때문

『조선일보』 1973년 1월 7일자에 실린 신춘문예 동화부문 당선작 「무명저고리와 엄마」. 아랫부분에 당선 소감과 심사평도 나와 있다.

이다. 약간의 흠이 없는 것도 아니다. 즉 시간적 관계가 정확성을 잃고 있는 점 — 그러나 상징적인 점에서 그것을 눈감기로 했다.

권정생은 동화작가 이원수가 작품의 의도를 정확히 이해했다는 생각에 가슴이 뭉클했다. 압축하고 또 압축한 문장에 대해서도 좋은 평을 해주어 고마웠다. "시간적 관계가 정확성을 잃고 있다"는 지적은 그가 40~50년이라는 긴 시대의 이야기를 처음 쓴 탓에 막내아들 무돌이의 나이를 착오한 부분이었다. 작은 실수이기는 하나 앞으로는 글을 정확히 써야겠다고 다짐했다.

비슷한 시간, 이오덕*도『조선일보』에 실린 동화부문 당선작을 읽고 있었다. 이번 작품은 2년 전 대구『매일신문』신춘문예에 가작 입선한 동화보다 내용이 더 깊고 문장도 좋아졌다는 생각이 들었다. 이오덕은 맨 마지막에 실린 그의 주소를 확인했다. 안동군 일직면 조탑동 일직교회였다. 약력을 보니 일본에서 태어나 한국과 일본 두 나라에서 초등학교만 나왔고, 직업은 어린이교회학교 교사였다.

1월 18일 목요일, 이오덕은 문경교육지원청에 들렀다가 안동 가는 버스에 올라탔다. 안동에 도착한 이오덕은 자신에게 가끔 연락하던 시인이자 안동문협 회원인 김성영을 만나 동행하려고 했으나 마침 자리에 없어 혼자 의성행 버스를 타고 운산에서 내렸다. 이후 진흙길을 30분가량 걸어 일직교회에 도착했다. 이오덕은 탱자나무로 둘러싸인 교회 안으로 들어가 큰 소리로 외쳤다.

"권정생 선생님 계십니까?"

종탑 옆의 토담집 문간방문이 열리면서 삐쩍 마른 이가 나왔다. 신문의 신춘문예 당선 소감에 있던 사진과 같은 얼굴이었다.

"권 선생님, 반갑습니다. 저는 아동문학을 하는 이오덕이라고 합니다."

이오덕이 인사하며 손을 내밀자 권정생은 화들짝 놀랐다. 무척 만나고 싶어 편지까지 썼다가 차마 부치지 못했던 이오덕 선생이 여기까지

* 이오덕은 권정생의 정신적 버팀목 역할을 하면서 책 출판에도 많은 도움을 주었다. 작가로서도 왕성히 활동해 5권 넘는 동시집과 50여 권에 이르는 책을 집필했다. 1973년부터 2002년까지 권정생과 주고받은 편지 가운데 일부를 모은『선생님, 요즘은 어떠하십니까: 이오덕과 권정생의 아름다운 편지』가 2015년에 나왔다.

찾아왔다는 사실이 믿기지 않아 손을 꼭 잡으며 고개를 수그렸다.

"아이고, 선생님께서 여기까지 찾아와 주시다니 정말 반갑고 고맙습니다."

권정생은 이오덕의 손을 놓지 못하고 연신 고개를 숙이며 말을 이었다.

"꼭 한번 뵙고 싶던 선생님께서 이렇게 먼 시골까지 찾아오시니 어떻게 감사의 말씀을 드려야 할지 모르겠습니다. 누추하지만 방으로 들어오시지요."

이오덕은 그를 따라 방으로 들어갔다. 권정생은 한쪽 구석에 있던 이불을 펴더니 방바닥이 차갑다며 이불 위에 앉으시라고 권했다. 이오덕은 냉기가 가득한 방과 단출한 살림살이만으로도 그가 얼마나 궁핍한지 짐작할 수 있었다. 그렇게 좋은 글이 이런 열악한 환경에서 나온 것이라 생각하니 가슴이 아렸다.

"선생님, 제가 얼른 방에 불을 넣고 올 테니까 추우시더라도 조금만 기다리세요."

권정생이 자리를 비우자 이오덕은 작은 방을 둘러봤고 책꽂이에 눈길이 멈추었다. 주일학교 교재, 기독교 잡지, 그리고 일본 동화책과 소설책이 있었고, 동시집 『탱자나무 울타리』도 보였다. 이오덕은 그가 자신의 동시집을 읽었구나 싶어 흐뭇한 미소를 지었다. 책꽂이 옆에 놓인 원고뭉치를 보니 그동안 쓴 작품이 꽤 되는 듯했고, 그만큼 문학에 대한 집념이 강하다는 것을 유추할 수 있었다. 방 위쪽에는 핀셋과 소독약이 있었다. 어디 아픈 데가 있는 것 같았다. 책꽂이에 신앙 관련 책이 별로 없는 것으로 봐서 목사나 전도사는 아닌 듯했다. 그렇다면 교회 관리인일지도 모른다고 짐작할 때 권정생이 미안한 표정을 지으며 방으로 들어왔다.

"아이고, 편지라도 먼저 주셨으면 미리 불을 넣어 두었을 텐데 죄송합니다. 조금만 계시면 한기寒氣가 가실 겁니다."

"아닙니다. 제가 불쑥 찾아와 번거롭게 해드리는 것 같아 오히려 미안합니다. 오늘 문경교육지원청에 일이 있어 잠시 들렀다가 얼마 전 신춘문예에 당선되신 권 선생님이 불현듯이 생각나 내친 김에 온 겁니다. 사실 2년 전 대구『매일신문』에 입선하셨을 때도 찾아오려고 했는데, 그때는 신문에 주소가 실리지 않아 오지 못했습니다."

"저도 선생님의 작품을 많이 읽었습니다. 아이들을 사랑하는 선생님의 마음이 무척 지극하셔서 큰 감동을 받았습니다. 특히 선생님께서 전에 안동문협 회지에 실으신「농촌 아동시」는 아무나 찾아내지 못할 산골 아이들의 모습이 그대로 담겨 있어 좋았습니다. 아동문학을 하고 어린이를 사랑한다는 사람은 많지만, 선생님은 특히 외면당하는 농촌 어린이들의 설움을 가슴으로 이해해 주시는 분입니다. 그래서 안동문협에 오실 줄 알고 월례회 때마다 기다렸습니다. 한번 만나 뵙고 이야기를 나누고 싶은 마음 간절했는데, 이렇게 찾아와 주시니 무척 고맙습니다."

이오덕은 자신의 시가 전달하려는 의미를 정확히 이해한 권정생에게 흐뭇한 표정을 지어 보이며 대화를 이어갔다. 안동문협이 만들어질 때 이름만 올려놓고 학교 일이 바빠 한 번도 참석하지 못한 사연과 시골 학교의 열악한 교육 현실, 그리고 농촌 아이들과 함께하고 싶은 마음에 도시 학교로 발령 날까 봐 두메산골 분교 근무를 자원한다는 이야기 등이었다. 그때 마을 할머니가 문밖에서 권정생을 찾았다.

"집사님, 손님이 오셨다고 해서 저녁밥과 반찬 몇 가지 챙겨 왔습니다."

"아이고 권사님, 고맙습니다."

권정생이 밖으로 나가 인사했다.

"우리 집사님이 이사 오고 처음 찾아온 손님이라며 특별히 부탁하신 건데 찬이 없어 죄송합니다."

"아닙니다, 권사님. 제가 너무 갑자기 부탁드려 죄송합니다. 고맙게 잘 먹겠습니다."

"별말씀을요. 교회 사람들이 집사님이 무슨 상을 받고 신문에 얼굴도 크게 났다고 하더니, 이제 손님도 찾아오시고 정말 기뻐요…."

할머니는 말을 잇지 못한 채 들고 온 보따리를 권정생에게 건네고는 종종걸음으로 교회를 나갔다. 방 안에서 두 사람의 대화를 듣고 있던 이오덕도 그가 외롭고 힘들게 사는구나 싶어 울컥했다. 권정생은 할머니를 향해 몇 번 허리를 숙인 뒤 방으로 들어와 밥상에 저녁거리를 올렸다. 흰 쌀밥이었다.

"아까 불을 때러 나갔을 때 옆집에 사는 권사님에게 저녁을 좀 부탁했습니다. 먼 길 오셨는데 보리밥을 대접할 수는 없어서요…."

"안 그래도 되는데 애쓰셨습니다. 저는 20년 가까이 자취를 해 된장이고 보리밥이고 있는 대로 잘 먹습니다. 본디 반찬 같은 건 가리지도 않고요. 그러니 다음부터는 이러지 않으셔도 됩니다. 오늘은 이왕 차리셨으니 잘 먹겠습니다."

"예, 선생님. 그렇게 말씀해 주시니 고맙습니다. 다음부터는 말씀대로 할 테니 오늘은 편히 드십시오."

권정생과 이오덕은 저녁밥을 먹고 늦게까지 대화를 나누었다. 권정생은 난생처음으로 마음을 열고 자신이 살아온 과정을 털어놓았다. 이오덕은 그의 사연이 눈물겨우면서도, 한편으론 그런 육체적 고통과 가난 속에서도 문학을 향한 집념을 놓지 않았다는 사실에 고개가 절로 숙

여겼다. 작품을 쓸 때마다 이것만은 완성하고 죽어야겠다고 생각한다는 그의 말에 이오덕이 물었다.

"권 선생님, 폐결핵은 3기에 접어들었어도 요양만 잘하면 낫는다는 소리를 들었는데, 지금 상태가 어떠신 건가요?"

"처음에는 안동보건소에서 무료로 주는 약을 먹었지만, 이제 내성이 생겨 2기 약을 써야 하고 지금이라도 충분히 투약하면 1년 안에 낫는다고 합니다. 2기 약은 보건소에 없어 약국에서 돈을 주고 사야 하는데, 약값이 한 달에 1만 5,000원가량 됩니다. 하지만 제가 병약해 노동을 할 수 없다 보니 약을 살 형편이 못 됩니다. 지난해 수입이 그 전해에 기독교 잡지에 원고를 보내고 받은 4,000원과 어느 할머니가 주신 500원이 전부였지요. 이렇게 가끔 받는 원고료는 한두 달치 생활비밖에 안 되고, 그 또한 기회가 거의 없어 빚을 지며 살고 있습니다. 이번에 신춘문예 당선 상금이 8만 원이라지만, 빚을 갚으면 3만 원쯤 남을 것 같습니다."

이오덕은 한 달에 약값 1만 5,000원이 없어 폐결핵을 고치지 못한다는 말에 자신도 모르게 한숨이 나왔다. 마음 같아서는 돕고 싶었지만, 월급 15만 원을 받아 아이들을 키우는 형편이라 자신도 여유가 없었다.

"권 선생님, 그동안 써 놓은 작품은 좀 있으십니까?"

이오덕은 당시 문단이 서울 중심이라는 것을 잘 알고 있었다. 그리고 권정생이 서울 중앙지 신춘문예에 당선되었음에도 원고 청탁이나 동화집 출판 제의를 받지 못하고 있다는 사실 또한 알았다. 이는 모두 작가로서 이름이 알려져야 가능한 일이었다. 당시 많은 지방 작가가 겪는 어려움이자 설움이기도 했다. 더욱이 국내 작가의 창작동화는 외국 유명 동화작가의 그늘에 가려 있어 강소천을 비롯한 몇몇 유명 동화작가의 작품이 아니면 관심조차 끌지 못하던 시절이었다. 그만큼 동화작가로 성공하기란 무척 어려웠다. 그런 상황을 잘 아는 이오덕은 자신이 권정생을 중앙 문단에 알리는 역할을 해야겠다고 마음먹었다.

"예, 장편동화도 두 편 있고 단편동화도 여러 편 있습니다."

이오덕은 장편동화가 있다는 말에 귀가 솔깃했다. 장편동화는 단편동화집에 비해 출판이 쉽고 책으로 나오면 인세도 받을 수 있어 그에게 얼른 다시 물었다.

"그 장편을 볼 수 있을까요?"

권정생은 잠시 머뭇거렸다. 아직 초고 단계라 보여 줄 자신이 없었다. 손을 보지 않고 내놓았다가 이오덕 선생이 실망하면 어쩌나 싶었다.

"그런데, 아무래도 정리를 좀 해야 할 것 같습니다. 지난 3년 동안 「무명저고리와 엄마」에 매달리느라 정리를 미처 못 한 상태입니다. 마무리하면 꼭 보여 드리겠습니다."

이오덕은 고개를 끄덕였다. 습작을 함부로 내보이지 않으려는 그의 자세도 믿음직스러웠다.

권정생은 「무명저고리와 엄마」가 자신의 가족사와 동네 어르신들로부터 들은 이야기를 바탕으로 한 것이라고 설명했다. 자신이 슬픈 동화를 쓰는 이유는 그것이 자신의 삶이고, 마을에서 듣고 보는 사연이 모두 슬프기 때문이라고 했다. 두 사람은 처음 만났지만 마치 오래전부터 알고 지낸 사이처럼 친숙함을 느끼며 문학과 삶에 대한 이야기를 나누었다. 이오덕은 시간이 어떻게 가는 줄 몰랐고, 막차 시간은 벌써 지나 있었다. 두 사람은 이불을 편 뒤 밤늦도록 대화를 이어갔다.

다음 날 아침, 권정생은 보리밥을 지었고 두 사람은 어제 남은 반찬을 곁들여 아침식사를 했다.

"권 선생님, 20일에 있는 신춘문예 시상식에는 가셔야지요?"

"아닙니다. 이미 신문사 측에 병으로 못 간다고 편지를 써 보냈습니다."

이오덕은 다시 아득한 눈길로 권정생을 바라봤다. 병도 문제지만 어쩌면 여비가 없어 못 가는 것일 수도 있다는 생각이 들었다. 그렇다고 초면에 차비를 건네 그의 자존심을 상하게 할 수도 없는 노릇이었다. 이오덕은 무슨 방법이 없을까 잠시 고심했고, 권정생이 일단 자신과 이원수 선생이 활동하는 한국아동문학가협회에 가입하면 조금은 도움을 받을 수 있을 것 같았다. 그래서 권정생에게 한국아동문학가협회를 소개하면서 자신에게 입회 원서를 부치라고 했다.

이오덕은 자리에서 일어나 걸옷을 입으며 집에 갈 채비를 했다. 그리고 가방에 있던 원고지 한 권을 꺼내 여기에다 단편동화 한 편을 쓴 뒤 보내 달라고 말했다. 주머니에 있던 돈도 원고지 사는 데 보태라며 그에게 건넸다. 권정생은 펄쩍 뛰며 사양했지만 이오덕은 억지로 그의 손에 쥐어 주었다. 권정생은 버스정류장까지 함께 걸어가려 했지만 이오덕이 한사코 못 나오게 했다. 그는 교회를 나서 신작로를 향해 뚜벅뚜벅 걸어가는 이오덕의 뒷모습을 오랫동안 바라봤다.

1월 30일, 권정생은 이오덕에게 편지를 보냈다. 이오덕이 세상을 떠날 때까지 30년 동안 오간 편지 가운데 첫 번째였다.

이오덕 선생님

다녀가신 후, 별고 없으신지요?

바람처럼 오셨다가 제弟(동생)에게 많은 가르침을 주고 가셨습니다. 일평생 처음으로 마음 놓고 제 투정을 선생님 앞에서 지껄일 수가 있었습니다.

선생님의 작품을 많이 읽었지만 역시 만나 뵙고 난 다음, 더욱 그 진실을 깨닫게 되었습니다. 선생님이야말로 가장 소중한 우리 것을 가지신 분이라 한층 미더워집니다.

어저께는 안동 김성영 씨를 만나, 선생님 얘기를 입이 마르도록 나누었습니다. 가슴이 따뜻해지고, 무엇이나 아껴 주고 싶은 마음이었습니다.

행복이란, 외모로 판단되는 값싼 것이 아닐 겝니다. 선생님이 걱정하시는 마음이 제게 많이 통하고 있다고 당돌하나마 말해 봅니다. 착하기만 해서도 안 될 것이죠.

소리소리 지르며 통곡하고 싶은 흥분이 일어날 때마다, 그것을 가슴으로 자꾸만 모아 들이는 아픔이란, 선생님은 더 많이 아실 것입니다.

체험하지 않고, 겪어 보지 않고는 절대 모르는 설움을 무엇 때문에 외면하면서 설익은 재롱만으로 문학을 한다는 것부터, 반성해야 할 것입니다.

안동에 오시는 기회가 있으시거든 종종 들러 주시기 바랍니다. 원고는 며칠 더 기다려 주세요. 그동안 사정으로 아직 정리하지 못했습니다.

그럼 추위에 몸조심하시기 바랍니다. 다음 뵈올 때까지 안녕히!

1973년 1월 30일
권정생 드림

권정생은 이제 자신에게도 문학 이야기를 나누고 조언도 구할 수 있는 큰형님 같은 이가 생겼다는 생각에 가슴이 벅찼다.

조금씩
세상으로 향하는
작품들

이오덕은 서울에 가서 기독교 잡지 쪽으로 발이 넓은 동화작가 이현주(1944~   )*를 만났다. 이현주에게 권정생을 만나고 온 이야기를 하며, 결핵약을 사 먹을 수 없는 형편이니 원고를 발표할 지면을 알아봐 달라고 했다. 이현주는 그런 어려운 환경에서도 작품 활동을 하는 작가가 있다는 사실에 놀라워하며 권정생의 주소를 물었다.

이오덕은 한국아동문학가협회 회의에 참석해 권정생의 작품을 『조선일보』 신춘문예 당선작으로 뽑은 심사위원 이원수를 비롯한 회원 작가들에게도 그의 문학적 열정과 딱한 사정을 설명하며 지면 소개를 부탁했다.

2월 초, 권정생은 이현주가 보내온 엽서를 받았다. 이오덕 선생으로

---

* 이현주 작가는 감리교신학대학교에 재학 중이던 스무 살 때(1964년) 동화 「밤길」이 『조선일보』 신춘문예에 당선되어 등단했다. 1971년 대학을 졸업했지만 1977년 목사 안수를 받기 전까지 편집 일을 하면서 동화를 썼다.

부터 이야기를 들었다며 단편동화 한 편을 보내 주면 지면을 알아보겠다는 내용이었다. 권정생은 이오덕과 이현주의 마음 씀씀이에 가슴이 먹먹했다. 늘 보고 인사하는 이웃이자 같은 교인인 마을 사람들의 배려와는 또 다른, 작가적 연대감에서 나온 배려라는 생각에 가슴 한편이 뿌듯하기도 했다.

그는 전에 써 놓은 원고 가운데「복사꽃 외딴집」을 떠올렸다. 1965년 3개월 동안 거지 생활을 할 때 그가 배고파 찾아가면 늘 밥을 꾹꾹 눌러 담아 주던 경상북도 상주의 노부부를 떠올리며 쓴 동화였다. 물론 자신의 이야기를 쓴 것은 아니었다. 슬하에 자식이 없어 '몽실'이라는 강아지를 손자처럼 귀여워하는 할아버지와 할머니가 감나무에 올라가 감을 훔쳐 가는 아이들의 안전을 위해 장대를 몇 개 만들어 편안하게 딸 수 있게 했고, 아이들은 자신의 잘못을 뉘우친다는 줄거리였다.

그는 이현주에게 답장을 썼다. 이오덕 선생의 추천과 부탁이 있었다 해도, 생면부지의 자신을 위해 지면을 알아보겠다는 호의를 베풀어 주어 진심으로 고맙다고 인사하며 동화 한 편을 이달 안으로 정리해 보내겠다고 했다.

며칠 후 그는 이오덕의 편지도 받았다. 이오덕은 편지에서 동화 한 편을 보내 주면 서울에 갈 때 조선일보사에서 발행하는『소년조선』이나 아동 잡지『소년』의 지면을 알아보겠다고 했다. 얼마 전 서울에 가서 이현주 작가를 만났다는 내용도 있었다. 권정생은 이오덕의 편지를 읽고 또 읽었다. 읽을 때마다 눈시울이 뜨거워졌다. 그는 차가운 방바닥에 앉아 이오덕에게 자신의 신세를 한탄하는 편지를 썼다.

출생지가 타국이기에 여태껏 고향조차 없는 외톨박이로 살아왔다고, 조국은 전쟁과 굶주림, 병마만 안겨 주어 그 위에서 몸서리쳐지는 외로움을 느꼈지만 그럼에도 이 한국 땅을 무던히도 사랑하고 싶다고, 그러나 메마른 흙 속에서 물 한 방울 찾을 수 없어 지금까지 타는 목마름을 느꼈다고, 사람이 싫었다고, 더욱이 거짓말 잘하는 어른은 보기도 싫었다고, 자신이 어린이가 되어 어린이와 함께 살다 죽고 싶다고, 하늘을 똑바로 쳐다볼 떳떳함만 있다면 병신이라도 좋고 양복을 입지 못해도, 장가를 가지 못해도, 친구가 없어도, 세 끼 보리밥만 먹고 살아도 열심히 글을 쓰겠다고 했다. 이어 단편동화 「토끼 나라」를 이오덕에게 보냈다. 그러면서 원고지 60매 분량이라 실릴 데가 있을지 모르겠지만 가지고 있는 단편동화들도 선생님의 의견에 따르겠다고 덧붙였다.

3월 초, 권정생은 3년 전 그의 「눈 꽃송이」를 『성탄에 들려줄 동화집』에 수록했던 대한기독교교육협회로부터 원고 청탁서를 받았다. 「1973년 여름성경학교 교본」에 실을 기독교 주제의 동화 한 편을 보내 달라는 내용이었다.

그는 이번 성탄절에 주일학교에서 인형극을 하려고 준비 중이던 「선물」 원고를 꺼냈다. 외딴섬에 사는 코끼리 할아버지가 칡덩굴산 유치원에 다니는 산토끼, 다람쥐, 노루, 아기 오리, 아기 꿀돼지 등에게는 선물을 주고 원피스를 입은 노루 여선생님에게는 성경을 보내 모두에게 읽어 주게 한다는 내용이었다. 그는 내용 가운데 성탄절 부분을 빼고 다시 정리해 대한기독교교육협회로 보냈다.

5월 초, 권정생은 「복사꽃 외딴집」이 실린 『새생명』 5월호를 우편으로 받았다. 『새생명』은 기독교한국루터회에서 1961년 창간한 기독교 교양 잡지였다. 동화를 싣는 아동 잡지가 아니라서 「복사꽃 외딴집」이 단편소설로 소개되어 있었다. 권정생은 이현주 작가가 지면을 마련하느라 애

『새생명』 1973년 5월호에 실린 「복사꽃 외딴집」.

썼구나 싶어 다시 한 번 가슴이 뭉클했다.

6월에는 「선물」이 실린 「1973년 여름성경학교 교본」이 도착했다. 올해에만 벌써 세 번째 발표였다. 그는 뿌듯했다. 몸에서 기운이 나는 것 같았다. 이에 그는 전에 썼던 부산 시절 이야기를 담은 장편동화 「갑돌이와 갑순이」 초고를 원고지 60매로 새롭게 고쳐 완성했다. 일본 시절 이야기인 「겨울 망아지들」도 300매까지 썼다. 단편동화 몇 편도 마무리해 이오덕에게 보냈다. 얼마 후 이오덕은 그에게 「갑돌이와 갑순이」를 9월에 창간하는 『현대아동문학』에 싣기로 했다며 작가 소개에 사용할 사진을 한 장 보내 달라고 했다.

그는 여름내 앓았다. 매일 새벽에 일어나 교회 종을 치고 마을 대소사도 챙기느라 몸에 무리가 온 것이었다. 밥맛을 잃으니 음식 생각이 머릿속에서 떠나지 않았다. 어머니가 무쳐 주시던 무생채, 고사리, 산나물이 특히 생각났다. 어느 날은 살찐 암탉에 찹쌀을 넣어 끓인 닭고음국을 한 대접 먹고 싶었다. 그러나 생각뿐이었다.

9월 8일, 이오덕은 안동교육지원청에서 볼일을 본 후 권정생을 찾아갔다. 「갑돌이와 갑순이」가 실린 『현대아동문학』 창간호를 전해 주고 건강이 어떤지도 살펴보기 위해서였다. 방문을 두드리자 엉거주춤한 자세로 문을 열던 권정생이 고향 형님 만난 듯 반가운 얼굴로 그를 맞았다. 방에 들어가자마자 이오덕은 초췌한 권정생의 얼굴을 살피며 말했다.

"얼굴이 지난번보다 더 마른 듯합니다. 그동안 몸이 많이 안 좋으셨나 봅니다."

"여름내 누워 지냈습니다."

"아니, 그러면 편지에다 말씀 좀 해주지 그러셨어요. 건강에 대해 아무런 언급도 없으셔서 지낼 만한가 보다 생각했는데… 정말 죄송합니다."

"제 몸이 부실해 그런 건데, 선생님이 왜 죄송하십니까. 아닙니다. 제 몸이 늘 이래서 선생님께 말씀드리지 않은 겁니다. 오히려 선생님께 심려를 끼쳐 드린 것 같아 제가 죄송합니다."

이오덕은 안쓰럽다는 눈빛으로 그를 바라보며 『현대아동문학』 창간호를 건넸다. 권정생은 자신의 동화가 윤석중, 이원수 같은 원로 작가의 작품과 함께 실린 것이 뿌듯했다. 목차면 제목 옆에 붙어 있는 "문제 작가의 두 번째 작품"이라는 문구도 그를 기쁘게 했다. 그러나 작가 소개 중 "무학無學인 그는 가난과 병마와 싸우며…", "조선일보 신춘문예

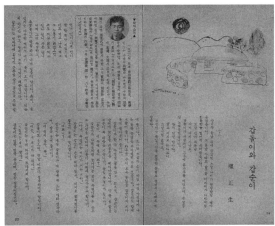

『현대아동문학』 1973년 9월 창간호에 실린 「갑돌이와 갑순이」와 작가 소개.

에 당선되었지만 외출할 의복이 없어 참석지 못했고…" 부분에서는 얼굴이 벌게졌다. 권정생은 잡지사에서 지어낸 것이 아니라 이오덕이 말한 내용들이라는 사실을 알아챘다. 그렇다고 이오덕에게 따질 수도 없는 일이었다. 그가 자신의 작품이 실린 부분을 넘기고 있을 때 이오덕이 물었다.

"그래 지금은 좀 어떠세요?"

권정생은 한숨을 내쉬었다.

"보건소에서는 파스나 아이나 같은 결핵치료약을 더는 먹을 필요가 없다며 안 줍니다. 한 해 동안 꾸준히 복용하고도 낫지 않으면 내성이 생겨 약효가 전혀 없고 소화기 장애만 일으키기 때문이지요. 그래도 약을 안 먹으니 더 나빠지는 것 같아 이따금 사서 복용하고 있습니다…."

권정생은 설움이 복받치는지 말을 잇지 못했다.

"얼마나 답답하십니까. 권 선생님, 그러지 말고 얼마 후 다시 올 테니 저와 병원에 가서 종합 진단을 받도록 합시다. 병 진행 정도를 명확히 알고 대책을 세워야지요."

그는 1년에 한두 차례 병원에 가지만 영양 섭취를 많이 하라, 심신의 안정을 유지하라, 결핵치료약을 계속 먹으라고 할 뿐, 병원에 간다고 해 결되는 병이 아니라며 고개를 떨어뜨렸다.

이렇게 생의 절망과 의지 사이에서 정신력으로 버티고 있는 권정생을 위해 자신이 할 일은 동화집 출판을 돕는 것뿐이라고 생각한 이오덕은 그에게 원고에 대해 물었다. 권정생은 그동안 발표한 동화와 미발표 작들이 단행본 분량으로 충분하다며 1969년 제1회 기독교아동문학상에 당선된 「강아지똥」이 실린 『기독교교육』 7월호와 「깜둥바가지 아줌마」가 실린 『새벗』 8월호, 그리고 몇 편의 원고뭉치를 건넸다. 그러고는 저녁을 지어 오겠다며 부엌으로 나갔다.

이오덕은 「강아지똥」을 먼저 읽었다. 「무명저고리와 엄마」, 「아기양의 그림자 딸랑이」와는 결이 달랐지만 놀랄 만큼 좋았다. 대화만 조금 손보면 거의 완벽한 작품이 될 것 같았다. 다른 작품들은 제목만 일별했다. 한결같이 가난하고 짓밟힌 이들에 대한 한없는 사랑을 보여 주는 제목들이었다. 이오덕은 저녁식사를 한 후 권정생에게 단편동화집 한 권이 될 만한 분량만큼 원고를 골라서 보내 달라고 했다. 이 정도 수준의 작품들이 단편동화집으로 출판되면 그의 작가적 입지가 확실해지면서 작품 활동도 활발하게 이어갈 수 있을 듯했다.*

* 이오덕, 『이오덕 일기 1』, 양철북, 2013, 253~254쪽. 이오덕·권정생, 『선생님, 요즘은 어떠하십니까: 이오덕과 권정생의 아름다운 편지』, 양철북, 2015, 30쪽.

9월 중순, 권정생은 이오덕에게 「강아지똥」과 「무명저고리와 엄마」를 비롯해 「똘배가 보고 온 달나라」, 「금복이네 자두나무」, 「떠내려간 흙먼지 아이들」, 「오누이 지렁이」, 「장대 끝에서 웃는 아이」, 「파리가 날아간 푸른 하늘」, 「슬픈 여름밤」, 「니나와 아기 별」 등 단편동화 열 편을 보냈다.

이오덕은 그가 보내 준 동화를 한 편 한 편 천천히 다 읽었다. 그리고 자신의 판단이 틀리지 않았다며 고개를 끄덕였다. 조금 부족하고 처지는 작품도 있지만 대부분 훌륭했다. 이오덕은 어떻게든 권정생의 동화들을 작품집으로 출판해야겠다고 마음먹었다. 인세도 중요하지만 작가에게 작품집이 있는 것과 없는 것이 얼마나 큰 차이인지를 잘 알기 때문이었다. 신문이나 잡지에 발표된 작품은 독자에게 오래 기억되지 않는 반면, 작품집은 언제라도 서점에서 만날 수 있는 작가와 독자의 연결통로였다.

이오덕은 가난하고 힘없는 이들에 대한 권정생의 사랑은 어린이들에게 약자를 이해하는 계기가 되는 동시에, 그들을 배려하고 포용할 수 있는 마음을 심어 줄 것이라고 판단했다. 바르고 착한 것이 항상 불의와 부정에 패하는 현실에서 아무리 약한 목숨이라도 결코 악에 물들지 않고 미워할 대상을 미워하며 사랑할 대상을 끝까지 사랑하는 이야기는 권정생이 건강한 인간정신과 작가정신을 가졌기에 가능한 것이라며 그의 동화를 높게 평가했다. 이오덕은 권정생의 동화집이 출판된다면, 그동안 동화 하면 으레 천사 같은 아이들이 나오고 그 아이들이 꿈꾸는 무지개 같은 세계가 펼쳐지는 내용만 떠올리는 이들에게 충격을 던져 줄 것이라고 믿었다. 이오덕은 권정생의 동화가 우리 아동문학사에서 어느 작가도 들어가 보지 못한 가장 인간다운 세계, 아름다운 사랑의 세계를 보여 줄 수 있는 만큼 작품집 출판을 꼭 이루겠다고 다짐했다.*

이오덕은 10월 3일부터 8일까지 서울로 출장을 갔다. 공무를 마친 후 이원수와 이현주를 만나 함께 아동물을 많이 출판하는 계몽사를 방문했다. 편집 담당자에게 권정생의 수상 경력을 언급한 뒤 원고가 담긴 두꺼운 봉투를 건넸다. 편집 담당자가 원고 봉투를 집어 들며 물었다.

"장편입니까?"

"아니에요. 단편들입니다."

편집 담당자는 원고 봉투를 내려놓았다.

"이 선생님, 저희가 요즘 장편동화 시리즈를 계획하고 있어 단편동화집 출판은 조금 어려울 것 같습니다. 저는 결정권이 없으니 편집부장님에게 직접 말씀해 보시지요."

출판사가 장편을 선호하는 이유는 가독성可讀性 때문이었다. 이오덕도 그 사실을 알기에 이원수와 이현주에게 연락해 함께 출판사를 찾아온 것이었다. 세 사람은 편집부장 방으로 들어갔다. 모두 아는 사이라 간단히 인사를 나눈 후 권정생의 수상 경력과 작품 세계를 설명하고 원고 봉투를 내밀었다. 편집부장도 단편이라는 말에 고개를 저으며 원고 봉투를 받으려 하지 않았다. 그러자 이원수가 거들었다.

"김 부장, 권정생의 동화는 아기자기한 재미나 웃음을 주지는 않지만 문학사적으로 가치가 있는 작품이에요."

목소리에 힘이 있어서일까, 아니면 이원수라는 권위 있는 아동문학가가 문학사적 가치를 언급해서일까 편집부장이 태도를 바꾸었다.

* 『강아지똥』에 실린 '이오덕 해설', 세종문화사, 1974.

"그럼 원고를 두고 가시면 편집회의를 열어 결정하겠습니다."**

세 사람은 원고 봉투를 건넨 뒤 계몽사에서 나와 이현주는 먼저 가고 이오덕과 이원수는 저녁을 먹으러 자리를 옮겼다. 다음 날 아침, 이오덕은 자신의 시론집 『아동시론』을 출판한 세종문화사를 찾아갔다. 아무래도 계몽사 측 반응이 미덥지 않아서였다. 다행히 세종문화사에서는 긍정적인 반응을 보이며 계몽사에서 출판하지 않겠다고 하면 원고를 보내 달라고 했다.

얼마 후 계몽사에서 거절 의사를 밝혀 왔고, 이오덕은 권정생의 원고를 세종문화사에 넘겼다. 그사이 권정생은 이오덕과 이현주가 주선해 준 잡지들에 꾸준히 단편동화를 보냈다. 그러나 원고료를 주는 곳은 거의 없었다. 연초 조선일보사에서 받은 상금이 다 떨어져 약은 포기했지만 당장 먹을거리가 급했다. 주변에 도움을 청할 데가 전혀 없는 권정생은 결국 이오덕에게 돈 5,000원을 빌려 달라는 편지를 보내기 시작했다. 이오덕은 그때마다 돈을 보냈고, 어디서 원고료가 나오면 권정생이 말하지 않아도 5,000원, 7,000원을 우체국 소액환으로 바꾸어 송금했다.

12월 초, 권정생은 이원수로부터 편지를 받았다. 계몽사 동화 시리즈에 실을 만한 장편동화나 조금 긴 중편동화를 보내 달라는 내용이었다. 권정생은 아동문학계 원로까지 자신을 위해 애쓰고 있다는 사실에 한동안 고개를 숙인 채 편지를 들고 있었다. 그리고 자신이 보답하는 길은 오로지 좋은 동화를 쓰는 것밖에 없다고 마음을 다잡은 뒤 「겨울 망아지들」을 마무리해 이원수에게 보냈다.

** 이오덕, 『이오덕 일기 1』, 양철북, 2013, 259쪽. 이오덕·권정생, 『선생님, 요즘은 어떠하십니까: 이오덕과 권정생의 아름다운 편지』, 양철북, 2015, 43쪽.

드디어
새겨진
삶의 흔적

1974년, 그도 어느덧 서른일곱 살이 되었다. 이오덕은 여전히 서울에 갈 때마다 권정생의 단편동화집 출판을 위해 세종문화사에 들렀다. 그러나 준비하겠다는 대답만 들을 수 있을 뿐 진척이 없었다. 당시 동화작가는 대부분 제작비를 보태고, 출판되면 어느 정도 구매하겠다는 약속을 해야 책을 낼 수 있었다. 그런데 이오덕은 권정생이 아직 무명작가임에도 오히려 저자에게 얼마간 인세를 지급해야 한다는 조건으로 책을 출판하겠다고 한 터라 일 진행이 쉽지 않았다.

이오덕은 출판이 자꾸 미루어지자 권정생에게 미안했다. 작가로서 지명도를 얻으면 자신감이 더 생기고 작품 발표에도 도움이 되리라는 생각에 추진한 일인데, 이렇게 늦춰지다 출판마저 안 되면 오히려 낙담할 것 같아 마음이 편치 않았다. 미안한 마음은 권정생도 마찬가지였다. 이오덕이 서울에 다녀왔다는 편지를 보내올 때마다 쥐구멍이라도 찾고 싶은 심정이었다. 게다가 자신이 거들 수 있는 일이 없다는 사실에 자괴감

1974년 여름. 이오덕(왼쪽)이 『강아지똥』 출판을 위해 조탑리에 들렀을 때 함께 찍은 사진이다.

이 들 때가 한두 번이 아니었다.

　4월에 접어들면서 권정생의 건강이 다시 나빠졌다. 날씨가 풀려 그나마 지낼 만했지만, 전보다 누워 있는 시간이 더 많았다. 열이 오르면 입맛이 없고 음식 맛도 못 느꼈다. 그래도 먹어야 살지 하는 마음으로 아픈 몸을 이끌고 죽을 끓이거나 밥을 지었다. 얼마 전에는 명태 국물이 몸을 깨끗하게 해준다는 말을 듣고 아랫마을 가게에 가서 새끼 명태를 100원어치 사 와 끓여 먹었다. 비린내가 심했지만 넘어가는 데까지 삼키고 나니 '이젠 살았다'는 생각이 들었다.

　그는 다른 사람들이 보는 앞에서는 아픈 내색을 하지 않았다. 정 아플 때면 문을 걸어 잠그고 방 안에서 끙끙 앓았다. 아픈 척, 슬픈 척해 봐야 위로는커녕 업신여김이나 당하기 십상이라는 것을 알았기 때문이다. 그는 병든 사람은 병든 사람만이 위로할 수 있고, 가난한 사람은 가난한 사람만이 도울 수 있다고 생각했다. 그래서 신 김치일망정, 쓴 된장일망정 사랑하는 마음으로 자신을 위해 들고 찾아오는 가난한 이웃들에게서 따뜻함을 느꼈다.* 가끔씩 오는 독자들의 편지를 보면서도 힘을 얻었다.

젊음을 사치하게 꾸미려는 낭만이 아니라 별처럼 반짝이는 민들레를 피우려는 강아지똥의 눈물겨운 사랑이 저의 마음을 울려 주었습니다.
— 경기도 부천시 영종면 중산리 남상순

"한쪽 다리로 반 조각 땅을 딛고 선 막돌이가 무지개의 한 끝을 잡고 목화 밭 위에 사뿐히 펼쳐 놓았습니다."
겨레의 운명 같아 눈물이 무지개처럼 아롱졌습니다. 큰 슬픔은 큰 기쁨을 낳는다고…. 귀하의 그 존귀하신 마음이 겨레의 마음이 되시기를 기원합니다.
— 서울 마포구 신수동 박태원

권정생의 건강이 나빠지고 경제적 형편도 점점 어려워지고 있다는 사실을 안 이오덕은 그에게 상금이 많은 논픽션 공모에 응모해 보는 것이 어떻겠느냐고 물었다. 원하면 신문이나 잡지에 기사로 나올 수 있게 해 줄 수 있다고 했다. 그리고 기사를 통해 세상 사람들이 알게 되면 글을

---

* 권정생, 『강아지똥』, 세종문화사, 1974, 2쪽.

쓰는 데 도움이 될지 모르고, 또 동화집이 나오면 더 많이 팔릴 수 있다고도 덧붙였다.[**] 그러나 그는 단호히 거절했다. 자신이 너무 슬퍼질 것 같고, 언론에 이용만 당할 수도 있다는 생각에서였다.

5월 26일, 이오덕은 아동문학가 김종상으로부터 권정생 동화집에 넣을 삽화가 완성되었으니 서울에서 만나자는 연락을 받았다. 출판사 측에서 삽화가에게 의뢰하면 비용이 발생한다고 해 김종상 선생의 학교에 근무하는 한 교사에게 부탁한 일이었다.

중앙선을 타고 청량리역에 도착한 이오덕은 광화문 근처 한국문인협회 사무실 건물 지하에 있는 디즈니 다방에서 김종상을 만나 삽화를 받고 감사 인사를 전했다. 다방을 나온 이오덕은 광화문에서 멀지 않은 충정로 세종문화사로 갔다. 출판사에 도착하자 이종기 사장이 반가워하며 사장실로 안내했다.

"이 선생님, 어서 오세요. 먼 길 오시느라 수고하셨습니다."

"제가 아는 학교 선생님에게 부탁한 권정생 선생의 동화집 삽화가 완성되어 원고와 함께 가지고 왔습니다. 전문가가 아닌 분이 그려서 사장님 마음에 안 드실 수도 있지만 그렇다고 보기 싫은 정도는 아닙니다."

이 사장은 이오덕이 건넨 삽화를 몇 장 훑어본 다음 다시 책상 위에 올려놓았다.

"권 선생의 동화가 좋으니까 삽화는 이 정도면 충분할 것 같습니다. 서둘러 조판해 7월이나 8월 초에는 책이 나오도록 하겠습니다. 그래야 어린이들이 여름방학 때 읽을 수 있고, 교회 여름학교 교본으로도 납품

[**] 이오덕·권정생, 『선생님, 요즘은 어떠하십니까: 이오덕과 권정생의 아름다운 편지』, 양철북, 2015, 52쪽.

할 수 있으니까요. 하하."

이 사장의 말이 끝나자 이오덕은 조심스럽게 입을 열었다.

"이 사장님. 그런데 제가 실수한 게 하나 있습니다."

"실수라니 그게 무슨 말씀이세요?"

"이번에는 제 책이 아닌 권정생 선생의 책을 출판하는 건데, 그동안 제가 나서서 일을 처리하다 보니 권 선생의 입장을 생각지 않고 계약서 쓰는 걸 빠뜨렸습니다. 지금이라도 계약서를 작성하면 안 될까요?"

이 사장은 이오덕의 말에 빙긋 웃으며 대답했다.

"그거라면 걱정하지 않으셔도 됩니다. 그동안 이 선생님께서 권 선생의 형편을 여러 번 말씀하셔서 제작비 부담을 안 드리고 저희가 다 처리하기로 한 겁니다. 저자에게 판매 부담도 드리지 않고요. 그런데 이 선생님께서 다시 말씀하시니 제가 조금 더 성의를 표시하겠습니다. 지금 가지고 오신 원고의 매수가 어떻게 됩니까?"

"작가가 보내온 건 모두 1,000매가량인데, 제가 책 한 권에 알맞게 정리해 730매가 되었습니다."

"그럼 원고지 매당 100원씩 쳐서 7만 원을 지급하겠습니다. 단, 지금 출판사 형편이 어려우니 책이 나올 때 반을 드리고, 나머지 반은 책이 좀 팔린 3개월 후에 드리겠습니다. 이 정도면 요즘 같은 출판 경기에서는 최선의 대접을 해드리는 겁니다. 모르긴 몰라도 신인 작가에게 이렇게 해주는 데는 저희밖에 없을 겁니다."

정상적이라면 책 정가의 10퍼센트를 주어야 했다. 그러나 권정생은 독자가 얼마나 될지 모르는 신인 작가였고, 당시 상당수 창작동화와 동시집은 작가가 제작비를 대거나 출판 직후 어느 정도 책을 사주는 것이 관례이기도 했다. 이오덕은 동화작가들이 힘들게 쓴 작품이 이런 불합리

한 관행을 거쳐 책으로 출판되는 현실이 슬프고 안타까웠다. 그러나 그렇게 하지 않으면 출판조차 불가능하다는 것을 인정하지 않을 수도 없었다. 이오덕은 더는 말해 봐야 소용없을 것 같다는 생각이 들었다.

"잘 알겠습니다. 그럼 제가 권정생 선생에게 연락해 본 후 다시 말씀드리겠습니다."

이오덕은 힘없는 걸음으로 출판사를 나왔다. 그리고 이원수에게 연락했다. 저녁때 만난 이원수는 원고지 매당 100원은 너무하다며 다시 교섭해 보라고 권했다. 이원수도 가능하면 권정생이 더 많은 인세를 받아 약값으로 썼으면 하는 마음이었다.

이오덕은 김포의 친척집에서 묵은 후 월요일 아침 다시 세종문화사를 찾아갔다. 이종기 사장에게 이원수를 만났다면서, 작품이 워낙 좋으니 원고지 매당 200원은 되어야 하지 않겠느냐고 말하더라고 전했다. 그러나 이 사장은 그건 출판사 부담이 너무 커서 힘들다며 고개를 저었다. 이오덕은 나지막이 한숨을 내쉰 뒤, 그러면 책 50권을 작가에게 주는 것으로 해달라고 요청해 응낙을 받았다. 이오덕은 그래도 이 일은 권 선생에게 연락해 허락을 받아야 하니 내려가서 곧 기별하겠다고 말하고 자리에서 일어섰다.

이오덕은 청량리역으로 가 중앙선을 탔다. 그리고 흔들리는 기차 안에서 편지지를 꺼내 가방에 올려놓고 권정생에게 편지를 썼다. 서울에 올라와 세종문화사에 들렀으며 이런 조건이라도 출판을 원한다면 빨리 연락을 달라는 내용이었다. 그리고 계몽사에 보냈다가 출판이 안 된 장편동화 「겨울 망아지들」의 원고를 새벗출판사 측에서 보내 달라고 했다는 소식도 전했다. 출판이 확실한 것은 아니지만 새벗출판사 편집장이 얼마 전부터 한국크리스찬아카데미에서 근무하는 이현주와 잘 아는 사이고, 자신도 말을 잘해 놓았다고 덧붙였다.

이틀 후 권정생은 이오덕의 편지를 받았다. 그는 이오덕이 자기 때문에 너무 고생하는 것 같아 고개를 들 수 없었다. 삽화를 그려 준 김영완 선생과 주선한 김종상 선생도 고맙고, 계속해서 관심을 가지고 도와주는 이원수 선생과 이현주 작가에게도 감사의 마음이 컸다. 책이 나오면 한 권씩이라도 보내 드리고 계속해서 좋은 동화를 쓰는 것이 자신이 할 수 있는 보답이라고 생각했다.

그는 이오덕에게 답장을 썼다. 세종문화사 측과는 말씀하신 대로 따르겠다며 인세를 그만큼 받는 것도 다 이 선생님 덕분이라고 했다. 개인적으로 제목은 '강아지똥'이 가장 마음에 드니 출판사가 허락한다면 그것으로 하면 좋겠고, 만약 출판사가 '강아지똥'은 안 된다고 하면 '깜둥바가지와 아줌마'로 하고 싶다고도 덧붙였다. 그리고 장편동화 「겨울 망아지들」의 출판을 알아봐 주셔서 고맙지만 선생님에게 자꾸 부담을 드려 마음이 무겁다고도 했다. 그는 요즘 건강이 조금 나아져 하루에 원고지 5매 정도는 쓰고 있고, 건강이 허락하는 한 창작에만 몰두하고 싶다며 편지를 마무리했다.

7월이 되어도 『강아지똥』은 출판되지 않았다. 권정생은 다시 생활고에 빠졌다. 그동안 자신의 작품을 실었던 네 개 잡지 어디에서도 원고료를 보내오지 않았다. 그는 이오덕이 가끔씩 보내 주는 돈으로 겨우겨우 버텼다. 그리고 약을 먹지 못하는 상황이라 자연요법을 시작했다. 처음 보름 동안은 열이 오르고 소변까지 잘 안 나왔다. 가까스로 고비는 넘겼지만 앞으로 어찌해야 할지 대책이 서지 않았다. 그는 결국 이오덕에게 편지를 썼다. 원고료를 보내지 않은 네 개 잡지를 알려 주면서 서울에 갈 때 받아다 주면 고맙겠다고 부탁했다. 그리고 이제 원고료를 기대하는 일은 포기해야 할 것 같다고 했다.

권정생의 편지를 읽은 이오덕은 작가가 쥐꼬리만 한 원고료도 제대로 못 받는 현실에 슬픔과 분노가 교차했다. 『강아지똥』 출판을 서두르지 않는 세종문화사의 처사에도 화가 치밀었다. 그러나 방학 준비로 서울에 올라갈 수 없어 답답할 뿐이었다. 하루빨리 방학이 시작되기만을 기다렸다.

7월 말, 이오덕은 서울에 갔다. 세종문화사 측에서는 8월 10일까지 책이 나오도록 노력하겠다고 했지만 지난 1년 동안 약속을 너무 많이 어겨 믿음이 가지 않았다. 그렇다고 어떻게 할 수 있는 방법이 있는 것도 아니었다. 빨리 좀 부탁한다는 말이 할 수 있는 최선이었다.

이오덕은 세종문화사에서 나와 권정생이 편지에다 원고료를 주지 않는다고 했던 잡지사들을 방문했다. 깜빡 잊었다, 사무 처리가 잘못되었다며 그 자리에서 준 곳이 있는가 하면, 조만간 보내겠다는 곳도 있었다. 이오덕은 허탈했다. 그리고 3,000원, 4,000원짜리 소액환이 든 봉투가 언제 올까 매일매일 눈이 빠지도록 기다렸을 권정생의 삶이 너무 측은했다.

10월이 되었는데도 세종문화사에서는 종이가 품귀 상태이니 조금만 더 기다려 달라고 했다. 새벗출판사에 보낸 장편동화 「겨울 망아지들」도 얼마 전에야 편집을 시작했다고 했다. 그 책도 연말 안에 나올 가망이 거의 없었다. 이오덕은 마무리를 제대로 못 해 미안하다는 편지를 썼고,

권정생은 자기 일 때문에 서울을 오가는 이 선생에게 오히려 면목이 없고 죄송하다는 답장을 보냈다.

권정생은 이제 동화집 출판은 잊고 작품을 한 편이라도 더 쓰는 것이 중요하다며 마음을 다잡았다. 문제는 생활이었다. 조금이라도 돈을 벌고자 안동 시내에 있는 성경고등학교에서 기독교 교육, 동화 교육을 몇 시간 맡아 수업을 했다. 그러나 한 번 나갔다 오면 며칠씩 고열에 시달렸다. 내년부터 전임교사로 수고해 달라는 제의에도 대답을 하지 못했다. 그의 몸 상태는 점점 나빠졌다.

11월 3일, 권정생은 이오덕에게 자신의 상황을 설명하며 시간을 내서 학교로 한번 찾아가겠다고 했다. 그만큼 답답했던 것이다. 이오덕은 자신이 있는 학교는 두메산골이라 권정생의 건강으로는 걸어올 수 없다며, 며칠 전 세종문화사로부터 『강아지똥』을 제본 중이라는 편지가 왔으니 지금쯤은 나왔을 듯하고, 가능한 한 빨리 시간을 내서 책을 받아 오겠다고 했다. 그리고 그동안 아내가 병으로 누워 있어 경황이 없는 탓에 자세한 소식을 전하지 못했다면서, 조만간 출판된 책과 인세를 들고 갈 테니 어렵더라도 조금만 더 기다리라고 전했다.

11월 10일, 『강아지똥』이 제본을 끝내고 출간되었다. 세종문화사로부터 연락을 받은 이오덕은 가슴을 쓸어내렸다. 원고를 들고 뛰어다닌 지 1년 4개월 만이었다. 그는 권정생에게 편지를 보낸 뒤 서울에 갈 준비를 했다.*

* 『강아지똥』 초판본에는 발행일이 1974년 8월 10일로 표기되어 있다. 그러나 이오덕의 편지와 일기에는 9월, 10월에도 여러 차례 독촉한 끝에 11월 10일 즈음 책이 나온 것으로 되어 있다. 발행일이 들어간 지형을 미리 떠 놓았지만 출판이 늦춰진 것이다.

1974년에 출판된 『강아지똥』 초판 표지와 차례.

작가의 말

거지가 글을 썼습니다. 전쟁 마당이 되어 버린 세상에서 얻어먹기란 그렇게 쉽지 않았습니다. 어쩌나 배고프고 목말라 지쳐 버린 끝에, 참다 못 해 터뜨린 울음소리가 글이 되었으니 글다운 글이 못 됩니다.

하기야, 세상 사람치고 거지 아닌 사람이 어디 있답니까? 있다면 "나 여기 있소" 하고 한번 나서 보실까요? 아마 그런 어리석은 사람은 없을 듯합니다. 좀 편하게 앉아서 얻어먹는 상등 거지는 있을지라도 역시 거지 는 거지이기 때문입니다. ─ 중략 ─

무식한 사람이 썼기 때문에 서툴고 흠집투성이 글입니다. 어린이들에 겐 지나치게 어려운 동화일지 모릅니다. 나 역시 더러운 생각을 가진 어 른이기 때문에 이렇게 되었습니다. 그동안 내 동화를 기르시느라 가혹하리만큼 채찍질하셨던 유영희 장로님, 수백 리 산길을 타고 찾아오신 이오덕 선생님께서 쓰레기처럼 버려질 뻔한 원고들을 간추려, 책을 만들어 주시기 위해 애를 써 주셨습니다. 너무도 불쌍하게 사시다가 돌아가신 어머님께, 맨 먼저 이 책을 드립니다.

11월 20일, 이오덕이 『강아지똥』 책을 들고 권정생을 찾아왔다. 권정생은 이오덕이 건넨 책을 감격스러운 눈길로 한참 동안 바라보기만 했다. 이오덕이 해설을, 이원수가 추천사를 썼다. 권정생은 표지 날개에 있는 추천사를 읽었다.

> 눈물과 피로 쓴 동화
> 삶의 십자가를 지고 엄청난 고난의 가시밭길을 걷고 있는 권정생 씨가 어린이들을 위해 눈물과 피로 써 놓은 이 동화들은, 우리 아동문학에서 특이한 자리를 차지하는 귀한 재산이 될 것이다.
> 그것은 아직도 오늘의 창작동화들이 흔히 사치하고 안일한 공상이나 목가적인 전원의 향수를 그리고 있음에 비추어, 이 동화들은 분명 참된 세계를 열어 보여 주는 오늘의 동화문학이라 할 수 있기 때문이다.

권정생은 이오덕이 쓴 해설 「학대받는 생명에 대한 사랑: 권정생 씨의 동화에 대하여」도 읽었다. 그는 "강아지의 똥이 환한 민들레꽃으로 다시 살아나듯, 이 땅을 위해 바친 그의 생명이 그가 사랑한 조국의 수많은 어린이의 넋 속에 들어가 길이길이 빛나게 살아 있을 것이란 것을 그 누가 의심하겠는가. 부디 이 괴로운 세상일지라도 좀 더 많은 날을 살아서 더 많은 작품들을 남겨 주었으면 하고 빌 뿐이다"라는 마지막 부분을 읽자 가슴이 뭉클했다. 눈에는 눈물이 그렁그렁했다.

"선생님, 저는 아무래도 울기쟁이인가 봅니다."

권정생은 눈물을 닦으며 쑥스러워했다. 사실 그동안 말을 안 했을 뿐, 그도 책 출판에 욕심이 있었다. 어쩌면 그의 '유일한' 욕심이었는지도 모른다. 스물일곱 살인 1964년에는 열다섯 살 때부터 쓴 동시 98편을 모아 『삼베치마』라는 육필 동시집을, 1972년에는 동시 25편을 모은 육필 시집 『산비둘기』를 만들었다. 그런데 이번에는 손으로 만든 것이 아닌, 기계로 인쇄한 책이 나왔으니 감격스럽지 않을 수 없었다. 그는 자신의 책이 서점에 진열되어 있다는 사실이 믿기지 않아 표지를 바라보고 또 바라봤다.

"권 선생님, 작품이 책으로 된 것을 보니 느낌이 새롭지요?"

"이 선생님, 정말 고맙습니다. 선생님을 만나지 않았으면 꿈도 꾸지 못했을 일입니다. 제가 뭐라고, 선생님께서 1년 넘게 서울을 오가며 애써 주신 덕분입니다…."

권정생이 말을 잇지 못하자 이오덕이 그의 손을 잡았다.

"이번 동화집에 대한 평은 모두 좋을 겁니다. 우리나라에는 아직 동화를 제대로 쓰는 작가가 많지 않아요. 앞으로 권 선생님의 역할이 무척 중요합니다."

"아닙니다. 저는 아직 부족한 게 너무 많습니다. 이 선생님께서 더욱 채찍질해 주셔야 합니다."

"권 선생님은 이제 자신감을 가지고 쓰셔도 됩니다. 제가 발문(해설)에도 언급했지만, 권 선생님은 우리 아동문학사에서 어느 작가도 들어가 보지 못한 작품 세계를 보여 주고 계십니다. 강아지똥 같은 가장 하찮은 것을 통해 아름다운 사랑의 세계를 어린이들에게 알려 주셨습니다.「무명저고리와 엄마」는 우리 아동문학에서는 극히 희귀하다 할 수 있는 역사적 리얼리티를 획득한 작품이고요.「금복이네 자두나무」도 훌륭합니다. 있는 자의 횡포에 어린이가 어떻게 상처 받는지를 적나라하게 보여 주셨으니까요. 빈부격차가 심해지고 농촌이 점점 가난해지는 이 시대에 꼭 필요한 동화입니다. 권 선생님은 우리 아동문학을 일깨워 전진케 할 수 있는 역량을 지닌 분이십니다. 저는 권 선생님 같은 훌륭한 작가가 있다는 사실을 세상에 널리 알릴 생각입니다. 그리고 새벗출판사에서 두 번째 책이 나오면 문단에서 더욱 주목 받으실 겁니다."

이오덕은 새벗출판사에서 편집 작업 중인 장편동화「겨울 망아지들」도 내년 초쯤이면 책으로 나올 것 같다며 말을 이었다.

"권 선생님, 책은 이원수 선생 등 출판을 위해 애쓰신 몇몇 분에게 보내 드리고 남는 책은 모두 파세요. 절대로 공짜로 주지 마시고요. 그냥 준다고 좋은 것이 아닙니다. 피땀 흘려 만든 책이라는 사실을 아는 사람은 드뭅니다."

"예, 말씀대로 하겠습니다. 사실 저도 선생님께서 책 출판을 위해 얼마나 고생하셨는지 짐작만 할 뿐, 자세히는 모릅니다. 정말 고맙습니다."

이오덕은 권정생의 말을 자르며 손사래를 쳤다.

"그런 뜻으로 드린 말씀이 아닙니다. 권 선생님이 얼마나 큰 고통 속에서 글을 쓰셨습니까. 하루에 원고지 5매, 10매만 써도 힘에 부쳐 며칠씩 드러눕지 않았습니까. 그 고통의 과정을 누가 알겠습니까…."

권정생은 감정이 북받치는 듯 잠시 고개를 숙였다. 그리고 나지막이 말했다.

"마침 이원수 선생님이 축하편지를 주셨고, 김종상 선생님도 축전을 보내오셨습니다. 모두 생면부지의 분들인데 고맙기 이를 데 없습니다. 특히 이원수 선생님은 편지에 만나고 싶다고 쓰셨는데 저도 정말 뵙고 싶습니다. 그래서 서울에 한번 갔으면 합니다. 사실 저는 아직까지 서울을 못 가 봤습니다. 내년 언제 선생님께서 서울에 올라가실 때 제 몸이 괜찮으면 함께 가고 싶습니다."

"알겠습니다. 서울에 가고 싶은 마음 충분히 이해합니다. 1월 즈음 서울에 갈 일이 있을 것 같습니다. 그때 연락드릴 테니 여건이 되면 저와 같이 기차로 가시지요."

"고맙습니다."

이오덕은 연말 결산 준비로 바쁘다며 가방을 들고 일어섰다.

"날이 추우니 멀리 나올 생각은 하지 마세요. 찬바람에 감기라도 걸리시면 큰일입니다."

"예, 선생님. 그럼 멀리 못 나갑니다. 조심히 다녀가세요."

권정생은 버스정류장으로 가려고 길을 나서는 이오덕의 뒷모습을 바라보며 손을 흔들었다. 이오덕도 뒤를 돌아보고 어서 방 안으로 들어가라는 손짓을 했다.

이오덕이 시야에서 사라진 뒤 방으로 들어온 그는 『강아지똥』을 살포시 집어 들었다. 의사가 잘 버티면 2년가량은 살 것이라고 했던 말, 「깜둥바가지 아줌마」가 최종심에서 아슬아슬하게 낙선한 것을 알았을 때 허탈감, 이듬해 다시 한 번 낙선했을 때 좌절감, 새벽마다 예배당에 꿇어앉아 흘렸던 눈물, 「강아지똥」이 제1회 기독교아동문학상에 당선되었다는 편지를 받았을 때 기쁨, 그리고 『조선일보』 신춘문예에 당선했다는 전보를 받았을 때 넘치던 환희가 주마등처럼 스쳐 지나갔다. 자신도 모르게 눈물이 났다. 어머니가 사무치도록 보고 싶었다.

새해에는 절대 아프지
말아 주세요.

1974. 12. 26

권정생이 1974년 12월 26일 이오덕에게 보낸 연하장.

"어매, 내 책이 나왔시더. '강아지똥'이 뭐냐며 천대 받던 이름이 책 제목이 되었시더. 내는 이제 동화책을 낸 어엿한 작가이시더…."

그는 오랫동안 어머니를 찾았다. 긴 밤이었다.

"이제야 친구가
어떤 것인가
조금 알게
되었어요"

 1974년 12월 27일, 이오덕은 권정생에게 편지를 썼다. 어제 이원수 선생으로부터 소식이 왔으며 한국아동문학가협회에서 권정생을 제1회 한국아동문학상 수상자로 선정했다는 내용이었다. 협회에서 오래전부터 준비한 상으로 상금은 10만 원이고, 다른 아동문학상보다 순수하고 권위 있는 상으로 만들어 나갈 계획이라고도 했다.

 편지를 받은 권정생은 어리둥절했다. 꿈에도 생각해 본 적 없는 문학상이라니, 무슨 소리인가 싶었다. 그런데 다음 날 이원수가 편지를 보내왔다. 『강아지똥』에 실린 「금복이네 자두나무」를 수상 작품으로 선정했다며 1월 7일까지 수상 소감과 함께 사진을 보내 달라는 것이었다. 그리고 시상식은 13일이지만 이오덕 선생과 10일쯤 올라오라고도 했다.

 「금복이네 자두나무」는 소작농인 금복이 아버지가 지주에게 속아서 산 밭이 신작로가 되어 평생 모은 전 재산과 살 곳을 잃고, 금복이 역시 여름에 따 먹겠다는 소박한 꿈으로 키우던 자두나무가 지주와 면장이 지켜보는 앞에서 불도저에 밀린다는 내용의 단편동화였다. 권정생은 가진 자의 탐욕에 희생되는 동심童心을 그린 이 작품이 진정 상을 받을 만한 자격이 있는 것인지, 아니면 이원수 선생과 회원들이 자신의 처지를 생각해 10만 원이라는 거액의 상금을 주려고 한 것인지 자꾸 의심이 갔다. 문단이 그렇게 돌림 식으로 상을 수여한다는 비난을 받고 있다는 뉴스를 그도 접했기 때문이다.* 그렇다고 이원수 선생과 원로 작가들이 결정한 상을 거부할 수도 없는 일이었다.

1975년 1월 10일, 권정생은 안동에서 아침 9시 35분에 출발하는 중앙선을 타고 영주까지 갔다. 역 대합실에서 기다리던 이오덕을 만나 12시 특급열차로 갈아타고 서울 청량리역에서 내렸다. 두 사람은 무교동 디즈니 다방에서 이원수와 이현주를 만났다.

다방 안은 담배 연기로 자욱했고 곳곳에 앉아 있는 문인들의 큰 목소리 탓에 어수선했다. 그는 이원수의 두 손을 꼭 잡으며 몇 번이나 감사 인사를 했다. 이현주에게도 고마움을 전했다. 이현주는 뼈뿐인 앙상한 권정생의 손을 잡는 순간 포동포동 살찐 자신의 손이 부끄럽다는 생각이 들었다. 권정생은 목이 긴 털셔츠 위에 허름한 코트를 걸치고, 종아리가 드러날 것 같은 짧은 검정 바지에 검정 고무신을 신고 있었다. 이현주는 그의 옷차림이 반짝이는 가죽구두에 목매는 서울 놈들을 향한 통쾌한 일격 같았다. 그때부터 이현주는 7년 연상인 권정생을 형이라 불렀고, 다음 날 아침 명륜동 우석병원(1976년 고대병원에 합병)으로 데려가 종합 검진을 받게 하는 등 사흘간 꼭 붙어 다녔다.

* 이오덕·권정생, 『선생님, 요즘은 어떠하십니까: 이오덕과 권정생의 아름다운 편지』, 양철북, 2015, 93쪽.

1975년 1월 13일 제1회 한국아동문학상 시상식에 참석한 모습. 왼쪽에서 축사를 하는 이가 이오덕이다.

1월 13일, 권정생은 한국아동문학가협회 강당에서 열린 제1회 한국
아동문학상 시상식에 참석했다. 이원수를 비롯해 박홍근, 김성도, 이재
철 등 그동안 그의 작품을 심사했던 작가들이 모두 참석했고, 이오덕이
축사를 했다. 다음 순서로 권정생이 수상 소감을 말하려고 연단 앞에 섰
다. 여기저기서 카메라 플래시가 터졌다. 텔레비전 방송국 카메라도 그
를 비추었다. 연단에 놓인 수상 소감문이 보이지 않았다. 당황해서일까
말문도 막혔다. 그는 머릿속에 떠오르는 대로 교회 주일학교에 나오는
가난한 아이들의 힘든 삶을 이야기한 뒤 이런 아이들에게 진정한 사랑
이 무엇인지, 진짜 행복한 삶이 무엇인지, 물질보다 중요한 것이 무엇인
지 알려 주는 동화를 쓰겠다고 울먹이며 말했다. 연단에서 내려와 자리
로 돌아온 그는 박수 소리가 들리긴 하지만 무슨 말을 했는지 모르겠다

는 생각에 얼굴이 화끈거렸다. 시상식이 끝났다. 그가 참석자들과 얼추 인사를 끝내자 이현주가 다가왔다.

"형, 이왕 서울에 온 김에 며칠 우리 집에 묵으면서 서울 구경 좀 해. 내가 같이 다닐게."

"고맙긴 한데, 오늘밤 기차로 내려가야 해. 나를 청량리역까지만 데려다 줘."

"오늘 꼭 가야 하는 이유가 있어? 밤 기차 타면 힘들잖아."

"기차는 멀미가 나지 않아서 괜찮아. 그리고 우리 마을에 칠복이라는 정신박약아가 있어. 나이는 열다섯이지만 초등학교 1학년 수준도 안돼. 이 녀석을 얼마 전부터 가르치고 있는데 1에서 10까지 쓸 줄 알게 되었거든. 8만 못 쓰고 다 써. 서울 오기 전날 이름 쓰는 걸 가르쳐 주었더니 무척 기뻐하더라고. 잘하면 제 이름은 쓸 수 있겠어. 그 애가 나를 기다리고 있을 거야. 무척⋯."*

이현주는 그를 바라봤다. 더는 붙잡을 수가 없었다.

"그럼, 형. 같이 기차 타고 조탑리로 가자. 하룻밤만 자고 올게."

권정생은 깜짝 놀랐지만, 이현주는 싱글벙글하며 이오덕에게 다가가 함께 조탑리에 가기로 했다고 전했다. 이오덕은 잘됐다면서 그에게 이현주와 함께 조심해서 내려가라고 말했다.

권정생과 이현주는 이때부터 마음을 나누는 친구가 되었다. 편지를 주고받으며 속마음을 털어놓았다. 권정생은 이오덕에게 편지로 "이제야 친구가 어떤 것인가 조금 알게 되었습니다"라고 전하며 이현주와의 우정을 자랑했다.

* 이현주,「권정생이라는 사람과 강아지똥」,『뿌리깊은 나무』1978년 12월호. 권정생,『오물덩이처럼 딩굴면서』, 종로서적, 1986, 305쪽.

이현주는 그에게 이번에 받은 상금으로 자신이 있는 서울로 이사 오라고 했다. 그러나 권정생은 서울에 가면 글을 발표할 수 있는 여건은 좋아지겠지만 건강이 버티지 못할 듯하고, 또 도시의 복잡한 분위기에서는 글도 써지지 않을 것 같다고 말했다.

1월 21일, 권정생은 난생처음 은행에 저금이라는 것을 했다. 상금 10만 원 가운데 5만 원은 정기예금, 2만 원은 보통예금에 가입했고 될 수 있는 한 출금하지 않겠다고 다짐했다. 남은 돈으로 연탄 200장, 쌀 두 말, 라면 한 박스를 구매한 다음 책도 몇 권 샀다. 교회에 감사헌금을 하고 나니 1만 5,000원이 남았다.**

2월 20일, 권정생은 새벗출판사에서 나온 장편동화집 『꽃님과 아기양들』을 받았다. 「겨울 망아지들」이라는 제목이 편집 과정에서 바뀌었지만, 새 제목과 책 표지가 마음에 들었다. 『꽃님과 아기양들』은 제2차 세계대전 때 그가 일본에서 가족, 친구들과 겪은 사연을 바탕으로 우리 어린이들에게 전쟁의 쓰라림을 조금이나마 알려 주고 싶은 마음에서 쓴 장편동화였다. 원래는 원고지 1,000매 분량으로 구상한 것을 어린이가 읽기에 다소 무리인 내용을 일부 덜어냈다. 끝내 행복해질 수 없던 어린이들의 이야기를 만족스럽게 마무리하지 못해 아쉬웠는데, 그나마 책이 마음에 들게 나와 다행이라고 생각했다. 그는 이오덕에게 편지로 책이 잘 도착했다는 소식과 함께 고맙다는 인사를 전했다.

권정생의 편지를 받은 이오덕은 권당 인세가 정가 450원의 1할(10분의 1)인 45원이며, 이번에 발행된 1,000권에 대한 인세 4만 5,000원을

** 이오덕·권정생, 『선생님, 요즘은 어떠하십니까: 이오덕과 권정생의 아름다운 편지』, 양철북, 2015, 95쪽.

1975년 출판된 장편동화집 『꽃님과 아기양들』은 2002년 『슬픈 나막신』으로 제목이 바뀌어 재출판되었다.

새벗출판사 측에서 곧 보내기로 했다고 알려 주었다. 그러면서 이제 책 두 권이 나왔으니 여유 있는 마음으로 꾸준히 집필하라고 격려했다.

권정생은 금전적으로 여유가 생긴 데다 책도 두 권이나 출판되고, 큰 상도 받고, 친구도 생기자 마음이 푸근해졌다. 의사가 짐작한 기간을 훨씬 넘겨 아직까지 살아 있는 것도 기적이라고 생각했다. 중학교에 가려고 키운 닭이 100여 마리가 되었을 때 이후 처음 느끼는 기쁨과 행복이었다. 그러나 당시 기쁨과 행복이 오래 가지 않았듯, 이번에도 건강이 다시 나빠지기 시작했다.

3월 초, 이 소식을 들은 이현주가 독지가를 수소문해 찾아냈다. 그러나 권정생은 자신의 병을 치료하려면 최소 몇 달은 입원해야 한다는 사실을 잘 알기에 고개를 저었다. 이현주는 이오덕까지 동원해 순수한 인간적인 마음을 가진 믿을 만한 사람이라며 권정생을 설득했다. 권정생은 두 사람의 설득에 못 이겨 서울로 갔다. 그러나 독지가는 몇 달 입원이 필요하다는 진단에 꽁무니를 뺐다. 권정생은 자존심이 상했다. 이오덕이 미안해하자 "잘됐어요. 이런 일이 있을수록 제 정신력은 한층 굳건해집니다"라며 의연한 모습을 보였다.*

권정생은 다시 창작에 매달렸다. 건강이 좋지 않았지만 약을 사 먹을 수 있는 형편이 되는 것을 다행으로 여기며 한 달에 단편동화 한 편씩을 썼다. 책 두 권이 출판되면서 자신감이 붙었고, 두 번째 단편동화집을 내고 싶다는 의욕도 생겼다. 『소년』 5월호에 「보리방아」, 『새가정』 6월호에 「보리이삭 팰 때」, 『기독교교육』 7·8월호에 「여름 그림책」, 9월호에 「멍쇠네 부엌솥」, 10월호에 「고추짱아」, 『새가정』 10월호에 산문 「그해 가을」을 발표했다.**

그는 1975년 가장 활발하게 작품을 발표한 동화작가라는 소리를 들었다. 동화작가로서 입지를 굳혔고, 아동문학 문단에서 위상도 달라졌다. 작품을 검토해 달라는 문학 지망생, 조언을 구하는 신인 작가, 책을 출간했다고 보내 주는 작가도 있었다. 그래도 그는 자만하지 않고 하루에 원고지 5매 이상을 쓰려고 노력했다.

* 이오덕, 『이오덕 일기 1』, 양철북, 2013, 296쪽.
** 원종찬 엮음, 이기영의 「권정생 연보」, 『권정생의 삶과 문학』, 창비, 2008, 385쪽.

지기를 만나고,
자신도 돌아보는
시간들

1976년, 권정생은 서른아홉 살이 되었다. 그는 『창작과 비평』 여름호에 이원수 동화집 『호수 속의 오두막집』과 조대현 동화집 『범바위골의 매』의 서평을 발표했다. 그동안 기독교 잡지가 중심이던 그의 발표 영역이 당대 최고 문예지 가운데 하나로 평가 받는 『창작과 비평』에까지 이르렀던 것이다. 당시 『창작과 비평』 서평란은 명망 있는 문인과 학자들이 집필에 참여해 독자는 물론, 출판계에도 큰 영향을 끼쳤다.

권정생의 『창작과 비평』 서평 집필은 앞서 2월, 창작과비평사(2003년 이후 창비)에서 펴낼 예정인 '창비아동문고'의 기획 및 선정위원으로 이오덕, 이원수와 함께 위촉된 것이 계기가 되었다. 이오덕과 창작과비평사에 가면 백낙청, 염무웅, 이시영 등과 기획 회의를 했는데, 어느 날 회의가 끝난 뒤 편집주간인 이시영과 동화 이야기를 하다 서평 원고 청탁을 받았던 것이다. 이렇게 창작과비평사의 필자가 된 권정생은 이듬해인 1977년에 5인 동화집 『똘배가 보고 온 달나라』를 시작으로 『사과나무밭 달님』,『몽실 언니』,『점득이네』를 발표하면서 출판사의 주요 저자가 되었다.

『창작과 비평』 여름호가 나오고 얼마 후 이오덕이 낯선 손님과 함께 그를 찾아왔다.

"권 선생님, 이분은 봉화에 사시는 전우익 선생입니다. 서로 인사하시지요."

"반갑습니다. 전우익이라고 합니다."

전우익(1925~2004)과 이오덕은 2년 전인 1974년 1월부터 알았다.『여성동아』에 실린 이오덕의 글을 보고 전우익이 감상을 써 보냈고, 그때부터 편지 왕래와 만남을 통해 서로 의기투합한 사이였다. 동갑이라 서로 형이라고 불렀다.

"저는 권정생입니다."

"권 선생님 이야기는 이 형에게서 귀에 딱지가 앉도록 들었는데, 이번 『창작과 비평』에 쓰신 동화집 서평을 읽고 꼭 한번 뵙고 싶어 이렇게 찾아왔습니다."

"아이고, 송구합니다. 첫 서평이라 어떻게 쓰는지도 모르게 써서 지금도 얼굴이 화끈거립니다."

그의 얼굴이 벌게지자 이오덕이 전우익에 대해 소개했다.

"전 형은 일제강점기 때 경성제대를 중퇴했고, 1947년 좌익 계열의 조선민주청년동맹(약칭 민청)에서 반反제국주의 청년운동을 하다가 6·25전쟁 후 사회안전법 위반으로 감옥에 다녀왔습니다. 그 후 연좌제에 묶이고 보호관찰처분도 받아 자유롭지 못한 신분이 되자 낙향해 봉화에서 농사를 짓고 있습니다."

권정생은 전우익이 자신이 구상 중인 '전쟁과 분단의 희생자'에 관한 이야기 속 인물일 수 있다는 생각에 반가움과 안타까움이 교차했다. 그는 전우익에게 일본에 남은 두 형님이 조총련 소속이라 가끔 보내 주는 책이 검열에 걸려 경찰서에 불리어 가기도 하고, 책을 압수당한 적도 있다고 말하며 동병상련同病相憐을 느꼈다. 그리고 큰형님과는 한 해 반 전 안동 큰누님 집에서 국제전화로 30년 만에 통화했는데, 지난해에 고국 방문단으로 온다고 하더니 결국 못 오셨다고도 했다.*

전우익이 자신의 이름은 우익인데 좌익 취급을 한다며 웃자, 두 사람도 따라 웃었다.

"저는 사회안전법이라는 것에 걸린 보호관찰자 신분이라 봉화군을 떠나 다른 군으로 가려면 봉화경찰서의 허가를 받아야 합니다."

권정생은 그 말에 깜짝 놀라 얼른 되물었다.

"그럼 여기 오실 때도 허가를 받으셨습니까?"

"처음에는 허가를 받고 다녔는데, 이제는 그냥 다닙니다. 담당자가 나만 지켜보고 있는 것은 아닐 테니까요."

전우익은 잠시 쓸쓸한 미소를 지었다. 분위기가 가라앉자 이오덕이 화제를 돌렸다.

"전 형도 권 선생님처럼 느티나무, 소나무, 대추나무 같은 나무를 사랑하고 풀을 좋아해 지리산, 설악산, 덕유산, 소백산을 찾아다니고 야산과 들도 돌아다닙니다. 전 형, 우리 권 선생님은 몇 년 전 여기 교회 측에서 마당에 있는 대추나무를 베려고 하자 나무를 부둥켜안고 우셨답니다. 그래서 겨우 구했어요. 결국 얼마 전에 잘렸지만요."

권정생과 전우익은 서로 눈을 마주쳤다.

* 이오덕·권정생, 『선생님, 요즘은 어떠하십니까: 이오덕과 권정생의 아름다운 편지』, 양철북, 2015, 118쪽.

"권 선생님, 저는 인간과 동물은 소비만 하고 식물이 새로운 것을 만들어 낸다고 생각합니다. 그래서 농업이 참으로 창조적인 일이라 판단해 농사를 짓기 시작했고, 나무와 풀을 통해 세상살이 이치를 배우며 사람 사는 도리도 깨닫고 있지요. 저는 나무를 사랑하면 나무가 가진 좋은 정신과 깨끗한 기운도 덩달아 얻게 된다고 믿습니다. 나무는 쓸모없는 것이 하나도 없잖아요? 가지는 부러져도 사람한테 땔거리가 되고, 썩으면 땅을 기름지게 만들고…."

권정생은 전우익이 자신과 같은 생각을 가지고 있어 더욱 반가웠다. 전우익은 공부를 많이 했으니 지식인이겠지만, 지금은 산과 들과 농촌을 깊이 이해하는 농사꾼이 된 듯했다. 그는 전우익의 거친 손을 붙잡았다. 주름이 쪼글쪼글하고 까만 것이 진짜 농사꾼 손이었다.

"저와 생각이 같은 분을 만나니 정말 반갑고 고맙습니다. 전 선생님, 앞으로 자주 들르십시오."

"저도 반갑습니다. 가끔 안동에 나오니까 그때 들르겠습니다."

그는 전우익에게 농사를 많이 하느냐고 물었다. 전우익은 할아버지 대부터 살던 상운면 구천리라는 산골에서 농사를 짓는데, 아들딸들은 모두 나가 살고 아내도 딸네 집에서 생활하기 때문에 논농사는 힘에 부쳐 대부분 남을 주었고 콩, 팥, 도라지, 율무, 수수, 차조 등 비교적 품이 덜 드는 밭농사만 직접 한다고 했다. 그러면서 권 선생처럼 밥도 혼자 해 먹고 빨래도 직접 하지만, 혼자 사는 데 익숙해지다 보니 이제는 힘든지 모르겠다고 덧붙였다. 권정생은 맞장구를 치며 다시 한 번 그의 손을 붙잡았다. 이오덕에게는 범접하기 힘든 어려움 같은 것이 있었지만, 전우익은 푸근한 큰형님처럼 느껴졌다.

이오덕과 전우익은 권정생이 피곤한 기색을 보이자 자리에서 일어섰다. 그는 두 사람을 버스정류장까지 배웅했다. 세 사람은 이렇게 만났고, 오랫동안 깊은 우정을 나누는 사이로 발전했다.

한여름이 되면서 권정생의 건강은 점점 나빠졌다. 새벽에 종을 친 다음 기도하러 예배당에 가야 하는데, 기운이 없어 그냥 방에 들어가 누웠다. 주일학교 아이들에게 이야기를 들려줄 때도 맥이 빠지면서 목소리가 안 나왔고, 아무리 애써도 목소리가 나오지 않아 그만할 수밖에 없었다. 당뇨 앓는 사람이 혈당이 떨어지면 기운이 없듯, 나중에는 앉아 있기도 힘들고 움직이기조차 버거웠다.

그는 안동에 있는 병원을 찾았다. 의사는 왼쪽 폐가 이미 다 망가졌고, 하나 있는 콩팥도 기능이 얼마나 남았는지 모를 정도라며, 단백질이나 칼슘이 그대로 빠져나가니까 기운이 없는 것이라고 했다.

8월 22일, 이오덕은 아침 일찍 집을 나섰다. 방학이 끝나기 전 권정생을 한번 보기 위해서였다. 교회 앞에 도착하니 전에 없던 철문이 생겨 있었다. 일요일 예배가 끝나서인지 문은 닫혀 있었다. 교회 안을 향해 "권 선생님" 하고 부르자 그가 나와 문을 열었다. 얼굴이 수척했다. 이오덕은 방에 들어서자마자 물었다.

"아니, 얼굴이 왜 이렇게 마르셨어요?"

"그동안 좀 아팠습니다."

권정생은 힘없는 목소리로 대답했다.

"아프신 줄 알았으면 진작 와 보는 건데, 저도 학교 일이 바빠 신경을 못 썼습니다. 미안합니다."

이오덕은 3월에 안동군 길산초등학교 교장으로 부임한 이후 출장 연

얼굴이 수척한 1976년 무렵. 맨 앞줄 오른쪽에서 두 번째가 권정생이다.

수 등으로 정신이 없었다.

"자꾸 아프다는 말을 하는 게 송구해 혼자 아팠습니다. 죄송합니다."

"다음에는 꼭 말씀해 주세요. 그리고 안동 병원보다 저와 함께 대구에 있는 대학 병원에 가 보는 게 어떻겠습니까?"

"지금은 괜찮습니다. 다음에 많이 아프면 그때 말씀드리겠습니다."

"그간 생활하는 데 큰 불편은 없으셨어요?"

"최근 병원에 다니느라 돈을 많이 써서 수중에 돈이 없습니다. 그래서 일본에 있는 셋째 형님에게 돈을 좀 부쳐 달라고 했더니 20만 원을 보내셨다는 편지가 왔어요. 안동에 있는 조흥은행으로 보냈다는데, 서울 본점에서 통지서가 오면 찾을 수 있다고 하니 이제 생활비 걱정은 안 해도 됩니다. 형님에게 돈을 좀 많이 부쳐 달라고 부탁한 건 교회에서 이사를 나갈까 싶어서입니다. 사찰집사 일이 힘들기도 하고, 좀 더 자유로운 분위기에서 글을 쓰고 싶다는 마음도 있어서요…."

권정생은 가끔 셋째 형에게 책을 부탁하곤 했는데, 얼마 전 셋째 형이 보낸 『세계사상전집』 가운데 몇 권이 도착하지 않았을 뿐 아니라, 중앙정보부 직원이 찾아와 방을 조사하고 책도 한 권 가져갔다. 그는 그렇게 감시 받는 상황이 교회에 폐를 끼치는 것 같아 미안했다. 그리고 교회에 이런저런 일이 있을 때마다 글쓰기를 중단해야 하는데, 그럼 흐름이 끊기고 말았다. 건강 탓에 글을 쓸 수 있는 시간이 많지 않은 그로서는 이마저도 아까웠다.

"어디 봐 놓은 집은 있습니까?"

"동네에 빈집이 몇 채 있어 알아보는 중입니다. 조그만 집은 10만 원가량 주면 살 수 있을 것 같습니다."

이오덕은 독립하려는 그의 심정이 이해된다는 듯 고개를 끄덕였다. 그리고 조금 더 머물면서 아동문학 문단이 돌아가는 상황과 내년에 출간될 '창비아동문고'의 준비 과정을 이야기한 후 일어섰다. 아내가 보내 온 김과 멸치를 건네고, 약값에 보태라며 준비해 온 봉투도 남겼다. 권정생은 울컥하는 마음을 진정시키며 마을 어귀까지 그를 배웅하고 돌아왔다.

권정생의 건강에는 차도가 없었다. 계속 기침을 했다. 의사는 폐가 점점 나빠지고 있다고 했다. 그는 그동안 가지고 있던, 죽음을 두려워하지 않는 용기가 조금씩 허물어지고 있음을 느꼈다. 일본에 살 때 어머니가 어린 자신을 안고 "이 애기 뉘 집 애기, 쓰레기통 애기"라고 부르시던 노래가 떠오르기도 했다. 그는 자기가 만약 좋은 환경에서 좋은 교육을 받으며 자랐다면 어땠을까 상상하며 겨울 하늘을 올려다봤다. 그리고 다시 동화를 쓸 수 있는 건강이 허락된다면 지금까지와는 많이 다른 이야기를 다루고 싶었다.*

그가 얼마 전부터 구상 중인 동화는 6·25전쟁과 아직도 지속되고 있는 분단의 상처를 다룬 내용이었다. 무거운 주제였지만, 어린이들에게 아버지와 아들, 형과 아우가 총칼을 맞대고 싸우는 전쟁이 다시는 일어나서는 안 된다는 사실을 일깨워 주고 싶었다. 그는 밥상을 끌어당겼다. 원고지 첫 장에 「초가삼간 우리 집」**이라고 썼다. 『몽실 언니』, 『점득이네』와 함께 권정생의 '전쟁 3부작'으로 불리는 작품의 첫 번째였다.

* 이오덕·권정생, 『선생님, 요즘은 어떠하십니까: 이오덕과 권정생의 아름다운 편지』, 양철북, 2015, 151쪽.
** 훗날 『초가집이 있던 마을』로 제목이 바뀌어 출판되었다.

존재론적
슬픔 속에서 만난
인연

1977년 1월 25일, 마흔 살이 된 권정생은 일직교회 문간방에서 이사를 나왔다. 동네에 있는 빈집을 하나 산 것이었다. 지난 몇 년 사이 책이 많이 늘어 마을 청년들이 손수레를 끌고 와 옮기는 것을 도와주었다. 이사한 집은 전에 가족과 함께 살던 농막 건너편이었다. 이 집을 보러 다닐 때는 옛집을 찾는 기분에 마음이 들뜨기도 했다. 어머니가 병든 자식을 위해 산과 들에서 약초를 캐고 메뚜기, 개구리를 잡아 자루에 넣은 뒤 둘러메고 오시던 모습은 물론, 결혼하기 위해 청송으로 떠나던 동생의 뒷모습도 떠올랐다. 그런데 막상 이사를 오니 그리움보다 쓸쓸함과 외로움이 그를 감쌌다. 이에 그는 지난해 말부터 경상북도 울진군 죽변면 감리교회에서 전도사 생활을 하고 있는 이현주에게 편지를 썼다.

현주야,
1월 25일 이사했다. 아주 조그만 집이야. 하지만, 덩그런 빈집에 총각이 혼자 살고 있다는 것 상상해 보렴. 이렇게 멋없는 것 세상엔 없을 거다.

 – 중략 –

요즘, 옛날 사춘기 때의 감상 같은 그런 외로움이 문득, 문득 나는 그게 웬일인지 모르겠다.

날이 풀리면 죽변에 갈게. 현주 얼굴과 종일 마주 보고 얘기하고 싶다.

오늘 저녁은 김치 넣고 죽을 끓여 많이 먹었다. 그래서 잠이 잘 올 것 같구나.

안녕!

1977년 1월 31일 밤

권정생 씀

권정생은 처음 가지게 된 집에서 「초가삼간 우리 집」을 쓰는 일에 집중했다. 무거운 주제였기에 쓰면 쓸수록 동화 형식으로 서술하기가 어렵다는 한계에 부딪쳤다. 그는 며칠간 고심한 끝에 동화 형식을 포기했다. 그 대신 동화보다 자유롭게 쓸 수 있는 소년소설 형식을 택하고 첫 부분부터 다시 써 내려갔다.

그런 와중에 여러 문예지에서 원고 청탁서가 도착했다. 그는 건강이 허락할 때 「초가삼간 우리 집」을 끝내겠다는 각오로 지난가을부터 단편동화는 쓰지 않았다. 지난해 『소년』 10월호에 실린 「달개비꽃들이 읽은 편지」는 오래전 이오덕이 잡지사에 맡겨 놓은 원고를 편집부 직원이 찾아내 넣은 것이었다. 『기독교교육』 3월호에 나온 「굴뚝새」, 「부엉이」, 「아기 산토끼」 역시 지난여름에 보낸 원고지 각 3매짜리 짧은 동화였다.

이사하고 얼마 뒤부터 일직교회 장로, 권사, 집사들이 하루가 멀다 하고 그를 찾아왔다. 지난해에 있던 전도사가 교회를 떠났다. 새로 부임한

1977년 일직교회 문간방으로 다시 이사를 온 후 청년들과 함께. 뒷줄 권정생의 왼쪽은 부임한 지 얼마 안 된 권덕해 전도사다.

전도사는 안동에서 출퇴근하기로 했다, 교회에 상주할 사찰집사가 필요하다, 목사님이 종 줄을 잡아당길 수는 없지 않느냐, 새로 온 전도사는 좋은 분이다 등 소소한 이야기부터 전도사의 사모는 안동여고 교사로 재직 중이다, 사모 부친이 지방 신문 편집국장이셨다니 권 집사의 동화를 신문에 실어 줄 수 있지 않겠느냐는 말까지 나왔다. 권정생은 건강이 안 좋다, 이젠 좀 쉬고 싶다, 이 집은 어떻게 하느냐며 완강히 버텼지만 결국 마음 약한 그가 졌다.

3월 27일, 그는 다시 일직교회 문간방으로 돌아왔다. 살던 집은 교인이 구입했던 값에 팔아 주었고, 이삿짐도 교회 청년들이 와서 옮겼다.

권정생은 계속해서 「초가삼간 우리 집」을 써 나갔다. 취재차 어머니

고향인 삼밭골에도 몇 번 다녀왔다. 글의 배경이 '일직공립국민학교'인 데다. 등장인물들이 삼밭골 근처에 사는 것으로 이야기 구성을 설정해 놓았기 때문이다. 그는 삼밭골에 갈 때마다 아버지가 일본으로 건너가 오랫동안 아무런 연락이 없을 당시 삼밭골에서 자식들을 키우려고 밀주를 만들다 경찰서에 끌려가기도 했다는 어머니의 이야기가 송곳처럼 가슴을 찔렀다. 존재론적 슬픔이 밀려오면서 마음이 답답할 때가 많았다. 그는 이오덕에게 편지를 썼다.

> 선생님
> 방금까지 생각이 머리에 가득했던 것이 붓을 들면 한 줄도 쓰지 못하고 전부 사라져 버립니다.
> 동시집, 동화집도 아직 좀 여유를 주세요. 마음이 안정될 때까지 쉬고 싶습니다.
> 말 못 할 사정이 너무나 많은 저의 과거와 신체적, 정신적 고통 때문에 좀처럼 마음을 가다듬을 수가 없습니다.
> 시간이 흐르면 극복할 수 있을 것입니다.
> 선생님, 죄송합니다.
>
> 1977년 8월 15일
> 권정생 드림

가을이 되었다. 권정생은 조탑리 부근에 사는 막내 숙부를 찾아갔다. 부모님의 과거 이야기를 조금 더 자세하게 듣고 싶어서였다. 그러나 숙부는 깊은 이야기는 해주지 않았다. 다 착한 분들인데 시대를 잘못 만나 슬픈 삶을 살았다고만 했다. 그는 더는 묻지 않았다. '슬픈 삶'이라는 한 마디에 모든 게 포함되어 있었다. 그는 숙부에게 큰절을 하고 일어섰다. 노랗게 변해 가는 들판이 쓸쓸해 보였다.

권정생은 「초가삼간 우리 집」을 다 쓴 다음에는 자전적 소설을 집필해야겠다고 마음먹었다. 부모님의 고난과 역경은 개인사였지만 넓게는 민족사였다. 그는 한 가족, 그리고 한 인간을 고통 속으로 몰아넣은 고난의 역사를 제 나름대로 규명해 보고 싶었다.[*] 그리고 그때부터 자전적 장편소설 「한티재 하늘」을 구상하면서 틈틈이 돌음바우골과 삼밭골을 찾았다.

가을이 깊어 갈 무렵, 손님 두 명이 찾아왔다. 안동 서부교회 여전도사들이었다. 김숙희 전도사는 여름성경학교 교사연수회에서 몇 번 인사를 나눈 적이 있었고, 다른 한 명은 처음 보는 전도사였다.

"안녕하셨어요, 집사님?"

"예, 김 전도사님. 반갑습니다."

"안동문협 회원이신 풍산교회 장세문 목사님께서 권 집사님의 건강이 안 좋다고 하셔서 문병 왔습니다."

장세문 목사는 동시 작가로, 1973년부터 그와 안동문협에서 만나 온 사이였다.

"아이고, 장 목사님도 참…. 안동문협에 몇 번 못 나가긴 했지만 많이 아픈 건 아닙니다. 아무튼 이렇게 멀리까지 찾아와 주셔서 고맙습니다."

"같이 온 분은 지난 3월 서부교회에 부임하신 장영자 전도사님입니다. 몇 년 전에도 계셨다가 대구에 있는 신학교에서 공부하고 다시 오셨

* 이오덕·권정생, 『선생님, 요즘은 어떠하십니까: 이오덕과 권정생의 아름다운 편지』, 양철북, 2015, 171쪽.

습니다."

"집사님, 안녕하세요? 저도 교사연수회에 참석했는데 그때 인사를 못 드렸습니다."

장영자 전도사가 밝은 목소리로 인사했다. 장 전도사는 김 전도사가 일직교회에 괴짜 사찰집사가 있다며 함께 문병을 가자고 해 따라온 참이었다.**

"예, 그러시군요. 누추하지만 방으로 들어오시겠습니까?"

방에 들어선 김 전도사가 먼저 무릎을 꿇고 그의 건강을 위해 기도했고, 장 전도사는 중간 중간 아멘 하며 기도에 동참했다. 김 전도사는 기도를 마친 뒤 들고 온 사과 봉지를 펼쳤다. 그가 부엌에서 칼을 가지고 오자 장 전도사가 사과를 깎았다.

"집사님, 정말 괜찮으신 거예요?"

"정말 괜찮습니다. 지난여름에는 좀 힘들었는데 이제는 산보도 합니다."

"그럼 저희가 괜히 온 건가요?"

김 전도사가 호호 웃었다. 장 전도사도 빙그레 미소를 지었다.

"결코 잘못 오신 건 아닙니다. 그렇지 않아도 며칠 동안 찾아오는 교인이 없어 입이 심심했습니다. 하하."

"그럼 다행이네요."

김 전도사가 그에게 사과를 권했다. 방 안에 있는 많은 책들을 본 장 전도사가 물었다.

"집사님, 작가는 이렇게 책을 많이 읽어야 하나요?"

** 장영자 전도사의 증언.

"다른 작가들 방에 들어가 본 적이 없어 잘 모르겠습니다. 그런데 저는 초등학교밖에 못 나와서 지금도 계속 공부를 해야 합니다."

장 전도사는 깜짝 놀랐다. 초등학교만 나오고 작가가 되었다니! 그때서야 김 전도사가 '괴짜'라고 한 말이 자신이 생각한 의미와는 다르다는 것을 깨달았다. 그런데 권정생이 그런 사실을 부끄럽지 않게 말하는 것이 더욱 놀라웠다. 저 자신감은 어디서 나오는 것일까.

"대단하시네요. 저 같으면 창피해서 그런 말을 못 할 것 같은데요…."

"사실 저도 처음에는 기가 죽고 주눅이 들어 말하지 못했습니다. 그런데 운이 좋아 신문이나 잡지에 글이 몇 번 당선되었고, 그때마다 학력을 꼭 써야 한다고 해서 어쩔 수 없이 말하기 시작했습니다. 그렇게 몇 번 하니까 얼굴이 두꺼워져 첫 번째 동화집 서문에는 거지가 글을 썼다며 거지 생활을 한 과거까지 밝혔지요."

장 전도사는 다시 한 번 깜짝 놀랐다. 거지 생활을 했다니! 그리고도 작가가 되었다니! 진짜 괴짜라는 생각이 들었다.

"집사님, 그 동화책 안동 책방에 가면 살 수 있나요?"

김 전도사가 자기에게 있다고 나섰다. 권정생은 빙그레 웃으며 책꽂이에서 『강아지똥』 한 권을 꺼내 왔다.

"장 전도사님께서 멀리까지 오셨으니 제가 선물하겠습니다."

권정생은 밥상에 책을 올려놓고 '장영자 전도사님께. 저자 드림'이라고 썼다.

"여기 있습니다. 제목이 좀 이상하다는 사람도 있긴 하지만, 저는 예수님께서 당신의 몸을 바치셨듯이 우리가 모두 강아지똥이 되어야 세상이 아름다워진다고 믿습니다."

책을 받은 장 전도사는 얼른 정가가 얼마인지 찾아봤다. 600원이었다. 장 전도사는 핸드백에서 1,000원짜리 한 장을 꺼내 가지고 있던 봉투에 넣었다. 전도사들은 심방尋訪을 하러 가면 어떤 사연을 접하게 될지 몰라 늘 흰 봉투를 지니고 다녔다.

"집사님, 책값입니다. 많이 넣지 못해 죄송합니다."

"아이고, 돈 받고 팔려고 드린 게 아닙니다. 오늘 일직교회에 오신 기념으로 드리는 겁니다."

두 사람은 몇 번 승강이를 했고, 권정생이 완강히 거절하자 장 전도사는 어쩔 수 없이 봉투를 다시 핸드백에 넣었다. 세 사람은 『강아지똥』에서 성경으로 대화 주제를 옮겨 갔다. 한참 이야기를 나누던 두 전도사는 저녁 전에는 안동에 도착해야 한다며 일어섰다. 장 전도사는 방을 나서면서 책을 잘 읽겠다며 다소곳이 인사했다.

그날 저녁, 장영자 전도사는 『강아지똥』을 펼치다 저자 소개에 눈길이 멈추었다.

1937년 일본 도쿄에서 태어남. 해방 후 귀국하여 초등학교를 마치고 담배 장수, 점원 등 온갖 직업을 전전하다가 지금은 교회에 의탁한 몸이 되고 있다. 20년 동안 신장결핵 등 질병과 싸워 왔으며 초인적인 노력으로 살고 있는 중이다.

가슴이 찡했다. "거지가 글을 썼습니다"로 시작하는 저자의 글도 읽었다. 장 전도사는 그가 이런 어려운 환경을 딛고 인정받는 동화작가가 되었다는 사실에 먹먹함이 느껴지고 고개가 숙여졌다. 「강아지똥」 다음에 「깜둥바가지 아줌마」, 「무명저고리와 엄마」도 읽었다. 어떤 대목에서는 자신도 모르게 눈물이 났다. 장 전도사는 아프지 않고 오랫동안 좋은 동화를 많이 쓸 수 있도록 그를 지켜 달라고 하늘에 계신 아버지께 기도했다.

    며칠 후 장영자 전도사는 영양제 한 병을 사 들고 일직교회를 다시 찾았다. 교회 대문 앞에서 "권 집사님" 하고 부르자 그가 나왔다.

"아니, 장 전도사님께서 어쩐 일이세요?"

    권정생이 깜짝 놀라며 문을 열었다.

"잘 지내셨어요? 지난번에 동화책을 주신 답례로 영양제 한 병 들고 왔습니다. 책 잘 읽었습니다."

    권정생은 얼굴이 벌게져 같이 고개를 숙였다. 여전도사가 혼자 왔으니 방으로 들어가자고 할 수도 없고, 그렇다고 그냥 가라고 할 수도 없어 엉거주춤 서 있었다. 장 전도사는 그가 무엇을 고민하는지 얼른 알아차리고 빙그레 웃으며 말했다.

"집사님, 방문을 열어 놓으면 되니까 걱정 마시고 들어가세요."

    이런 일은 처음이라 어쩔 줄 몰라 하며 그가 방으로 들어가자 장 전도사도 따라 들어가 방문을 활짝 열었다. 그래도 그는 장로님이나 권사님이라도 오면 어쩌나 싶어 불안했다. 반면 장 전도사는 얌전하게 무릎을 꿇고 앉아 권정생의 건강과 창작 활동을 위해 영육에 강건함을 달라고 간절한 목소리로 기도했다.

"집사님, 제가 이렇게 혼자 심방하러 오는 게 불편하세요?"

"아닙니다, 전도사님. 교역자가 심방을 하러 오는 거라 불편할 것까지는 없는데, 제가 혼자 사는 몸이다 보니 혹시라도 전도사님께 누가 될까 싶어 그렇습니다."

"그런 걱정이라면 안 하셔도 됩니다. 집사님 같은 훌륭한 작가님께서 저처럼 못생긴 전도사에게 눈길을 줄 거라고 생각하는 사람은 없을 테니까요. 호호호."

"전도사님, 그런 뜻이 아니고요…."

그는 마땅한 말을 찾지 못해 얼굴이 더 붉어졌다. 그때 장 전도사가 영양제를 건넸다.

"건강에 도움이 되는 영양제라고 해서 들고 왔습니다. 조금이라도 효과가 있을지 모르니 한번 드셔 보세요. 주신 동화책을 읽어 봤는데, 감동적인 작품이 많았습니다. 오래오래 건강하셔서 좋은 작품 많이 써 주세요."

"아이고, 과찬이십니다. 그리고 가지고 오신 거니 받겠지만, 참으로 부담스럽습니다."

"비싼 거 아니니까 편하게 드세요."

"예, 전도사님. 고맙습니다."

"그럼 이만 일어나겠습니다."

"아무것도 대접하지 못해 송구합니다. 제가 사는 게 이렇습니다. 용서하십시오."

"어머, 아니에요. 집사님은 그저 교회에 열심히 봉사하시면서 좋은 글 많이 쓰시면 됩니다. 그게 주님께서 집사님에게 드린 달란트(능력)입니다."

"고맙습니다, 전도사님."

그는 교회 대문을 열어 주고 멀리 가지 못한다며 인사를 꾸벅했다. 장 전도사도 고개 숙여 인사한 후 버스정류장을 향해 걸어갔다. 그는 안동에서 온 장 전도사를 정류장까지 배웅하고 싶었지만, 교인들 눈이 있어 다시 방으로 들어갔다.

권정생은 이오덕에게 편지를 썼다. 원고지 700매 분량으로 6·25전쟁과 아직도 진행 중인 분단의 상처에 관한 소년소설을 집필하고 있으며, 그동안 200여 매를 썼다고 했다. 이오덕은 그의 건강에 무리가 가지 않을까 걱정되었다. 그러나 한편으로는 아직도 화해에 이르지 못한 분단 상황에서 6·25전쟁의 상흔傷痕을 다룬 작품은 귀중하고 어린이들이 꼭 읽어야 한다는 마음에, 그가 건강을 유지하면서 잘 끝마치기를 바랐다.

이오덕은 그에게 적당한 잡지를 찾아 연재를 하면 어떻겠느냐고 물었다. 권정생은 연재를 해본 적이 없어 겁이 났지만, 이미 써 놓은 분량이 조금 되어 몇 달은 마감 걱정을 하지 않으면서 다음 부분을 집필할 수 있을 것도 같았다.

이오덕은 자신과 함께 자유실천문인협의회 활동을 하면서 『소년』지 편집 책임을 맡고 있는 문학평론가 구중서를 떠올렸다. 『소년』은 한국천주교 서울대교구 산하 가톨릭출판사에서 간행하는 월간 아동 잡지로, 지난해부터 권정생의 동화와 동시를 소개하고 있었다.

얼마 뒤 이오덕은 서울에 볼일이 있어 갔고, 그때 중림동 가톨릭출판사에 들러 구중서를 만났다. 이오덕의 설명을 들은 구중서는 권정생이 준비하는 작품이 기대된다면서 내년 1월부터 연재를 시작할 수 있게끔 지면을 마련하겠다고 했다. 구중서는 자신도 연락하겠지만 이오덕도 권정생에게 말해 12월 초까지 1회 연재 원고를 보내올 수 있게 해달라고 부탁했다. 편집자가 작품을 읽지 않고 연재를 결정하는 것은 드문 경우로, 권정생의 작품 활동을 인정하고 작품 주제가 좋다고 판단했기에 가능한 일이었다.

11월 초, 장영자 전도사가 두툼한 겨울 잠바를 사 들고 찾아왔다. 이번에는 김 전도사와 함께였다. 장 전도사는 권정생이 혼자 투병 생활을 하면서 글을 쓰는 것이 안쓰러웠다. 시간이 지날수록 조금이라도 돕고 싶다는 마음이 커져 추운 겨울이 오기 전 옷을 사 가지고 온 것이었다. 장 전도사는 기도를 마친 뒤 고개를 들었다.

"겨울에 따뜻하게 글 쓰시라고 잠바 하나 사 왔습니다."

"장 전도사님. 저를 걱정해 주시는 건 고맙지만 자꾸 이런 거 사 오시면 부담됩니다. 제가 서부교회나 성경학교에 별로 도움을 드린 것도 없는데…."

"그동안 예수님의 사랑을 강조하는 동화를 쓰느라 고생하셨고, 앞으로도 어린이들에게 감동을 주는 동화를 많이 써 달라는 의미예요. 집사님은 문서선교 사역자들 못지않은 중요한 활동을 하고 계십니다."

"예, 집사님. 장 전도사의 말이 맞아요. 전에 성경학교 교본에 좋은 동화도 쓰셨고, 몇 년 전 성경학교 강습 때는 동요 가사까지 지어 주지 않으셨어요."

김 전도사가 거들자 그는 무안한 듯 얼굴이 벌게졌다. 그때 장 전도사가 지난번에 사다 준 영양제가 포장된 채 그대로 있는 것을 봤다. 순간적으로 섭섭한 감정이 일었다.

"집사님, 영양제를 아직 안 드셨네요?"

"아, 예. 그냥저냥 지낼 만해서 저보다 더 아픈 사람에게 주려고 그냥 두었습니다."

권정생은 별일 아니라는 듯 무심하게 대답했다. 장 전도사는 따질 수 없는 일이라고 생각했지만, 혹시 잠바도 그냥 남에게 주는 것이 아닐까 싶어 불안했다.

"집사님, 영양제는 그렇다 쳐도 잠바는 꼭 입으세요. 새벽에 교회 종을 치려면 추우실 거 아니에요."

그는 장 전도사가 지나치게 참견한다는 느낌이 들어 약간 신경질적으로 대답했다.

"전도사님. 저는 종소리 강약을 조절하려고 장갑도 안 끼고 종 줄을 잡아당깁니다. 그런데 어떻게 잠바를 입고 줄을 당깁니까. 제가 알아서 잘 입겠습니다."

분위기가 어색해지자 김 전도사가 주일학교에서 성탄절 준비를 하려는데 재미있는 프로그램이 있겠느냐며 화제를 돌렸다. 권정생은 마음을 가라앉힌 뒤 준비 중인 인형극에 대해 설명하고 몇 가지 아이디어를 제시했다. 한참 이야기를 나눈 다음 두 전도사가 일어섰다. 그는 장 전도사가 아무 말도 하지 않은 채 시무룩해 있는 모습을 보니 괜스레 미안해졌다.

"장 전도사님, 제가 누구에게 뭘 받는 게 익숙지 않습니다. 이해해 주세요."

"아니에요. 제가 괜한 부담을 드린 것 같아 송구합니다."

권정생은 두 전도사를 마을 입구까지 배웅하고 돌아왔다. 한편으로는 미안하고, 또 한편으로는 선물했으면 그다음은 내 마음이지 공연히 참견한다는 생각이 들었다. 그러나 미안한 감정이 더 오래갔다.

12월 15일, 권정생은 창작과비평사에서 출판한 권정생, 이현주, 손춘익, 이영호, 정휘창의 5인 동화집 『똘배가 보고 온 달나라』를 우편으로 받았다. '창비아동문고' 가운데 네 번째 책이었다. 그의 동화 「강아지똥」, 「무명저고리와 엄마」, 「똘배가 보고 온 달나라」, 「금복이네 자두나무」 등 네 편이 다섯 작가 가운데 처음 순서로 실렸다. 그는 신작은 아니지만 또 한 권의 동화집이 나왔다는 것이 뿌듯했다. 더욱이 창작과비평사는 계간지 『창작과 비평』을 비롯해 좋은 소설집과 시집을 많이 내는, 문학적 수준이 높은 출판사였다.

1977년 출판된 5인 동화집 『똘배가 보고 온 달나라』 초판 표지.

그는 문득 지난번에 면박을 주어 보낸 장영자 전도사가 떠올랐고, 안동에서 열리는 안동문협 송년회에 참석할 때 서부교회에 잠깐 들러 이번에 나온 책을 선물해야겠다고 생각했다.

며칠 후 서부교회 사무실에 들러 장 전도사를 찾았지만 심방하러 가고 없었다. 그는 들고 온 책 봉투를 사무실에 맡겨 놓고 교회를 나왔다. 왠지 허전하고 쓸쓸했다. 또 한 해가 저무니 그런가 보다 하며 장 전도사가 사준 잠바를 여미고 송년회가 열리는 버스터미널 옆 '까치집'으로 향했다.

되돌리는 것이
가난한 마음

1978년 1월, 『소년』 1월호에 1950년 6·25전쟁 직전 시기부터 다룬 「초가삼간 우리 집」 첫 회가 실렸다. 권정생은 동화가 아닌 소년소설이라 대화를 표준말 대신 안동 사투리로 표현했다. 등장인물인 '일직공립국민학교' 어린이들의 모습을 실감 나게 묘사하기 위해서였다.

그가 구상한 줄거리는 6·25전쟁으로 조그만 시골 마을의 여러 가정에 일어난 비극적인 사건과 그 상처를 안고 살아가는 사람들에 대한 이야기였다. 피란을 떠났다 돌아온 마을 사람 가운데 주요 등장인물은 미군 트럭에 치여 죽는 종갑이, 지뢰가 터져 죽는 삼대독자 성봉이, 결혼하고 얼마 후 강제 징집으로 전장에 나가 전사한 오정식과 유복자 진수를 키우며 홀로 살아가는 금아, 남편이 월북한 옥산댁과 인기네, 그 사실을 모르고 살아가는 큰아들 복식이, 북한에 홀어머니를 남겨 두고 피란을 와 송마골에서 고무신 수선 일을 하며 사는 '너구리 아저씨' 고재식 등이었다. 모두 전쟁 피해자였지만, 어머니 고향 삼밭골과 그가 살고 있는 조탑리의 사람들이기도 했다.

2월 중순이 되자 날이 풀리면서 그의 건강도 조금씩 회복되었다. 오랜만에 장영자 전도사가 조그만 보따리를 들고 찾아왔다.

"집사님, 겨울 잘 지내셨어요? 지난 설 때 찾아뵈려고 했는데 부흥회 준비로 바빠 이제야 왔습니다."

장 전도사는 쾌활한 성격답게 밝은 목소리로 인사했다.

"전도사님의 기도와 잠바 덕분에 감기에 걸리지 않고 잘 지냈습니다. 저희도 1월 21일에 부흥회를 마쳤습니다."

방에 들어간 장 전도사는 방문을 연 채 기도한 후 보따리를 풀었다.

"지난 연말에 귀한 책을 선물해 주셔서 정말 감사했습니다. 이건 저희 교회 여전도회에서 만든 대보름 음식인데, 집사님 드시라고 조금 싸 가지고 왔어요."

"지난번에 제가 그렇게 그냥 오시라고 말씀드렸는데…. 암튼 들고 오신 거니 잘 먹겠습니다. 그런데 서부교회는 정월 대보름이라고 이런 음식도 만듭니까?"

"옛날부터 구정은 남자들 명절이고 정월 대보름은 여자들 명절이라고 하잖아요? 그래서 여전도회 회원들끼리 먹으려고 모여서 만든 거예요."

"아, 그렇군요. 저야 혼자 살아 잘 모르지만, 어머니께서 생전에 시집살이 이야기를 들려주시면서 구정 명절이면 여자들은 차례 음식과 손님 대접할 음식을 만드느라 죽을 고생을 하는데, 남자들은 가만 앉아 받아먹기만 했다고 말씀하셨던 기억이 납니다. 그래서 정월 대보름에는 여자들끼리만 모여 음식을 만들어 먹나 봅니다."

"예, 맞아요. 뭐 요즘도 마찬가지이지만, 전에는 훨씬 더 힘들었다고 해요."

장 전도사는 그보다 일곱 살 아래인 삼십대 중반이었다. 미혼인 데다 성격이 밝고 쾌활해 교회 장로나 집사들이 안동에 있는 노총각 목사와 중매를 서려고 몇 번 나섰지만, 해야 할 일이 많다며 늘 웃어 넘겼다. 장 전도사의 머릿속에는 오직 무의탁 노인과 장애인을 위한 복지사역이 있었다. 그래서 1969년부터 서부교회에서 농아부 지도를 맡아 전도사 생활을 하다가 사회복지를 공부하고자 1971년 대구에 있는 신학교에 들어갔던 것이다. 그런 장 전도사에게 병이 들어 혼자 사는 권정생은 관심을 가지고 지켜봐야 하는 존재이기도 했다.

권정생은 지난해 말 잠바 때문에 통박을 당했으면서도 삐치지 않고 밝은 얼굴과 목소리로 다시 찾아온 장 전도사를 보며 그릇이 큰 교역자임에 틀림없다는 생각을 했다. 그때부터 마음의 빗장을 풀고 장 전도사를 서먹하게 대하지 않았다.

"전도사님. 아무리 생각해도 저는 돌 예수꾼 같습니다."

장 전도사가 깜짝 놀란 표정으로 그를 바라봤다. 무슨 사연인지 궁금했다.

"혹 신앙적으로 무슨 갈등이 있으세요?"

"글쎄요. 이걸 갈등이라 해야 할지, 반항심이라 해야 할지 모르겠습니다. 전도사님은 언제부터 교회를…. 그런데 죄송하지만 전도사님 나이가 어떻게 되시지요?"

장 전도사는 그가 말하다 말고 나이를 묻자 웃음이 터졌다.

"여자에게 나이를 물으면 실례인 거 아시지요?"

"아니, 교역자인데 무슨 남자, 여자 따지고 그러십니까?"

권정생의 대거리에 장 전도사의 얼굴이 잠시 발그레해졌다.

"44년생이고 올해 서른넷입니다."

"아, 그럼 내 동생인 이현주 목사하고 동갑이네요."

"예? 친척분 가운데 목사님이 계세요?"

이번에는 권정생이 웃음을 터뜨리며 손사래를 쳤다.

"아닙니다. 저를 형이라고 부르는 목사가 있다는 뜻입니다."

"아, 그러시군요. 아무튼, 하시던 말씀 계속해 보세요, 집사님."

"전도사님도 아시겠지만, 1960년대 교회는 참 가난했습니다. 그래도 그때는 교회에 따뜻한 정이 있었지요. 예배시간에 헌금 봉투에 이름을 적어 바치는 그런 외식적인 것도 없었고, 오히려 남에게 알려질까 봐 부끄러워했습니다. 물질이 풍족하지 못해 거의 몸으로 봉사했고, 마음으로 정을 나누었습니다. 그래서 당시 기독교는 소리 없이 생활의 일부가 되었지요. 그런데 지금 교회는 어떻습니까? 할머니, 할아버지에게 헌금을 조나 콩으로 하지 말고 시장에 가서 돈으로 바꾸어 오라고 합니다. 또 기독교가 들어간 마을에서 전통 문화가 파괴된 경우도 많이 봤습니다. 할아버지 산소에 살아생전 좋아하던 감 몇 개를 올려놓고 절했다는 이유로 할머니에게 면박을 준 목사도 있고요. 전도사님도 그 할머니의 행동이 우상숭배라고 생각하십니까?"*

장 전도사는 잠자코 그의 말을 들었다. 이보다 더한 소리는 물론, 심지어 악담을 들을 때도 있었다. 그래도 참고 들어주는 것이 전도사가 갖추어야 할 덕목 가운데 하나였다. 그가 하고 싶은 말을 다 끝내자 장 전도사는 미소 지으며 되물었다.

* 권정생, 『우리들의 하느님』, 녹색평론사, 개정증보판, 2008, 23쪽.

"집사님은 하나님과 깊게 만나 보신 적 있으세요?"

권정생은 잠시 생각한 뒤 대답했다.

"저는 새벽종을 칠 때가 하나님을 만나는 시간인 것 같습니다. 추운 겨울 캄캄한 새벽에 종 줄을 잡아당기면서 유난히 빛나는 별들을 바라볼 때 특히 그렇지요."

"집사님은 돌 예수꾼이 아니라 참 예수꾼이시네요. 교역자인 저도 경험하지 못한 큰 은혜를 받으신…. 집사님, 저도 길가에 버려진 어린이와 노인들을 보면서 누가 그랬을까 원망할 때도 있었지만, 지금은 버린 사람에 대한 원망보다 그들을 어떻게 보듬을 수 있을까를 고민합니다."

권정생은 잠시 장 전도사를 바라봤다. 그는 장 전도사가 무슨 말을 하는지 알아들었고, 장 전도사 역시 그가 자신의 말을 이해했다고 생각해 더는 말을 잇지 않았다. 장 전도사는 기도를 한 후 방에서 나왔다. 권정생은 운동 삼아 걸어야겠다며 마을 어귀까지 장 전도사를 배웅했다.

그즈음 창작과비평사에서는 권정생의 작품을 모아 단독 동화집을 만들기로 결정했다. 그는 책 한 권 분량인 열여섯 편을 골라서 보냈다. 열 편은 이미 발표한 작품이었고 「해룡이」, 「패랭이꽃」, 「똬리골댁 할머니」, 「공아저씨」, 「달래 아가씨」, 「들국화 고갯길」 등 여섯 편은 미발표작이었다. 창작과비평사에서는 미발표작 가운데 세 편을 골라 『창작과비평』 여름호에 실었다.

가을이 되면서 그는 이오덕, 전우익과 함께 마리스타 실기교육원(현재는 안동 마리스타학교)이 개최하는 행사에 참석했다. 마리스타 실기교육원은 1817년 프랑스에서 설립되어 주로 가난한 나라에 진출한 가톨릭 교육기관이었다. 안동에서는 1977년 5월부터 운영되었고, 가정형편이 어

1978년 무렵 이현주 목사가 목회하던 경상북도 울진군 죽변면의 오징어 덕장에서. 뒷줄 왼쪽부터 권정생, 정재돈 안동교구 가톨릭농민회 총무, 전우익, 이현주 목사, 이오덕, 권종대 안동교구 가톨릭농민회 회장. 앞에 앉은 이는 정호경 신부다.

려운 청소년들을 대상으로 저녁에 초·중·고등 과정을 가르치면서 목공예, 선반, 자동차 정비, 타자, 주산, 부기 같은 실기교육도 실시해 그들의 사회 진출을 도왔다. 실기교육은 멕시코에서 온 가톨릭 수사 두 명이 담당했으며, 초·중·고등 과정은 한국인 교사들이 맡았다. 권정생과 이오덕은 시화전 같은 문학 관련 행사와 졸업식에 참석해 학생들을 격려했다. 행사 후 학생들과 종종 어울리던 권정생은 "모든 평가 기준이 돈이 되는 세상을 경계해야 한다"며 물질만능주의에 물들지 말고 꿋꿋하게 살아갈 것을 당부했다.

행사가 끝나면 세 사람은 안동교구에 들러 두봉 주교를 비롯해 사목

국장인 정호경(1941~2012) 신부도 만났다. 정 신부는 안동교구 가톨릭 농민회 지도 신부를 겸하고 있어 농사짓는 전우익과 자주 만나 이야기하는 사이였다. 당시 영양군청은 소득 증대 사업으로 가을감자 농사를 권장했고, 농민들은 군청에서 주는 씨를 받아 심었다. 하지만 감자 싹이 트지 않아 농사를 망쳤음에도 군청은 자신들 책임이 아니라며 모르쇠로 일관했다. 이에 정 신부는 안동교구 가톨릭농민회 회원들과 함께 정부에 피해 보상을 요구하는 투쟁을 벌였다. 그런 모습이 옹골차다고 생각한 권정생은 안동에 갈 때마다 정 신부를 만나 대화를 나누었다.

안동 가는 길에 권정생은 서부교회에도 잠시 들러 장영자 전도사를 만나곤 했다. 그는 시간이 지날수록 마음속에 담아 놓은 이야기를 하나둘 꺼내기 시작했다. 신앙적 갈등에 대해서도 말하고, 성경이나 주일학교 이야기도 했다. 그는 자신도 모르게 조금씩 장 전도사에게 정신적으로 의지하게 되었다. 아니라고 부정하고 싶었지만 장 전도사를 만나고 나면 며칠 동안 마음이 어지러웠다. 장 전도사 역시 권정생이 돌봐야 할 대상에서 조금씩 다른 의미로 바뀌고 있음을 느꼈다.

언제부터인가 권정생은 장 전도사를 버스정류장까지 바래다주었고, 30분을 걷는 동안 주로 그가 말을 했다.

"전도사님."

"예, 집사님."

"전도사님도 가난하시지요?"

"세속적으로 보면 가난합니다."

"그럼 가난이 뭐라고 생각하세요?"

장 전도사는 입을 쫑긋하다 멈추었다. 그것이 세속적 물음인지, 신학적 물음인지 구별할 수 없어서였다. 장 전도사가 대답을 하지 않자 그가 말했다.

"예수님의 산상수훈 첫 번째 복음이 바로 '가난한 자의 복'입니다. 저는 이 말씀이 첫 번째인 이유가 인간에게 가장 중요한 메시지이기 때문이라고 봅니다. 그리고 인간에게 던지신 무서운 경고라고도 생각합니다."

"집사님은 예수님께서 말씀하신 가난의 의미가 뭐라고 생각하세요?"

"톨스토이의 단편소설 가운데 「사람에게는 얼마만큼의 땅이 필요한가?」라는 작품이 있습니다. 파홈이라는 평범한 러시아 소작농에 대한 이야기이지요. 그는 땅을 조금 얻게 되자 땅 욕심이 생겼습니다. 그리고 어느 날 땅을 싸게 판다는 소식을 듣는데, 땅을 파는 방식이 독특했습니다. 1,000루블을 내면 하루 종일 걸은 만큼의 땅을 주되, 해지기 전까지 출발점으로 돌아와야 한다는 조건이었습니다. 파홈은 땅을 얻고자 걷고 또 걸었습니다. 걸으면 걸을수록 눈앞의 땅이 지나온 곳의 땅들보다 더 비옥하고 탐스러워 보여 걸음을 되돌릴 수 없었습니다. 시간이 다가오자 마음이 급해진 그는 장화도, 옷도 팽개친 채 앞으로 계속 달렸습니다. 그리고 해가 지기 전 출발점으로 돌아가려고 죽을힘을 다해 뛰었습니다. 파홈은 해가 지기 직전 출발점에 도착했지만, 무리한 나머지 심장이 터져 죽고 맙니다. 파홈의 하인이 주인을 묻으려고 땅을 팠는데, 땅 크기가 그의 키보다 조금 큰 6.6제곱미터(약 2평)에 불과했지요. 결국 그에게 필요했던 땅은 그가 묻힐 6.6제곱미터 크기였던 겁니다."

권정생은 잠시 멈추었다가 말을 이었다.

"전도사님, 저는 이 소설이 죽도록 달리며 많은 땅을 차지하려 드는 인간들을 향한 일종의 경종이라고 봅니다. 땅을 많이 가지려는 물질만능주의는 결국 인간을 불행하게 만들지요. 그래서 예수님께서도 '가난한 자의 복'을 말씀하셨고, 결국 세상의 재물을 많이 차지한 부자는 그 물질을 원주인인 이웃들과 나누어야 한다고 생각합니다. 되돌리는 것, 저는 이것이 가난한 마음이라고 믿습니다."*

'되돌리는 것'이라는 표현이 장영자 전도사의 가슴속으로 쿵 떨어졌다. 누가복음 12장 13~21절에 있는 부자에 대한 경고가 떠오르면서, 그가 옳은 신앙과 신념을 지니고 있다는 확신이 들었다. 그때 안동 가는 버스가 왔다. 장 전도사는 인사한 뒤 버스에 올라타 자리에 앉았다. 창문 밖에 서 있는 그가 보였다. 장 전도사의 마음이 흔들린 순간이었다.

* 장영자 전도사의 증언. 권정생, 「가난이라는 것」, 『빌뱅이 언덕』, 창비, 2012, 236~241쪽.

같이 아프고
함께 고민하는
사람들

『뿌리깊은 나무』 12월호에 이현주가 쓴 「권정생이라는 사람과 강아지똥」**이 실렸다. 저자 소개는 '작가'가 아닌 '목사'로 되어 있었다. 이현주는 1년 전 동부연회에서 목사 안수를 받고 전에 전도사로 있던 경상북도 울진군 죽변감리교회에 목사로 부임했다. 이현주가 쓴 글은 제목대로 권정생의 삶과 동화를 다룬 내용이었는데, 이렇게 언급해 두면 12월 출판 예정인 동화책 두 권의 판매에 도움이 되리라 생각했던 것이다.

이쯤 해두고, 내가 지금부터 동화작가 권정생의 이야기를 횡설수설 지껄이려 함은, 여전히 뿌리를 못 내려 불안하기만 한 자신의 모습을 확인해 보려는 소인배의 치기 어린 짓거리일 뿐이다. 이 글을 읽으면 그는 얼마나 화가 날까? 그러나 나는 한쪽 구석에 믿는 점이 있다. 그것은 태어

** 훗날 이현주 산문집 『한 송이 이름 없는 들꽃으로』(종로서적, 1984)가 출판되면서 「동화작가 권정생과 강아지똥」으로 제목이 바뀌었다.

나면서부터 당하기만 한 그가 이번에도 한 번 더 당했다 셈치고 하루나 이틀쯤 언덕배기에 올라 잔디 씨앗이나 쥐어뜯다가 그만둘 것이라는 음흉한 계산이다.

경상북도 안동군 일직면 송리에 가면 동화작가 권정생은 없고 '권 집사'만 있다. 그는 오늘 새벽에도 따르릉 거리는 자명종 소리에 일어나 예배당 마당에 높이 솟아 있는 종을 울렸을 것이다. 그리고 차가운 마룻바닥에 무릎을 꿇고 뭐라고 하느님께 빌었을까? 아무튼 빌었을 것이다. 지금도 억울한 일을 당해 눈물 흘리는 이 땅의 가난한 백성이 이웃에 있으니만큼 그의 기도는 중단될 수 없을 것이다. 때때로 그의 기도는 머리털이 곤두서는 반항이기도 하다. - 중략 -

그는 혼자 산다. 1937년에 태어났으니까 (우리 나이로) 마흔둘인데 아직 총각이다. 그는 가정을 꿈속의 낙원이면서 또한 두려움 자체라고 말한 적이 있다. - 중략 -

작가는 한번쯤 제 모습을 그리기 마련이다. 있는 그대로의 모습을 못 그리면, 되고 싶은 대로의 모습을 그린다. 1969년 월간 잡지 『기독교교육』이 뽑은 제1회 기독교아동문학 작품 모집에 당선된 동화 「강아지똥」이 권정생의 그런 작품이다. "돌이네 흰둥이가 누고 간 똥입니다"로 시작되는 이 짧은 동화는 한국 아동문학의 역사에 지울 수 없는 선을 그어 놓았다. 안데르센의 『미운 오리 새끼』보다 더 그윽하고 구수한 향기를 맛볼 수 있는 이 작품이야말로 우리 한국이 세계에 내놓을 만한 격조 높은 동화문학이라고 할 만하다.

『뿌리깊은 나무』는 당시 한국브리태니커에서 발행하는 격조 높은 잡지였다. 우리나라 최초로 가로쓰기 편집을 하고 좋은 글도 많이 실어 정기 구독자 수만 5만 명이 넘었다. 그만큼 파급력이 큰 잡지였다. 그러나 12월 초 예정이던 동화책 두 권의 출판이 늦춰졌고, 엉뚱한 일도 벌어졌다. 잡지가 나오고 얼마 후 부산 YMCA, YWCA 회원들이 연말 불우이웃 돕기 성금 가운데 4만 2,500원을 권정생에게 보낸 것이었다. 그는 이현주에게 편지를 썼다.

나는 어떡해야 좋을지 곤란해 죽겠다. 이웃 돕기 성금이 나에게도 돌아왔으니, 거지 팔자 더욱 실감이 난다. 고맙다는 편지 정중하게 띄웠고, 소액환은 그대로 가지고 있다. 정말 서럽고 외롭다. 난 사람 취급 받아선 안 되는데, 현주가 자꾸 그러니까 나도 자꾸 사람인 척 행세하게 된단다. 현주는 아무것도 모른다. 내가 꼭 나중에 얘기할게. 미안하다.

권정생은 이 편지를 읽은 이현주가 자신이 무슨 말을 하는지 이해하지 못하리라 생각했다. 이오덕에게도 그런 알쏭달쏭한 내용의 편지를 보낸 적이 있었다. 그의 가슴속에는 쉽게 드러낼 수 없는 무언가가 있었던 것이다.

12월 25일, 권정생 단편동화집 『사과나무밭 달님』이 '창비아동문고' 다섯 번째 책으로 출판되었다. 그에게는 네 번째 책이었다. 그리고 이오덕이 출판을 주선한 그의 단편동화집 『까치 울던 날』은 해를 넘겨 1월 25일 제오문화사에서 나왔다. 「마음」, 「하얀 배」, 「짱구네 고추밭 소동」, 「까치 울던 날」, 「여름 그림책」, 「코스모스와 사마귀」, 「어느 시냇가 이웃들」, 「슬픈 여름밤」, 「보리방아」, 「아버지」, 「달개비꽃들이 읽은 편지」, 「순자 이야기」, 「달수네 아버지」 등 모두 열세 편의 동화가 실렸다. 이

한 달 간격으로 출판된 『사과나무밭 달님』과 『까치 울던 날』.

중에서 「순자 이야기」*는 권정생의 어머니가 일본에 가기 전 당했던 일을 바탕으로 쓴 동화였다.

순자는 허리를 다쳐 누워 있는 아버지를 위해 약술을 만들었는데, 그만 세무서 직원에게 들켜 벌금 2만 5,000원을 내야 했다. 집에서 담근 술은 모두 밀주로 간주되었기 때문이다. 아버지가 아파 엄마가 약초를 캐는 것으로 겨우 생활을 꾸려 가는 순자로서는 감당하기 힘든 금액이었다. 동네 친구들은 세무서 직원이 술을 담근 다른 집에서는 닭과 술을 얻어먹었고, 한 건도 적발하지 않으면 곤란해지니 순자에게 다른 집 벌금까지 물린 것이라고 알려 주었다. 그러나 순자는 세무서 직원을 원

* 「순자 이야기」는 『까치 울던 날』이 절판된 후 『달맞이산 너머로 날아간 고등어』(햇빛출판사, 1985)에 실렸다.

망하기보다, 자신이 잘못해서 아버지 병도 못 고치고 아버지 앞으로 벌금까지 나오게 했다며 자책한다. 주변 환경을 원망하지 않고 모든 게 제 탓이라고 여겼던 것이다. 결국 순자는 1년에 5만 원을 받기로 하고 서울로 식모살이를 떠났다.

권정생은 이 동화를 쓰면서 아버지가 일본에 노무자로 끌려간 후 자식들을 키우기 위해 밀주를 담그다 단속에 걸려 큰 벌금을 내야 했던 어머니 생각이 많이 나 가슴속으로 눈물을 흘렸다. 그런 개인적인 아픔 탓에 발표하지 않고 가지고 있다가 단편동화집에 실은 것이었다.

권정생은 한 달 사이 동화집 두 권이 출판되었지만, 기뻐할 여유가 없었다. 늑막염이 악화되어 움직이기조차 힘겨웠기 때문이다.

1979년 1월 11일, 전우익으로부터 권정생이 아프다는 소식을 전해 들은 정호경 신부는 그를 데리고 경상북도 칠곡군 지천면 연화리에 있는 '연화 결핵 요양원'을 찾아갔다. 검사를 하고 잠시 후 폐질환은 경증이지만 늑막염을 앓는 부위는 기능이 완전히 정지되었고, 신장 일부도 제 기능을 못 하고 있다는 결과가 나왔다. 두 사람은 일단 안동으로 돌아왔다. 정 신부는 권정생에게 요양원에 입원할 것을 권했다. 그러나 그는 병원에서 계산서가 나올 때마다 마음을 졸이던 기억이 떠올라 완곡하게 사양했다. 정 신부는 입원비는 가톨릭 안동교구장인 두봉 주교에게 말해 두었으니 걱정하지 말라고 했다. 그는 신부님의 사랑만 받겠다며 계속 거절했다.

1월 25일, 정호경 신부가 다시 찾아왔다. 정 신부는 연화 결핵 요양원은 성베네딕도회왜관수도원이 독일 독지가들로부터 후원 받아 운영하는 곳이라 입원비가 비싸지 않으니 너무 부담 갖지 말라면서 가톨릭 안

요양원에서 환우들과 함께.
뒷줄 맨 오른쪽이 권정생
이다.

동교구에서 입원비를 미리 지급해 놓았다고 했다. 그 말에 더는 거절할
수 없었던 그는 결국 정 신부의 차를 타고 가 요양원에 입원했다.

권정생은 늑막염이 문제지, 폐질환은 경증이라 요양원에서는 건강한
축에 속했다. 그런데도 세 끼 밥을 먹고 간호사가 주는 약을 복용하면 정
해진 시간에 누워 있어야 했다. 독서실이 없어 집필은 고사하고 책 읽을
형편도 안 되었다. 유일한 낙이라면 이현주가 죽변에서 보내오는 주보,
그중에서도 설교 내용을 읽는 일이었다.

6월 말, 권정생은 요양원에서 나와 조탑리로 돌아왔다. 늑막염 치료
가 잘되어 더는 요양원에 있을 필요가 없었고, 연재를 잠시 중단했던

「초가삼간 우리 집」도 써야 했다. 그래도 입원하기 전 『기독교교육』에 보낸 동화 「아기 생쥐와 황소 아저씨」(훗날 제목을 「황소 아저씨」로 바꿈)가 2월호에 나왔고, 안동문협에 보낸 「달맞이산 너머로 날아간 고등어」가 3월에 출간된 『안동문학』 제4집에 실렸다. 그는 여섯 달 동안 푹 쉬었으니 좀 더 열심히 써야겠다며 마음을 다잡았다.

7월 23일, 이현주가 안경 낀 젊은 청년과 함께 일직교회로 그를 찾아 왔다. 이날 오겠다며 편지를 미리 보내와 기다리고 있던 참이었다.

"형, 이제 괜찮아?"

"응. 별거 아니었는데 정호경 신부와 안동교구에 폐만 끼쳤어. 그런데 너는 몇 달 전 가슴병(폐결핵)이 재발했다더니 괜찮은 거야?"

"서울 다니면서 병원 약을 먹었더니 좋아졌어. 참, 오늘 함께 온 동생을 소개할게."

"이철수라고 합니다. 목사님께 선생님 말씀 많이 들었습니다."

이철수(1954~)는 고개를 숙여 인사했다. 권정생은 먼 시골까지 오느라 고생했다며 이철수의 손을 잡았다.

이철수가 이현주를 만난 것은 지난해였다. 육군 병장 시절 유행성출혈열로 죽다 살아난 이철수는 제대 후 친구와 여행을 떠났다. 동해안을 걷던 중 그전에 친구의 형인 김영동 목사가 그에게 한번 언급했던 이현주 목사를 만나 보고 싶어 죽변으로 향했다. "이현주 목사는 좋은 분인 데다 너와 생각이 비슷하다"고 한 말이 떠올라서였다. 그때 이철수는 유신 말기의 답답한 시대 상황과 억압을 못마땅하게 여기고 있었다.

두 사람이 죽변감리교회에 도착했지만 이현주 목사는 자리에 없었다. 예배당 문이 열려 있어 들어간 이철수와 친구는 성가대 긴 의자에 누웠다. 배고프고 피곤하기도 한 두 사람은 금세 곯아떨어졌다. 당시 이철수는 체중계에 올라서기도 힘겨울 만큼 건강이 좋지 않았다. 그날 저녁, 이현주를 만난 이철수는 술을 많이 마셨다. 이현주에게 이런 답답한 세상은 갈아엎어야 하는 것이 아니냐며 청춘의 고뇌를 토로했다.

그 뒤 서울로 돌아온 이철수는 가슴이 답답해지면 이현주에게 편지를 썼고, 이현주는 꼬박꼬박 위로의 답장을 보냈다. 이철수와 이현주의 인연은 그렇게 시작되었다. 그리고 며칠 전 서울에 볼일이 있어 온 이현주가 동화를 쓰는 권정생이라는 형님을 만나기로 했으니 함께 가자고 해 따라온 것이었다.

"형, 철수는 그림재주와 글재주가 있어요. 그래서 함께 오자고 했어요."

"하나 갖기도 힘든 재주를 어떻게 둘이나 가졌어요?"

권정생이 묻자 이철수가 머리를 긁적이며 대답했다.

"목사님이 용기를 북돋아 주려고 하신 말씀일 뿐입니다."

"대학생이에요?"

"아닙니다. 대학에 갈 형편이 안 되어 못 갔습니다."

이철수는 1954년 서울의 한 부유한 가정에서 태어났다. 일제강점기 때 일본에 유학해 대학을 다녔던 부친은 무역업으로 성공했지만 5·16군사정변이 터진 후 시대와의 불화로 파산했다. 이에 이철수는 살고 있던 안암동 집에서 나와 셋방살이를 했고, 학교에 가면 수업료 독촉을 받는 청소년 시절을 보냈다.

"그럼 글공부와 그림공부는 어떻게 해요?"

"혼자 합니다. 부친께서 서예와 그림을 좋아하셔서 집에 화구와 붓들이 있습니다. 그래서 종이를 구해 혼자 쓰고 그리는 정도입니다. 고등학생 때는 그림보다 문학에 더 관심이 많았습니다. 그래서 『사상계』 같은 잡지도 봤고요. 그런데 군대에 갔다 온 후 현실 문제에 개입하는 문학은 있는데 미술은 왜 없을까 고민하다가 미술도 사회 변혁의 의미 있는 도구가 될 수 있겠다는 생각을 하는 중입니다."

권정생은 젊은 청년이 이런 의식을 가지고 있다는 것이 놀라워 되물었다.

"그런 그림이 어떤 그림이에요?"

이철수는 잠시 생각한 뒤 대답했다.

"아직 방향은 잘 모릅니다. 공부가 더 필요하지 싶어 제3세계 혁명에 관한 글을 읽어 볼 참입니다."

"형, 요즘 철수가 베니어판이나 고무판에 판화 작업을 하고 있어요. 주로 사람들을 파요."

권정생은 고개를 끄덕였다.

"응, 맞아. 그림이나 글이나 결국에는 사람이지. 앞으로 기대가 됩니다."

"고맙습니다."

"철수는 나보다 훨씬 동생이야. 그냥 말 편하게 해, 형."

"예, 선생님."

"그럴까? 그럼 이제부터 철수도 현주처럼 나를 형이라고 불러."

"예?"

이철수가 깜짝 놀라며 권정생을 바라봤다. 나이 차이가 십칠 년이었다. 옛날 같으면 아버지와 아들뻘이었다. 그런데 어떻게 형이라 부른단 말인가. 그러나 권정생은 괜찮다며 고개를 끄덕였다.

"철수야, 출출하지? 내가 얼른 나가서 고추장떡 만들어 올게."

그가 나가자 이철수는 책꽂이에 있는 책들을 살펴봤다. 일본에서 발행된, 고흐를 비롯한 유럽 화가들의 고급 화집이 있었다. 이철수는 그가 그림에 관심이 많다는 사실이 반가웠다. 그리고 이런 단칸방에서 아픈 몸으로 왕성하게 창작 활동을 한다는 것이 경이로웠다. 자신도 좀 더 열심히 작업해야겠다는 마음이 절로 들었다. 세 사람은 권정생이 만들어 온 고추장떡을 먹었다.

이때부터 이철수는 마음이 허전하고 답답할 때면 서울에서 버스를 타고 안동까지 간 다음 운산장터에서 철길을 건너고 논두렁을 지나 권정생을 찾아갔다. 이철수에게 권정생은 마음을 따뜻하게 해주는 큰형님이었고, 권정생에게 이철수는 세상을 열심히 살면서 자신의 길을 찾아가는 막냇동생이었다. 그래서 어떤 이들은 권정생, 이현주, 이철수를 삼형제라고도 했다.

언제까지
살지 알 수 없으니…*

    9월 중순 어느 날, 권정생과 이오덕, 전우익, 이현주, 이철수는 안동에서 저녁을 먹고 가톨릭문화회관(현재는 가톨릭회관)으로 몰려갔다. 권정생에게 놀러왔다 그의 방에서 모두 잘 수가 없어 안동으로 나온 것이었다. 당시 안동에는 큰 숙소가 없었지만, 가톨릭문화회관에 단체 여행객을 위한 넓은 방이 있었다. 정호경 신부가 가톨릭농민회 회원들의 숙소로 이곳을 이용할 때 몇 번 같이 온 적 있는 전우익이 직원을 조금 안다며 방을 하나 빌렸다.

    "권 선생님, 우리가 안동까지 와서 하룻밤 자는 기념으로 야한 이야기나 하나 해주세요."

    벽에 등을 기대고 앉아 편하게 다리를 뻗은 일행은 전우익의 걸쭉한 농담이 또 시작되었다며 킬킬 웃었다.

* '언제까지 살지 알 수 없으니…'는 장영자 전도사와 이철수 화백의 증언, 이현주 목사의 확인 과정을 거쳐 재구성했다.

"왜 또 그러십니까. 올 때마다 해드려서 이제 남은 이야기가 없습니다."

"몇 개나 해주었다고 엄살이십니까. 그럼 재미있는 야한 책 하나 소개해 주세요."

"전 선생님. 철수가 아직 총각이니, 철수한테 싱싱한 연애 이야기나 해달라고 그러세요."

"아이코, 형님. 저는 연애 못 해봤습니다."

이철수가 얼굴이 벌게져 손사래를 치자 권정생이 웃었다. 전우익도 지지 않았다.

"그럼 권 선생님은 요즘 누구랑 연애하는지 말 좀 해보세요."

"제가 연애한다는 것은 비밀인데 용케 들으셨습니다. 내가 그렇게 이야기하지 말라고 했는데, 누구에게 들으셨습니까?"

권정생은 농담처럼 대답했다. 이오덕은 벽에 기댄 채 꾸벅꾸벅 졸기 시작했다. 전우익이 이런 짓궂은 이야기로 권정생을 못 살게 구는 모습을 여러 번 봤기 때문이다. 이철수는 형님들의 장난이 재미있다는 듯 빙그레 웃으며 귀를 쫑긋했다.

"권 선생님, 정말 연애하시나 봅니다."

전우익이 계속 물었다.

"왜요? 저는 연애하면 안 됩니까?"

그의 말에 모두 박수를 쳤다.

"진도가 어디까지 나가셨는데요?"

"그건 말 못 합니다."

두 사람은 지지 않고 맞섰다.

"그럼 프러포즈는 하셨습니까?"

권정생이 잠시 머뭇거렸다. 모두가 그를 바라봤다.

"그건 아직 안 했습니다."

"안 하신 겁니까, 용기가 없어 못 하신 겁니까?"

"전 선생님, 저는 이제 자렵니다."

"아, 그러지 말고 솔직하게 얘기해 보세요. 애인 없지요?"

권정생은 전우익에게 눈을 흘기며 대답했다.

"있어요."

"정말요?"

권정생은 전우익의 계속되는 질문에 약간 화가 났다. 그래서 그분은 안동에 사는 전도사다, 서로 자주 오간다, 얼마 전부터 한번 왔다 가면 며칠 동안 마음이 어지러워 이제 그만 오라 했고, 요즘은 안 만난다고 말했다. 전우익은 그의 말이 꾸며 낸 것이 아닌 듯해 깜짝 놀랐다. 마음이 어지럽다면 이는 연애할 때 느끼는 감정이 분명했다. 이현주가 놀란 목소리로 그에게 물었다.

"형, 그 여자가 정말 좋아?"

권정생은 대답하지 않았다. 전우익은 큰 눈을 끔뻑거리며 권정생의 표정을 살피다 이현주를 바라봤다. 조금 더 캐 보라는 눈빛이었다.

"형, 내가 도와줄까?"

"이제 그만 오라고 했어."

"그건 사귈 때 몇 번씩 하는 말이야. 어느 교회 전도사인지 말해 주면 내가 가서 데려올게."

"데려와서 뭐라고 하게?"

"뭐라고 하긴, 형이랑 결혼하라고 하지."

권정생은 어이없다는 듯 헛웃음을 터뜨렸다. 전우익은 이현주에게 계속 눈짓을 했다. 이철수는 나이 많은 형들 대화에 끼어들 수 없어 가만히 앉아 지켜만 봤다. 한참 승강이를 하더니 권정생이 이현주에게 나지막한 목소리로 서부교회 관사에 가면 있다고 말했다. 늦은 저녁 시간 여전도사 관사에 어떻게 가랴 하는 생각에서였다. 그러나 이현주는 자리에서 일어섰다.

서부교회 관사에 도착한 이현주는 장영자 전도사를 찾았다. 장 전도사가 나오자 이현주는 자신은 울진 죽변감리교회 목사라며 인사를 꾸벅했다. 장 전도사는 전에 권정생으로부터 목사 동생이 있다는 소리를 들은 기억이 나 무슨 일이냐고 물었다. 이현주는 권정생 선생 일이라며 함께 갈 데가 있다고 했다. 장 전도사는 가슴이 덜컥 내려앉았다. 건강에 무슨 일이 생겨 안동에 있는 병원에 왔나 싶어 초조한 마음으로 이현주를 따라나섰다. 그러나 그들이 도착한 곳은 병원이 아니라 가톨릭문화회관이었다.

장영자 전도사가 방문을 열어 보니 권정생을 비롯해 몇 명이 있었다. 방에 들어가 무슨 일인가 하고 권정생을 바라봤다. 그는 얼굴을 붉히며 고개를 숙였고, 이현주가 입을 열었다.

"전도사님, 형님에게 얘기 들었습니다. 그런데 형님이 용기가 없어 그동안 마음에만 두고 아직 프러포즈를 못 하셨다고 합니다. 저희 형님과 결혼하시면 안 되겠습니까?"

장 전도사는 정신이 멍했다. 장난인지, 진짜 청혼을 이렇게 하는 것인지 알 수가 없었다. 권정생이 "가난은 되돌려 주는 것"이라고 말한 이후 자신의 마음이 전과 같지 않다는 것을 느끼던 참이라 더욱 혼란스러웠다. 하지만 그는 "한번 왔다 가면 며칠 동안 마음이 어지러우니 이제 그만 오라"고 하지 않았던가.

"이 목사님, 프러포즈는 본인이 해야 합니다. 권 집사님께 직접 듣고 싶습니다."

장 전도사는 그가 빈말을 할 사람이 아니라는 것을 잘 알아 그렇게 대답했다. 권정생은 얼굴이 벌게지면서 작은 소리로 말했다.

"그걸 꼭 말로 해야 알아요?"

모두 깜짝 놀랐다. 그러나 장 전도사는 당찬 목소리로 대답했다.

"집사님, 저는 말로 들어야 합니다."

권정생은 더는 용기가 없었다. 자신의 건강 상태로 결혼은 한낱 꿈이었다. 옆에서 아무리 이해한다 해도 살다 보면 서로 불편한 일이 한둘이 아닐 것은 불문가지였다. 그보다 더 중요한 것은 자신이 언제까지 살 수 있을까 하는 불안감을 상대에게 떠안길 수 없다는 점이었다. 이현주와 전우익이 몇 번 더 거들었지만, 장영자 전도사의 생각은 변하지 않았다.

여기까지였다. 장 전도사는 일어섰다.

그 일이 있고 며칠 후인 9월 29일, 권정생은 이오덕에게 편지를 쓰면서 "순수라는 것, 진실이라는 것, 사랑이라는 것, 가지가지 개념들이 뒤죽박죽이 되어 숨이 막힐 지경입니다"라며 자신의 심경을 토로했다. 얼마 후에는 이현주에게 "살아가는 것이 만날 서툴다. 만날 보는 사람한테 인사하는 것도 꼭 모르는 사람처럼 쩔쩔 매고, 얘기도 제대로 못 하니 뭐야. 아주 익숙하게 잘 살아가는 사람이 부럽다"는 편지를 보냈다.

미완의 청혼이었다. 그러나 두 사람은 서로 왕래하며 평생 좋은 사이를 유지했다. 권정생은 안동에 가는 길에 장영자 전도사에게 책을 선물하는가 하면, 장 전도사가 무의탁 노인과 장애인을 위한 복지시설 '우리집'을 시작할 때도 직접 가서 축하했다. 경제적으로 여유가 생겼을 때는 힘들게 빨래하지 말라며 세탁기를 선물하기도 했다. 장 전도사도 가끔 권정생을 찾아갔고, 빌뱅이 언덕 아래 흙집에서 방을 청소하거나 책꽂이를 정리하다 이오덕, 전우익, 이현주, 이철수 부부와 마주치는 경우도 있었다.

제3부

"어떻게 사는가는
스스로 결정해야 하는 거야"

_ 『몽실 언니』 중에서

얼어붙은
세상에서
좌절된 출판

1980년, 권정생은 마흔세 살이 되었다. 그는 자신의 나이가 사십대 중반을 향하고 있다는 사실이 실감 나지 않았다. 수술한 것이 14년 전이었다. 의사가 예상한 기간보다 12년을 더 살았고, 일직교회 문간방에서 늘 죽음의 그림자와 함께했다. 그사이 청년에서 중년이 된 것이었다.

그는 계속해서 「초가삼간 우리 집」을 『소년』에 연재했다. 처음에는 주인공 어린이들이 초등학교를 졸업하고 중학교에 진학하는 1950년대 말까지만 쓰려고 했다. 그러나 분단 피해자들이 우리 사회에 여전히 존재하고 남북 간 대치 상황이 계속되는 현실을 좀 더 구체적으로 묘사하고자, 아버지가 월북한 복식이가 군대에 가서 북한을 향해 총부리를 겨누어야 하는 1960년대 초반까지 다루기로 했다. 반공법이 서슬 퍼렇던 정치·사회 상황에서는 위험한 접근이었지만 다행히 연재할 때는 문제가 되지 않았다. 이오덕은 가끔 가슴을 쓸어내리며, 『소년』이 독자가 많지 않고 가톨릭에서 발행하는 잡지라 그런 것 같다고 생각했다.

在日同胞 寒食省墓團
1 천여名入國 2일까지

在日同胞한식모국방문단1천여명이2일까지3개진으로나뉘어일북, 4일정으로고국에머무른다.

이번모국방문단은올해들어두번째인데주로재일동포2, 3세로구성되어있으며 朝總聯의「愛國革新

「運動」이란 방해공작을 무릅쓰고 방문하는 것이다.

이들은 1일「望鄕의동산」에서 지난해 10월 재일동포들이 기증한 시계탑 앞에서 건립기공식을 가진다음 내관광과 망향의동산참배, 산업시찰등을 한다.

재일동포 모국방문단 1,000여 명이 3월 30일부터 4월 2일까지 나흘간 방한한다는 내용의 『매일경제』 1980년 4월 1일자 기사.

「초가삼간 우리 집」을 연재하는 틈틈이 단편동화도 발표했다. 『교사의 벗』 2월호에는 「외딴집 감나무 작은 잎사귀」가, 『기독교교육』 4월호에는 「새끼 까치와 진달래꽃」이 실렸다.

4월 1일, 권정생은 1946년 일본에서 귀국할 때 헤어진 큰형과 34년 만에 다시 만났다.* 큰형은 조총련계 재일동포 모국방문단에 끼어 3박 4일 일정으로 방한했지만 국립망향의동산 참배, 산업 시찰, 서울 관광 등 단체 일정을 소화해야 했고, 떠나기 하루 전에야 안동 큰누나 집에서 상봉할 수 있었다. 정보부 직원인지 경찰 정보과 형사인지 알 수 없는, 검

* 권정생은 큰형을 만난 것이 1982년이라고 기억했지만, 이오덕은 1980년 7월 17일 일기에 권정생이 얼마 전 모국방문단으로 온 큰형을 만났다는 이야기를 했다고 기록했으며, 이는 당시 언론보도와도 일치한다. 이오덕, 『이오덕 일기 2』, 양철북, 2013, 192쪽.

은 잠바를 입은 사람과 함께였다.

큰형은 헤어질 때 기억 속 그 청년이 아니었다. 환갑을 넘긴 예순세 살의 할아버지로 변해 있었다. 큰누나 집은 눈물바다가 되었다. 권정생은 잠시 큰형과 마당에서 대화를 나누었다. 형은 조총련을 탈퇴하고 한국에 나와 살고 싶지만 남은 인생 감시 받아야 할 것을 생각하면 엄두가 나지 않는다고 했다. 그때 검은 잠바를 입은 이가 옆으로 다가와 더는 이야기를 할 수 없었다.

큰형은 일본에서 결혼했는데, 형수와 백일이 채 안 된 딸 은이는 권정생 가족과 함께 귀국선을 탔다. 귀국 후 형수는 옹기 장수 홀아비와 재혼했고 은이는 열두 살 때부터 식모, 공장 노동자로 일하다 공사판 노동자에게 시집갔다. 지금은 남편과 함께 손수레 행상을 하며 남매를 키우고 있었다. 은이는 얼굴은 기억나지 않지만 혹시 올지도 모를 아버지의 소식을 늘 기다렸다. 그러나 30여 년 만에 만난 아버지는 은이가 머릿속에 그리던 키 큰 미남에 자수성가한 모습이 아니었다. 아버지라고 나타난 사람은 백발에 주름투성이인 가난한 노인이었다. 전남편 얼굴이라도 보겠다고 함께 온, 역시 늙은 할머니가 된 어머니가 "너의 아버지다"라고 확인해 주어 믿지 않을 도리가 없었다.

딸은 아버지를 의성 방아실에 있는 자기 집으로 모시고 갔다. 서먹서먹하던 처음과 달리 "아부지이"라고 부르며 닭을 사다 고아 드리고, 자신은 평생 먹어 보지 못한 불고기 반찬도 만들어 대접했다. 딸은 다음 날 떠나는 아버지를 위해 남편 몰래 마을 사람들에게 이리저리 꾸어 용돈 5만 원을 챙겨 드렸다.*

* 권정생, 「일본 거지」, 『어머니 사시는 그 나라에는』, 지식산업사, 1988, 208~212쪽.

4월 말, 「초가삼간 우리 집」 연재가 막바지에 접어들었다. 이오덕은 단행본 출판은 책을 잘 만들고 광고도 잘하는 종로서적 측에 먼저 알아보겠다고 했다. 당시 종로서적은 출판 사업도 하고 있었다. 열흘 후 이오덕은 종로서적 편집 담당자로부터 「초가삼간 우리 집」을 출판하기로 결정했다는 연락을 받았다. 담당자는 인세는 정가의 1할이고 책을 성의껏 만들겠다는 다짐도 덧붙였다. 이오덕은 권정생에게 이 정도면 조건도 좋고 잘된 것 같으니 종로서적의 출판을 허락해 달라는 내용의 편지를 보냈다. 그러나 다시 세상이 어지러워지면서 난관에 봉착했다.

지난해 10월 26일 박정희 대통령이 총탄에 쓰러지면서 유신시대가 막을 내렸지만, 대통령 권한대행 신분으로 비상계엄령을 선포했던 최규하는 대통령직에 오르면서 1980년 5월 17일 전국에 비상계엄령을 확대 선포했다. 전국 대학에 휴교령이 내려졌고, 언론 통제가 더욱 심해졌다. 국군 보안사령관이자 중앙정보부장 서리 겸 계엄사령부 합동수사본부장이던 전두환 중장은 무소불위의 힘을 휘둘렀다. 정치인뿐 아니라, 문인, 지식인, 종교인들이 계엄사령부 합동수사본부로 줄줄이 잡혀갔다. 광주에서는 학생과 시민들이 피를 흘렸다. 세상은 얼어붙었다. 신문, 잡지는 물론이고, 문학단체 회지도 검열을 받아야 인쇄가 가능했다.

7월 12일, 이오덕도 교사들 모임 회지에 실을 원고들을 들고 도청 검열실에 가 검열을 받았다. 검열관은 '한 반에 70명 수용하고 있었고, 모든 여건이 고르지 못한 우리 형편엔…' 등 여러 곳에다 붉은 줄을 치더니 "이건 안 되겠어요. 이 부분 모두 삭제해야 됩니다"라고 말했다. 이오덕은 어이가 없었다. 젊은 군인인 검열관에게 이것은 세상이 다 아는 내용이며, 시험 100점을 강요하는 현실을 비판한 것도 교육다운 교육을 해야 한다는 의미라고 설명했지만 소용없었다. 검열관은 조금이라도 사회에 대해 부정적인 견해를 표명하면 안 된다고 했다.*

검열관을 만나고 온 이오덕은 『소년』 7월호를 끝으로 연재를 마친 「초가삼간 우리 집」의 단행본 출판이 마음에 걸렸다. 이오덕은 며칠에 걸쳐 작품을 꼼꼼히 읽었다. 해방 후 6·25전쟁과 1950년대를 다룬 아동문학은 이 작품이 처음인 것 같고, 전쟁과 분단 상황을 정직하게 묘사한 내용은 일반 소설에서도 거의 찾아볼 수 없을 만큼 좋았다. 그러나 소년소설도 검열에 걸릴 뿐 아니라, 반공법 위반이라는 덤터기까지 쓸 수 있는 부분이 여러 군데 눈에 띄었다.

마을 청년들을 비롯해 인근 마을 젊은이들이 국군에게 모병(모집병)으로 끌려갔다는 부분, 피란 갔다 돌아온 아이들이 "소련 탱크도 싫지만 미국 비행기도 싫다. 우리 학교 다 때려 부순 거는 미국 비행기다"라고 대화하는 내용, 종갑이가 미군들이 트럭에서 던져 주는 통조림 한 통과 과자 봉지를 줍다가 언덕에서 뒤로 내려오던 트럭에 치여 죽는 부분, 입대를 앞둔 복식이에게 어머니가 "(아버지는) 인민을 해방시키고 조국 통일을 완수할락꼬 인민군이 됐단다. 나는 너그 아버지가 어수룩한 짓은 안할 끼라고 믿고 있다"며 월북한 아버지를 두둔하는 대화, 입대를 앞둔 복식이가 아버지에게 총구를 겨누어야 하는 현실을 고민하다 끝내 농약을 먹고 자살하는 결말은 문제가 될 것 같았다. 몸도 성치 않은 권 선생이 계엄사령부 합동수사본부에 끌려가 고초를 겪게 할 수는 없었다.

이오덕은 종로서적 측에 출판을 보류하자는 내용의 편지를 보내고 일

* 이오덕, 『이오덕 일기 2』, 양철북, 2013, 189쪽.

직교회로 갔다.**

"이 선생님, 연락도 없이 오셨습니다. 어서 오세요."

"급하게 상의할 일이 있어서요."

권정생은 무슨 일인가 싶어 얼른 방으로 안내했다.

"권 선생님, 제 말씀 잘 들으세요."

이오덕이 심각한 표정을 짓자 그의 얼굴도 굳었다.

"아무래도「초가삼간 우리 집」출판은 보류하는 게 좋을 듯합니다."

"그게 무슨 말씀이세요?"

이오덕은 얼마 전 도청 검열실에서 겪은 일을 들려주었다. 권정생은 한숨을 내쉬었다. 실망하는 표정이 역력했다.

"저로서는 전혀 생각지 못했던 일입니다."

"권 선생님, 세상이 이런 지경이 되었습니다. 계엄이 언제까지 계속될지 모르겠지만, 한동안은 글을 조심해서 쓰셔야 할 것 같습니다."

권정생은 지난 4월 큰형이 다녀갔을 때 검은 잠바를 입은 사람이 따라다니며 감시하는 바람에 제대로 대화를 나누지 못했다고 말했다.

"이 선생님, 이게 다 전쟁과 분단 때문 아닙니까? 이렇게 원인이 명확한데 분단이 아직도 우리 사회에 아픈 상처로 남아 있다는 이야기를 못쓰면 뭘 쓰겠습니까? 이런 작품이 문제되는 현실이라면 차라리 침묵하는 게 낫겠습니다."

이오덕은 그가 조탑리에만 있어 세상이 얼마나 무섭게 돌아가는지 실감하지 못하는 것이 이해되기도 하고 안타깝기도 했다.

"권 선생님, 만약 쓰지 못할 것 같은 심정이라면 당분간 집필을 중단

** 이오덕, 『이오덕 일기 2』, 양철북, 2013, 191쪽.

하실 수밖에 없습니다."

이오덕은 그가 다치지 않는 것이 더 중요하다고 생각해 강경하게 말했다. 권정생은 멈칫하며 이오덕을 바라봤다. 언제나 자신을 이해하고 격려해 주던 이오덕 선생으로부터 글을 쓰지 말라는 소리를 들을 줄은 상상조차 못 했기 때문이다. 잠시 뒤 이오덕은 자리에서 일어섰다.

며칠이 지나고 권정생은 이현주에게 편지를 썼다.

현주야,
…종로서적에 맡긴 원고가 아무래도 말썽이 될 것 같아 단행본 출판이 어렵단다.

차라리 붓 꺾어 버리고 울면서 쓰러질 때까지 쏘다니고 싶다.

우리 교회 아이들 죽변 가는 것도 취소됐다. 나는 조그만 일까지 일을 성취시키지 못하는 멍텅구리다. 이 좁은 산골에서 모처럼 시원한 넓은 바다 구경 한번 하고 오라고 마음 내어 봤는데, 바다엔 놀러가는 거니까 안 되고, 여의도 복음 집회 하는 델 가야 한다고 전도사님이 고집하시니 어쩔 수 없지.

나는 왜 세상 사람들이 하는 대로 따라가지 못하는 병신일까? 아아, 괴롭다.

그러나 현주야, 이 세상사람 깡그리 선한 인간이 된다면 나 혼자 악인이 될 게다. 그만치 나라는 인간은 숙명적으로 누구와도 같을 수 없는 인간이니까.

김영동 목사에게 잘 얘기해 주기 바란다.

안녕!

1980년 7월 23일 형

그가 편지에서 언급한 김영동 목사는 강원도 삼척시 원덕읍 산골에 자리한 꽃거리교회(현재는 하가교회)에서 목회를 하는 이현주의 벗이었다. 꽃거리교회는 마을 이름인 화가花街를 우리말로 풀어 작명한 것으로, 이곳 김 목사는 얼마 전 이현주를 통해 교회 청년들이 만드는 회지에 권정생의 동화를 싣고 싶다며 원고 청탁을 해왔다. 가능하면 짧게라도 연재하고 싶다고 했지만, 권정생은 글을 쓸 심정이 아니니 대신 잘 말해 달라고 이현주에게 부탁했다. 그러나 김 목사는 계속 안부 편지를 보내면서 그의 글을 기다렸다.

권정생은 심란한 마음을 달래려고 분꽃 모종을 얻어다 교회 마당에 심었다. 저녁마다 한 송이 한 송이 꽃이 피어나는 모습을 보는 것을 낙으로 삼았다. 그는 이오덕에게 편지로 자신은 결코 용공분자가 아니며 하루하루가 덧없이 흘러가고 있다고 했다.

그 무렵, 젊은 청년이 자전거에 수박 한 통을 싣고 교회로 그를 찾아왔다. 권정생은 여닫이문을 반쯤 열고 상체를 내밀었다.

"내가 권정생인데 누구신가요?"

청년은 인사를 꾸뻑했다.

"저는 대구 계명대학교에 다니는 김용락입니다. 얼마 전 학교 도서관에서 선생님의 단편동화집 『까치 울던 날』을 읽었습니다. 그런데 책 뒤에 나온 이현주 목사님의 해설에 '경상북도 안동군 일직면 송리에 가면 동화작가 권정생은 없고 권 집사만 있다'는 내용을 보고 마침 제 고향 지적이라 방학을 기다렸다가 이렇게 찾아왔습니다."

『까치 울던 날』을 펴낼 때 출판사 담당자는 이오덕의 발문 대신 이현주가 『뿌리깊은 나무』에 쓴 「권정생이라는 사람과 강아지똥」의 내용을 일부 발췌해 책에 실었다. 피 끓는 문학청년인 김용락(1959~)은 그 글을 읽고 고향 지척에 왕성하게 활동하는 동화작가가 살고 있다는 반가움과 설렘에 방학이 되자마자 일직교회를 찾아온 것이었다. 권정생은 약간 쑥스러운 표정으로 고개를 끄덕이며 김용락을 방으로 안내했다.

"내가 사는 게 이렇습니다. 흉보지 마세요."

"아닙니다, 선생님."

김용락은 방으로 들어갔다. 하지만 너무 캄캄해 시간이 조금 지난 후에야 방 안에 있는 물건들이 보이기 시작했다. 벽은 벽지 대신 아주 작은 강모래가 발라져 있었고, 아랫목 벽 시렁에는 낡은 이불과 라면 박스가 얹혀 있었다. 윗목에는 중고 후지카 곤로(풍로)와 밥그릇 몇 개가 놓여 있었다. 김용락은 초라하기 이를 데 없는 방에 들어찬 책들을 본 순간 가슴이 뜨끔했다. 이런 척박한 환경에서 책을 읽으며 사고의 폭을 넓히는 분도 있는데, 자신은 너무 안이한 자세로 시를 쓰겠다는 마음만 앞세우는 것 같아 부끄러웠다.

"고향이 어디예요?"

"아, 의성군 단촌면입니다."

조탑리에서 멀지 않은 곳이었다.

"정말 가깝네요."

"말씀 편하게 하세요. 선생님. 저 아직 어립니다."

"올해 몇 살이에요?"

"59년생이니까 이제 스물하나입니다."

"차차 편하게 할게요. 그런데 어떻게 내 동화책을 읽었어요?"

"사실 제가 시인이 꿈입니다. 그래서 학교 도서관에 들어오는 시집, 소설책, 동화책 등을 가리지 않고 보는 편이고, 선생님 동화책도 읽게 되었습니다. 책에 실린 열세 편 가운데 특히「순자 이야기」를 보면서는 저희 동네에 살던 어릴 적 여자 친구들이 생각나 눈물이 날 뻔했습니다."

권정생은 고개를 끄덕였다. 실제로 가난 탓에 농촌에서 도시로 식모살이를 간 소녀가 한둘이 아니었다.

김용락은 고향 지척에서 유명 작가와 문학 이야기를 하게 되리라고는 꿈에도 생각지 못했기에 들떠 있었다. 이런저런 대화를 나누다 권정생은 광주에서 사람이 많이 다쳤다는데 알고 있느냐고 물었다. 김용락은 이런 세상에서 어떤 시를 써야 할지 고민이라며 가슴속 울분을 토해 냈고, 그 모습을 보면서 권정생은 사회를 바라보는 시각이 건강한 청년이라는 느낌을 받았다. 그는 수박을 사 왔으니 자신도 선물을 하나 주겠다며『사과나무밭 달님』을 건넸다. 시를 열심히 쓰라는 격려도 잊지 않았다.

권정생은 자신의 임종을 유일하게 지키면서 마지막 힘을 다해 세상에 남긴 목소리를 들은 김용락을 이렇게 만났다. 김용락은 고향에 올 때마다 그를 찾아가 문학의 자세를 배웠다. 그리고 1984년『창작과 비평』이 신군부에 의해 강제 폐간된 이후 창작과비평사가 17인의 시를 묶어 출판한 신작 시집『마침내 시인이여』를 통해 시인이 되었다.

7월 말, 전두환 보안사령관은『창작과 비평』은 물론『뿌리깊은 나무』,『씨알의 소리』등 172개 정기간행물의 등록을 취소했다. 언론사 측에 반정부적인 기자 711명을 해직하라는 압력도 넣었다. 공포의 세상이었다.

8월 16일, 최규하 대통령이 하야하고 전두환 중장은 대장으로 진급했다. 그리고 8월 26일 전역하더니 다음 날 오전 서울 장충체육관에서 실시된 대통령 보궐선거에서 대한민국 제11대 대통령으로 선출되었다. 단독후보로 출마해 통일주체국민회의 대의원 2,525명 중 찬성 2,524표,

무효 1표로 당선한 것이었다. 잔여 임기는 1984년 12월 26일까지였지만, 체육관 선거를 통해 장기 집권이 가능하도록 한 유신헌법은 계속 유지되고 있었다.

10월 22일, 정부는 대통령 임기를 7년 단임제로 하는 새 헌법에 대한 국민투표를 실시했다. 새 헌법은 통과되었고, 체육관에서 하는 간접선거 방식은 변함이 없었다. 전두환 대통령은 새 헌법에 따른 대통령 선거를 1981년 3월에 치르기로 결정했다. 11월 13일부터 열린 군사재판에서는 5·18광주민주화운동(당시 표현으로는 '광주사태') 관련자 175명에게 사형, 무기징역, 수감 15년 등 무거운 형량이 선고되었다. 비상계엄은 계속 이어졌고, 세상은 무거운 침묵 속으로 빠져들었다.

전쟁 피해자들이
주인공인
이야기

1981년 1월 24일, 드디어 비상계엄이 해제되었다. 그러나 세상은 여전히 어두웠다. '광주'는 입에 올려서는 안 될 단어였고, 감옥에는 지식인과 학생이 가득했다. 이날, 권정생 문학의 든든한 후원자이자 아동문학가인 이원수가 1년 넘게 투병 생활을 한 끝에 세상을 떠났다. 권정생은 깊은 슬픔에 젖었다. 이원수는 이오덕과 함께 오늘의 자신을 있게 해준 아버지와도 같은 존재였다. 「무명저고리와 엄마」를 신춘문예 당선작으로 뽑은 것도, 『강아지똥』 출판이 어려움을 겪을 때 이오덕과 출판사를 오가면서 "이 작품은 문학사적으로 가치가 있다"고 차근차근 설명한 것도, 「금복이네 자두나무」를 제1회 한국아동문학상 수상작으로 결정한 것도 그였다.

권정생은 이원수가 보여 준 자신에 대한 믿음과 사랑이 자꾸 떠올라 밤새 잠을 이루지 못했다. 다음 날 새벽, 그는 이원수 선생이 좋은 곳에서 편히 쉴 수 있도록 보살펴 달라고 하나님께 기도하며 교회 종 줄을

아동문학가 이원수가 1979년 안동에 왔을 때 함께한 모습.

잡아당겼다. 뎅그렁, 뎅그렁. 종소리가 울릴 때마다 그의 눈에서 눈물이
흘러내렸다.

그는 외롭다는 생각이 들었다. 이오덕은 개학 준비로 바빴고, 전우익
은 바깥나들이를 하지 않았다. 여전히 추적을 당하던 광주민주화운동
관련자들을 가톨릭 쪽에서 많이 숨겨 주었는데, 안동교구 정호경 신부
가 산골에 사는 전우익에게 보낼 때가 종종 있었기 때문이다. 이현주는
죽변감리교회를 떠나 다른 교회로 갔지만 생각지 못한 문제들을 겪고
있었다. 이철수는 4월 중순 서울 인사동 관훈갤러리에서 여는 첫 전시회
준비에 여념이 없었다. 장영자 전도사도 안동 변두리에 무의탁 노인과
장애인을 위한 복지시설 설립을 준비하느라 자주 들르지 못했다.

그는 모두 바쁘게 사는데 자신만 한가한 것 같아 부끄러웠다. 그리고
「초가삼간 우리 집」을 출판하지 못한 충격에서 벗어나고 싶었다. 그동안
글을 쓰려고 할 때마다 검열이라는 단어가 먼저 떠올라 펜을 그냥 내려

놓곤 했다. 얼어붙은 세상을 생각하면 글을 쓸 엄두가 나지 않았다.

권정생은 겨우내 움츠려 있던 보리가 조금씩 올라오는 조탑리 들판을 바라봤다. 보리밭과 부추밭이 파래지듯 자신도 긴 침묵에서 벗어나야겠다고 생각했다.

그는 또 한 편의 소년소설 구상에 몰두했다. 지난번에는 남자아이들이 주인공이었으니 이번에는 여자아이를 주인공으로 할까 싶었다. 가장 먼저 떠오른 모델은 온갖 우여곡절을 겪으며 살아온 사촌 여동생이었다.* 그리고 안동보건소에서 결핵약을 타려고 기다리다 들었던 월곡면 절강리에 사는 어느 아주머니의 신세 한탄도 떠올랐다. 6·25전쟁의 가장 큰 피해자는 여자와 어린이였고, 이들 중 너무 많은 수가 가난한 농촌에서 불행하게 살아가고 있었다.

권정생은 그들이 비록 가난하고 힘들게 살아도 물질만능주의에 빠진 도시의 부모나 어린이들보다 정신적으로 더 건강하다고 생각했다. 또 부모의 힘이나 재산에 기대는 사람은 점점 나약해져 남 탓, 세상 탓을 하느라 참 행복을 깨닫지 못하는 반면, 스스로 꿋꿋하게 살아가는 사람은 작은 행복도 큰 행복으로 느낄 수 있다고 믿었다.

3월 초, 그는 줄거리에 대한 기본 구상을 마쳤다. 한 소녀가 전쟁이 안겨 준 상처와 가난을 딛고 꿋꿋하게 살아간다는 내용이었다. 그는 주인공 이름을 '몽실'로 정했다. 사실 몽실은 1973년 『새생명』 5월호에 실린 「복사꽃 외딴집」에서 할아버지, 할머니가 손자처럼 귀여워하던 강아지

* 김용락의 증언. 권정생, 『오물덩이처럼 딩굴면서』, 종로서적, 1986, 262쪽.

이름이었다. 그가 몽실을 주인공으로 정한 이유는 금자, 옥자, 영자, 영희, 숙희 같은 흔한 이름이면 실제로 그 이름을 쓰는 아주머니나 소녀들이 피해를 입을 수도 있다는 생각에서였다. 몽실이라는 여자 이름은 없었다.

권정생은 새 작품의 제목을 「몽실 언니」로 정하고, 작품의 공간적 배경으로는 자신의 친가와 외가가 있던 노루실과 댓골을 선택했다. 노루실은 일직면 운산시장에서 남쪽으로 2킬로미터 떨어져 있는, 망호리 일직남부초등학교* 옆 골짜기에 자리한 마을이다. 골짜기가 대롱같이 곧게 뻗었다고 해서 이름 붙은 댓골은 청송군 현서면 화목에 있다. 권정생이 일본에서 돌아와 2년 가까이 살던 곳으로, 주변 묘사를 자신 있게 할수 있는 곳을 선택한 것이었다.** 그는 초고를 준비하기 시작했다.

4월 초, 권정생은 삼척 꽃거리교회 김영동 목사가 보내온 편지를 받았다. 이현주 목사에게서 장편 소년소설을 준비 중이라는 소식을 들었다면서, 전에 말했던 것처럼 청년회에서 발행하는 회지에 연재할 수 있게 해달라는 내용이었다. 그는 김 목사에게 이번 작품도 6·25전쟁의 상처를 다룰 예정이며 전쟁 전에는 좌익 청년들, 전쟁 때는 인민군 이야기가 나와 검열에 걸릴 수도 있다는 답장을 보냈다. 이오덕으로부터 출판물 검열이 계속되고 있다는 소식을 들었기 때문이었다. 김 목사는 자기네는 아주 작은 시골 교회라 검열에 걸릴 염려가 없고, 여기에도 전쟁의 상처를 안고 살아가는 교인들이 있으니 원고를 보내 주면 좋겠다고 부탁했다. 그는 더는 거절할 수 없어 1회 분량의 원고를 보냈다.

* 2009년 폐교되었으며 현재는 '권정생동화나라'로 운영되고 있다.
** 안상학, 「몽실 언니를 추억하다」, 대구 『매일신문』 2010년 5월 7일자.

5월 초, 삼척 꽃거리교회 청년회지에 「몽실 언니」가 실렸다.

　일본이 전쟁으로 망하고 나서 우리는 해방을 맞이했다. 35년 동안의 설움을 한꺼번에 씻은 듯이, 벗어던진 듯이, 모두가 들뜬 기분으로 얼마 동안 시끄러운 세상을 살아야 했다.

　만주나 일본 같은 외국으로 나갔던 사람들이 줄지어 돌아왔다. 그러나 돌아온 사람들에게, 기대했던 조국의 품은 너무나도 초라하고 쌀쌀했다. 그래서 말만으로 해방된 조국에 빈 몸으로 찾아온 그들은 살아갈 길이 없었다. 귀국 동포라는 말은 라디오나 신문 같은 데에서만 쓰이고, 보통은 '일본 거지' '만주 거지'라고 불렸다.

　몽실 언니도 그 거지 중의 한 사람이었다. 아직 언니라고 부르기엔 너무도 어린 꼬마 몽실이네는 아버지의 고향 근처 살강 마을 어느 농사꾼 집 곁방살이를 했다.

　그는 일본에서 돌아온 35년 전 일을 회상하며 자신이 직접 경험하거나 보고 들은 바를 중심으로 이야기를 풀어 나갔다. 6·25전쟁이 발발하기 전 마을에서 본 좌익 청년들의 모습도 썼다.

　이 마을 저 마을 청년들은 대여섯 명 혹은 열 명씩 무더기를 지어 주로 가난한 집을 찾아다니며 좋은 세상을 만들자고 했다. 가난한 사람이 없는 나라, 살기 좋은 나라를 만들자고 이야기하고 있었다.

　그들이 기차 정거장이 있는 마을 국민학교 운동장에서 붉은 깃발을 흔들며 만세를 부르던 날, 마을은 온통 벌집 쑤신 듯이 발칵 뒤집혔다. 총을 든 경찰이 청년들을 잡아가고 있었던 것이다.

어수선한 세상은 쉬 끝나지 않았다. 그런 어려운 때에 가엾은 몽실에게도 슬픈 운명이 기다리고 있었다. 해방이 되고 나서 꼭 1년 반 만인 1947년 봄이었다.

여기까지가 배경 설명이었다. 권정생은 밀양댁이 남편 몰래 몽실을 데리고 댓골에 사는 홀아비 김 주사에게로 도망가는 장면까지 썼다.

김영동 목사는 그에게 감사 인사와 함께 원고료를 부치면서 2회 원고도 보내 달라고 했다. 그는 또 보냈고, 김 목사는 계속해서 원고료를 부쳤다. 권정생은 오랜만에 찾아온 이오덕에게 「몽실 언니」를 교회 청년 회지에 연재하고 있다고 말한 뒤 김 목사가 진짜 원고를 얻고 싶은 것인지, 자신을 도와주고 싶은 것인지 모르겠다며 난처한 표정을 지었다.*

9월 중순 무렵, 그가 신앙 수기 「오물덩이처럼 딩굴면서」를 비롯해 꾸준히 동화와 산문을 발표했던 『새가정』 측에서 새해부터 장편동화를 연재하고 싶다는 편지를 보내왔다. 그는 지난해 『소년』에 연재한 「초가삼간 우리 집」은 검열 때문에 출판을 포기했다고 이야기하면서 현재 집필 중인 소년소설이라며 「몽실 언니」의 기본 줄거리를 알려 주었다. 답장을 받은 편집부장은 『새가정』은 기독교 가정 잡지라 검열이 심하지 않을뿐더러, 「몽실 언니」가 『새가정』 독자들 사이에서 큰 반향을 불러일으킬 것 같다며 연재를 제안했다. 이에 그는 김영동 목사에게 편지를 보내 「몽실 언니」를 내년 1월부터 『새가정』에 연재하기로 했고 두 곳에 연재할 수는 없으니 양해를 좀 해달라고 말했다.

* 이오덕, 『이오덕의 일기 2』, 양철북, 2013, 252쪽.

10월 중순이 되면서 권정생의 건강이 다시 나빠졌다. 부고환 결핵이 악화된 것이었다. 밤에도 낮에도 잠을 이루지 못할 만큼 하복부 통증이 심했다. 자리에 누우면 통증이 몰려와 일어나 앉았다. 그래도 참을 수 없으면 벌떡 일어서 이리저리 발을 움직였고, 그럼 힘이 빠져 쓰러졌다. 이것을 되풀이하다 보면 어느새 날이 샜다. 아픈 와중에도 그는 새벽종을 치러 나갔다. 다시 방에 돌아와서는 이불을 한 아름 껴안은 채 고통에 몸부림치다가 손톱으로 벽을 박박 긁었다. 그래도 통증이 계속되면 문을 박차고 마당으로 뛰쳐나갔다. 마당에서 이를 부득부득 갈다 다시 방으로 들어와 쓰러졌다. 눈을 감아도, 눈을 떠도 세상이 흔들리는 것 같았다.

그는 일주일을 버티다 결국 마을 청년들의 부축을 받아 일직보건소에 갔다. 하지만 의사는 정확한 진단을 내릴 수 없다며 안동에 있는 병원으로 가보라고 했다. 안동 병원에서도 간단한 진료로는 통증의 원인을 알 수 없다며 대구 종합병원에서 진찰을 받아 보는 것이 낫겠다고 권했다. 검진비가 40만~50만 원쯤 들 것이라는 말도 덧붙였다. 그가 돈이 없다고 하자, 의사는 자신의 진찰 소견에 따라 사흘치 약을 처방해 주었다.

집에 돌아와 약을 먹었지만 통증은 가라앉지 않았다. 오히려 더 심해졌고, 한순간도 멈추지 않고 계속되었다. 다행히 며칠 뒤부터는 통증이 조금씩 잦아들기 시작했다.** 그렇게 아픈 통증은 평생 그를 따라다녔다.

1982년, 『새가정』 1월호에 「몽실 언니」가 실렸다. 삽화는 이철수가 맡았다. 검열과 일부 삭제라는 수난 속에서 1984년 3월호까지 2년여 동안

** 이오덕·권정생, 『선생님, 요즘은 어떠하십니까: 이오덕과 권정생의 아름다운 편지』, 양철북, 2015, 231~232쪽.

계속된 대장정의 시작이었다.

봄이 되면서 일직교회는 공사에 들어갔다. 그동안 권정생이 종 줄을 잡아당기던 나무 종탑을 없애고 차임벨을 설치하는 공사였다. 그는 전에 교회 측에서 대추나무를 자르려 할 때 나무를 부둥켜안고 그러지 말라며 운 적이 있는데, 이번에는 아니었다. 이제는 교회 문간방을 떠날 때가 되었다는 생각을 했다.

권정생은 운산시장에 갔다가 새끼 암토끼 두 마리를 사 왔다. 동네 청년들이 토끼집을 만들어 주었고, 그는 조탑리 들판과 빌뱅이 언덕에서 토끼풀을 뜯어 왔다. 회색 토끼는 '달순이', 까만 토끼는 '점순이'라고 이름을 붙였다. 그는 종탑이 있던 자리에서 열심히 풀을 먹는 토끼들을 바라보며 허전한 마음을 달랬다.

『새가정』에 연재되는 「몽실 언니」에 대한 독자들의 반응이 뜨거웠다. 잡지사는 구독자가 계속 늘고 있다며 기뻐했고, 아버지가 둘, 어머니가 둘인 몽실이가 너무 불쌍하다는 독자들의 편지를 모아 권정생에게 보내 주었다. 그는 계속해서 집필에 매진했다.

공부가 끝나 돌아오는 밤길은 몹시 추웠다. 모두 오늘 배운 한글 첫걸음을 베낀 공책을 겨드랑이에 끼고 둘씩 셋씩 짝지어 집으로 돌아갔다. 검정 바지저고리 종남이와 구만이는 아까 이야기하던 길에 대한 의견들을 다시 꺼내며 떠들기도 했다.

"어머니, 인생이란 게 뭐여요?"

몽실이 잠자리에 들기 전에 북촌댁을 보고 물었다.

"사람이 태어나서 살아가는 걸 인생이라 하나 보더라."

"팔자하고 비슷하군요."

"비슷하기도 하지."

"팔자도 먼저 알고 걸어갈 수 있어요?"

"다 알 수는 없지만 짐작은 할 수 있지."

몽실은 머리를 갸우뚱했다.

"아니어요. 팔자는 어떻게 되는지 아무도 몰라요. 내가 엄마가 둘이 될 줄은 꿈에도 몰랐어요."

"…."

"어머니, 나는 앞으로 어떻게 되는 거여요?"

"그건 네가 괴롭더라도 참고 열심히 살면 알게 될 게다. 어떻게 사는가는 스스로 결정해야 하는 거야."

최 선생의 '인생의 길'이란 말을 들은 뒤, 몽실은 곰곰이 생각하는 아이가 되어 갔다. 자기의 일만 아니라 어머니의 일도 아버지의 일도, 그리고 이웃의 살아가는 모습도 눈여겨봤다. 야학에는 부지런히 나갔다.

권정생은 한 회에 원고지 30매가량을 연재했다. 30매를 쓰려면 4~5일을 꼬박 매달려야 했다. 그는 이틀 쓰고 사흘을 앓을 때도 있었다. 그래도 한 달에 20일 정도를 「몽실 언니」 집필에 매달렸다. 힘은 들었지만, 읽으면서 눈물을 흘렸다는 독자들의 편지를 받으면 기운이 났다.

그 무렵 어머니와 함께 겪은 지난 세월을 글로 쓰고 있어서인지, 어머니가 꿈에 보이곤 했다. 얼마 전에는 고된 일에 시달리는 모습 그대로, 작은 바구니에 인동꽃을 담은 채 개울물을 힘겹게 건너고 계셨다.* 그는 꿈에 어머니가 보일 때마다 "어매, 어매" 부르며 잠에서 깨어났고, 한참

* 이오덕·권정생, 『선생님, 요즘은 어떠하십니까: 이오덕과 권정생의 아름다운 편지』, 양철북, 2015, 242쪽.

동안 어머니를 그리워했다. 어머니의 삶도 슬펐고, 자신의 삶도 슬펐고, 몽실과 몽실 아버지, 몽실 어머니의 삶도 슬펐다. 아니, 6·25전쟁을 겪은 가난한 시골 사람의 삶이 모두 슬펐다.

11월이 되자 『새가정』 측에서 내년에도 「몽실 언니」 연재를 계속해 달라고 부탁해 왔다. 권정생도 독자들 반응이 좋고, 내년까지 연재하면 원고지 700매 정도가 되어 단행본을 만들기에 적당한 분량이라 흔쾌히 동의했다.

그는 12월호에 들어갈 원고를 보냈다. 그러나 『새가정』 1982년 12월호에는 「몽실 언니」가 연재되지 않았다. 문화공보부에서 11월호에 실린 인민군 부분을 문제 삼으며 연재를 중단하라고 통보해 온 것이었다. 노루실에 들어온 여자 인민군이 몽실과 젖먹이 동생에게 미숫가루와 쌀을 주며 친절을 베푸는 부분, 그리고 국군 중에도 나쁜 국군이 있고 착한 국군이 있고 인민군도 나쁜 사람이 있고 착한 사람이 있다고 한 대화 부분이 문제가 되었다. 『새가정』 측에서는 대령 계급을 단 검열관에게 문제되는 부분을 삭제할 테니 계속 연재할 수 있게 해달라고 사정했다.

1983년 1월호부터 다시 연재가 시작되었다. 그 대신 2월호 원고부터는 검열관이 미리 검토했고, 다시 연재를 중단시켰다.

2월호 원고는 소제목이 '꿈속의 두 어머니'였다. 인민군 청년 박동식이 몽실을 찾아와 통일되면 서로 편지하자고 주소를 적어 주는 부분, 박동식이 후퇴하다 길이 막혀 지리산으로 들어가 빨치산이 되고 숨을 거두기 전 몽실에게 보낸 편지에 "몽실아, 남과 북은 절대 적이 아니야. 지금 우리는 모두가 잘못하고 있구나" 하는 부분, 몽실이가 편지를 받고 흐느끼면서 박동식 오빠를 부르는 부분은 절대 안 된다고 했다. 결국 원고지 30매 분량 중 10매를 삭제한 후에야 실을 수 있었다.*

권정생은 분단과 6·25전쟁에 관한 내용을 사실적으로 묘사하는 것이 불가능한 현실을 맞닥뜨리자 다시 한 번 허탈감이 몰려왔다. 『새가정』 편집부에서는 「몽실 언니」를 기다리는 독자가 많으니 계속 써 달라고 요청해 왔다. 어떤 독자는 「몽실 언니」를 보려고 산에서 나무를 해다 판 돈으로 『새가정』을 구매한다는 편지를 보내왔다. 이렇듯 독자들이 기다리는 데다, 그동안 연재된 것은 삭제할 수 없을 테고 내용상으로도 9·28서울수복 이후 인민군이 북으로 올라간 뒤 이야기였다. 그는 연재를 계속해 이야기를 끝까지 마무리하겠다고 마음을 다잡았다.

그는 몽실이 난남이를 업은 채 조그만 보따리를 들고 노루실에서 30리(약 11킬로미터) 떨어진 개암나무골 고모네 집으로 타박타박 걸어가는 장면부터 다시 시작했다.

몽실은 시들어 가는 풀밭에 앉아 쉬었다. 난남이가 기저귀에 오줌을 쌌다. 몽실은 난남이를 내려 기저귀를 갈았다. 기저귀래야 북촌댁이 입던 헌 옷을 찢어 아무렇게나 만든 걸레 같은 것이었다. 기저귀를 갈고는 포근한 가을 햇볕에 등을 쬐면서 한참 동안 안아 줬다.

"난남아, 고모네 집에 가거든 너무 울지 말고 언니 말 잘 들어야 한다. 아무리 고모네 집이지만 역시 남의 집이니까 자꾸 울면 싫어한단다. 그러니까 착하게 가만히 놀아야 해."

난남이는 눈을 말똥거리며 들었는지 말았는지 빈 하늘만 쳐다보고 있

* 권정생, 『몽실 언니』, 창비, 2000, 개정2판 서문. 권정생 인터뷰, 『어린이문학』 2000년 신년호.

었다.

몽실은 난남이를 업었다. 그러고는 일어서서 걸었다. 모퉁이를 돌아가니 개울이 흐르고 길이 두 갈래로 갈라져 있다.

마침 건너편 미루나무 아래서 할아버지가 마른 볏짚을 모으고 있었다. 몽실은 할아버지에게 길을 물었다. 벌써 열 번도 더 물어본 그대로 물어본 것이다.

권정생은 방에서 나와 마당으로 갔다. 이제는 글을 오래 쓰면 머리가 아프고 가슴이 답답하며 눈알이 돌고 귀에서 앵앵 소리가 났다. 숨을 쉴 때마다 코안이 따갑고 속이 계속 울렁거리며 어디 먼 길을 달려온 사람처럼 헉헉거렸다. 밥을 한 그릇씩 먹어도 몸에 힘이 없어 흐느적거리고 어깨도 자꾸 처졌다.*

그는 비록 우여곡절이 있었고 몸도 힘들지만「몽실 언니」는 꼭 끝내고 싶었다. 이제 반을 썼으니 아직 갈 길이 멀었다. 그는 온몸에서 느껴지는 모든 증세와 싸우며 다시 기운을 차리려 애썼다.

* 이오덕·권정생, 『선생님, 요즘은 어떠하십니까: 이오덕과 권정생의 아름다운 편지』, 양철북, 2015, 256쪽.

혼자
외로울 수 있는
자유를 가지다

1983년 8월 말, 권정생은 일직교회에서 1킬로미터쯤 떨어진 빌뱅이 언덕 아래 흙집으로 이사했다. 조그만 야산에 붙어 있어 주인 없는 땅이라며 동네 청년들이 터를 닦고 흙벽돌을 찍어 만들어 준 집이었다. 슬레이트 지붕은 일직교회 측에서 그가 살던 문간방을 허물고 콘크리트로 새로 지을 계획이라고 해 쓸 만한 조각들을 들고 와 얹었다. 동네 청년들은 그동안 자신들에게 많은 조언을 해준 보답이라며 무보수로 집을 지어 주었지만, 그는 조금이라도 수고비를 건네고 싶었다. 그러나 수중에 돈이 없어 1년 후 새벗출판사에서 출판한 『꽃님과 아기양들』 문고판의 인세 30만 원과 창작과비평사에서 출판한 『몽실 언니』의 인세 75만원이 나올 때까지 기다려야 했다.**

흙집에는 작은 공간 두 개가 있었다. 하나는 그가 사용할 방이고, 또

** 이오덕·권정생, 『선생님, 요즘은 어떠하십니까: 이오덕과 권정생의 아름다운 편지』, 양철북, 2015, 297쪽.

1983년 겨울 빌뱅이 언덕 아래 흙집에서 모습.

하나는 부엌 겸 창고였다. 다 합해도 16.5제곱미터(약 5평)가 안 되고, 툇마루도 없었다. 방은 어른 4명이 앉기도 힘들 만큼 작았다. 그래도 그는 방과 창고에 책을 쌓았다.

그는 자신이 살고 있는 언덕 이름이 왜 빌뱅이인지 정확히 몰랐다. 마을 사람들도 마찬가지였다. 달을 보고 비는 언덕이라서 '빌배'라고 하는 이도 있고, 일제강점기와 6·25전쟁 이후 빌어먹는 사람들이 많이 와서 살아 '빌뱅이 언덕'이 되었다는 사람도 있었다. 집터를 닦을 때 이현주가 와서 보고는 "언덕 아래로 개울이 흐르고, 조탑리 푸른 들판도 펼쳐지고, 그동안 정들었던 일직교회까지 보이니 명당"이라며 부러워했다. 그는 마분지를 접어 문 위에 못 박은 뒤 '권정생'이라고 썼다.

그는 아침에 일어나 개울에서 세수하고 빌뱅이 언덕을 올라갔다. 새벽안개 사이로 떠오르는 해를 보며 심호흡으로 하루를 시작했다. 언덕을 내려오다 옆 골짜기로 옮겨 가 분홍빛 패랭이, 보라색 도라지, 이슬

머금은 초롱꽃 등을 살피던 그는 야단스럽게 피었다 덧없이 사라지는 봄꽃과는 대조적이라는 생각을 했다.

처음에는 밤이 되면 적막 속에서 외롭고 고독했다. 그러나 가을에 이르러 앞마당에서 시작해 멀리 과수원 울타리까지 날아다니는 수십 마리의 반딧불이를 바라볼 때면 외로움 속에서도 평화로움을 느꼈다. 풀벌레 소리만 들리는 적막과 고요가 포근하고 아늑했다.

그는 「몽실 언니」를 원고지 1,000매 분량으로 쓰고 싶었지만, 소년소설로는 너무 긴 것 같았다. 그래서 700매에서 끝낼 생각으로 마지막 부분을 쓰기 시작했다.

30년의 세월이 흘렀다.

세월은 매섭게 사람들을 채찍질하며 몰고 갔다.

이번 가을도 여느 가을처럼 한반도의 구석구석을 찾아들었다. 꽃집에서는 제철을 찾은 국화꽃이 눈부시게 진열되었다.

그러나 그 꽃집을 비잉 둘러 들어간 뒷골목 좁은 시장에는 반대로 쌀쌀한 가을바람이 스며들어 와 사람들의 마음을 움츠려 놓았다. 느끼한 냄새가 풍기는 조그만 대폿집 앞으로 그만그만한 자리를 깔고 아주머니들이 장을 벌여 놓고 있었다.

권정생은 30년이라는 세월을 건너뛰어 꼽추와 결혼한 몽실의 삶을 묘사했다. 부잣집으로 입양 갔던 난남이는 10년 전 결핵에 걸려 요양원에 있었다. 몽실은 요양원으로 문병을 갔고, 두 자매는 지난 시절을 이야기하다 헤어졌다. 그리고 난남이가 몽실을 배웅하는 것으로 마무리했다.

난남은 말없이 고개만 끄덕였다. 그대로 현관문 기둥에 기대어 서서 몽실이 걸어가는 뒷모습을 보고 있었다.

절뚝거리며 걸을 때마다 몽실은 온몸이 기우뚱기우뚱했다. 그렇게 위태로운 걸음으로 몽실은 여태까지 걸어온 것이다. 불쌍한 동생들을 등에 업고 가파르고 메마른 고갯길을 넘고 또 넘어온 몽실이었다.

아버지가 그를 버리고, 어머니가 버리고, 이웃들이 그리고 이 세상에 있는 모든 칼과 창이 가엾은 몽실을 끊임없이 괴롭혔다.

— 중략 —

난남은 몽실이 절뚝거리며 걸어서 황톳길 산모퉁이를 돌아갈 때까지 서 있었다.

이윽고 몽실이 그 산모퉁이를 돌아가고 가랑잎들이 황톳길에 뒹굴며 남았다.

난남은 현관문 기둥을 붙잡았다. 뜨거운 눈물이 그제야 볼을 타고 내려왔다.

"언니… 몽실 언니…."

난남은 입속말로 기도처럼 불러 보았다. (끝)

권정생은 펜을 내려놓고 마당으로 나왔다. 찬바람이 불었다. 2년이 넘는 긴 여정이었다. 그는 아득한 눈길로 산 너머 노루실 쪽을 바라봤다. 몽실은 떠났지만 그곳에는 아직도 수많은 몽실이 있었다. 아버지의 고향 돌음바우골에도, 어머니의 고향 삼밭골에도, 지금 그가 사는 조탑리에도 있었다. 그는 이 세상 모든 몽실이가 건강하게 참된 행복을 찾을 수 있기를 기원했다.

10월 18일, 권정생은 『새가정』에 마지막 원고를 보냈다. 편집부에서는 그동안 미리 보내온 원고가 있어 내년 3월호에서 연재를 마감하겠다고 연락해 왔다. 그는 이오덕에게 「몽실 언니」를 탈고했다는 소식을 전하며 단행본으로 내고 싶다고 덧붙였다.

10월 29일, 이오덕은 서울 가는 길에 이철수를 만났다. 당시 이철수는 단행본 표지 그림과 본문 삽화 그리는 일을 하면서 아는 출판사가 많았는데, 그중에서도 창작과비평사를 추천했다. 책을 잘 만들 뿐 아니라, 알고 지내는 이시영 시인이 주간이라 자신이 표지 그림과 삽화를 그리겠다고 말할 수 있다고 했다. 잡지 연재 때는 목판화로 삽화 작업을 했는데 이번에는 그림으로 표현하고 싶다고도 덧붙였다.

이오덕은 창작과비평사 편집부에 전화를 걸었다. 편집부 직원은 토요일이라 이시영 주간이 출근하지 않았다면서 올해 출판 계획은 이미 마무리되어 내년으로 넘겨야 한다고 했다. 옆에 있던 이철수는 아쉽다는 표정을 지었다. 이오덕은 서울에 온 김에 결정하려는 듯, 얼마 전부터 권정생의 유년동화집 출간을 상의하던 출판사 측에 연락을 해봤다. 출판사에서는 흔쾌히 수락하며 책을 빨리 내고 광고도 많이 하겠다고 약속했다. 이오덕은 권정생과 상의한 후 월요일에 확답을 주겠다 말하고 전화를 끊었다. 그러나 이철수는 계속 창작과비평사에 미련이 있어, 월요일 아침에 이시영 주간과 다시 한 번 통화해 보라고 권했다.*

10월 31일, 이오덕은 이시영 주간과 통화했다. 이 주간은 '창비아동문고'의 올해 출판 계획은 마무리되었지만, 권정생 선생의 작품은 놓치고 싶지 않다며 원고를 보내 달라고 했다. 이오덕은 권정생에게 편지를 썼

* 이오덕·권정생, 『선생님, 요즘은 어떠하십니까: 이오덕과 권정생의 아름다운 편지』, 양철북, 2015, 281쪽.

다. 두 출판사와 통화한 내용을 설명하고, 이럴 줄 알았으면 한 군데하고만 이야기할걸 그랬다며 결정해 달라고 했다.

이오덕의 편지를 받은 권정생은 「몽실 언니」를 연재하는 동안 판화를 만드느라 애쓴 이철수가 창작과비평사에서 내고 싶어 하니 그렇게 하는 것이 좋겠다고 답했다. 그리고 탈고하긴 했지만 『새가정』 연재는 내년 3월에나 끝나므로 이를 감안해 편집을 진행했으면 한다는 의사를 출판사 측에 전해 달라고 부탁했다. 검열 때문에 문제되는 부분을 삭제하긴 했는데, 단행본으로 나왔을 때 괜찮을지 모르겠다는 걱정도 덧붙였다.

권정생은 빌뱅이 언덕 아래 조그만 흙집이 편하고 좋았다. 교회 문간방에 살 때는 교회 일로 찾아오는 사람이 많았고 사찰집사로서 해야 할 일도 있었다. 아플 때 누가 찾아오면 괜찮은 척하며 억지로 일어나야 했다. 그러나 흙집은 조용했다. 마음껏 상념에 젖을 수 있고, 혼자 외로울 수 있으며, 통증이 느껴지면 눈치 보지 않고 소리 지르면서 아플 수도 있었다.

글을 쓸 때 집중이 잘되어 「몽실 언니」 외에도 여러 편의 단편동화를 썼다. 『기독교교육』 7·8월호에는 어린 잠자리와 하루살이를 통해 '세상은 기쁘고 즐거우며 또 무섭기도 하다'는 세상 이치를 깨우칠 수 있는 동화 「밀짚잠자리」를 발표했다. 9월에는 이현주가 민들레교회 최완택 목사를 소개해 주어 주보 「민들레교회 이야기」에 실을 시 몇 편을 보냈다.

『교사의 벗』 10월호에는 집에 우산이 하나밖에 없어 비 오는 날이면 서로 쓰고 학교에 가겠다고 싸우는 가난한 집 형제가 형제애를 깨달아 가는 과정을 그린 「승규와 만규 형제」를 발표했다. 『살아 있는 아동문학』12월 창간호에는 「민들레 이야기」, 「외딴집 대추나무」, 「토끼 1〜4」, 「하루살이」 등 동시들과 평론 「오늘의 농촌을 우리 문학은 어떻게 수용할 것인가」가 실렸다. 『기독교교육』12월호에는 빌뱅이 언덕에서 눈이 펑펑 내리는 모습을 바라보다 이야깃거리가 떠올라 쓴 의인동화 「빌배산에 눈이 내리던 날」을 발표했다.

권정생은 빌뱅이 언덕에 올라 눈으로 하얗게 덮인 조탑리 들판을 바라봤다. 이런 좋은 언덕에 보금자리를 만들어 준 마을 청년들, 변함없는 관심으로 자신의 삶을 보살펴 주는 이오덕 선생, 형이 보고 싶어 왔다며 종종 얼굴을 비치는 이현주, 지난 2년 동안 「몽실 언니」 삽화용 판화를 만드느라 애쓴 이철수와 『새가정』 독자들에게 무척 감사했다. 그는 이들 덕분에 자신이 버티고 오늘에 이를 수 있었다고 생각하며 오래도록 서 있었다.

물 흐르듯
찾아온
평온

1984년 1월, 민들레교회 최완택 목사와 꽃거리교회 김영동 목사가 이현주와 함께 새해 인사를 왔다. 이들은 서로 덕담을 주고받은 뒤 익살스럽게 농을 던지며 세상 돌아가는 이야기와 교회 이야기를 하느라 시간 가는 줄 몰랐다. 세 목사는 매년 새해 인사를 왔고, 훗날 권정생은 이들과의 우정을 기념하는 시 한 편을 남겼다.

임오년의 기도

눈 오는 날
김영동이 걸어가다가
꽈당 하고 뒤로 자빠졌으면
속이 시원하겠다.
오월달에

최완택이 산에 올라갔다가
미끄러져 가랑이 찢어졌으면
되게 고소하겠다.
칠월칠석날
이현주 대가리에 불이 붙어
머리카락 다 탈 때까지
소방차가 불 안 꺼주면
돈 만원 내놓겠다.
올해 '목'자가 든 직업 가진 몇 사람
헌병대 잡혀가서
곤장 백대 맞는다면
두 시간 반 동안 춤추겠다.
이 모든 것이 이루어져
모두 정신 차려 거듭나기를
예수 그리스도의 이름으로
기도하옵니다
아멘.

  이날 최완택 목사는 지난해 9월 주보에 실은 시들이 반응이 좋았다며, 전에 「몽실 언니」를 꽃거리교회 청년회지에 연재했던 것처럼 「민들레교회 이야기」에도 권 선생의 동화를 연재하고 싶다고 했다. 권정생은 그 역시 김영동 목사처럼 자신에게 원고료를 주려고 연재를 부탁하는 것이리라 짐작하며 빙그레 웃었다. 옆에 있던 이현주와 김영동 목사가 최 목사를 도와주라고 부추겼다.

권정생은 언젠가 짬이 나면 문간방에서 생활한 15년 시간을 정리하는 이야기를 쓰고 싶다는 마음이 있었다. 그런데 최 목사의 부탁을 들으니 일직교회 문간방에서 지낼 때 이야기를 동화로 만들면 재미있을 듯했다. 「몽실 언니」도 탈고해 홀가분한 기분으로 쓸 수 있을 것 같았다. 그가 알았다며 다음 달부터 한 달에 한 번씩 원고를 보내겠다고 하자, 이현주가 새해 턱을 내겠다면서 운산시장 국밥집으로 가자고 일어섰다.

그는 「민들레교회 이야기」에 동화 「도토리 예배당 종지기 아저씨」를 연재했다. 매회 독립적인 이야기이지만 주인공이 같아 연결되는 형식이었다. 첫 번째 이야기의 제목은 '장가가던 꿈 이야기'였다.

아저씨는 달아나는 생쥐를 꼭 붙잡았습니다. 샛문 아래쪽 구멍으로 빠져나가는 것을 꼬리만 간신히 붙잡은 것입니다.

붙잡은 채 잡아당기니까 한 뼘이나 되게 높은 문지방에서 터덜썩 떨어지며 생쥐는 폴짝폴짝 몸부림을 쳤습니다. 쬐그만 대가리가 딴딴한 방바닥에 콩당거리며 박힐 때마다 몹시 아플 것을 생각하니 좀 가여웠지만, 아저씨는 꼬리를 잡은 채 놓아 주지 않았습니다.

"그래, 왜 이불에다 오줌을 쌌느냐 말이다!"

"잘못했어요, 아저씨!"

"잘못했다고 하면 다냐? 똥 눈 건 꼬들꼬들 말라서 이불을 버리지 않지만, 오줌은 이불에 배어 지린내가 난단 말이다."

"쬐끔밖에 누지 않은 걸 가지고 너무하세요."

"쬐끔 누거나 이불 한 장 흠뻑 싸거나, 한 번 빨기는 마찬가지야. 차라리 흠뻑 많이 눴으면 빠는 보람이라도 있지."

"하지만 요렇게 쬐끄만 게 무슨 수로 그 큰 이불을 흠뻑 적시도록 오줌을 눌 수 있겠어요?"

"에그, 쬐그만 게 주둥이만 까져 가지고 꼬박꼬박 말대꾸하는 것 좀 보라지."

아저씨는 엄지와 검지로 꼬랑지를 비틀었습니다.

"아이구 아파라! 아저씨는 흡사 학생 데모 진압하러 나온 기동 부대원 같다."

생쥐가 말했습니다. 아저씨는 찔끔해져서 꽁지를 잡은 손을 약간 누그러뜨렸습니다.

권정생은 일직교회 문간방에 살 때 생쥐를 내쫓지 않았다. 추운 겨울에는 생쥐가 이불 속으로 파고들다 그의 겨드랑이 밑에서 잠들기도 했다. 그래도 그는 생쥐를 위해 집 벽에 옥수수를 걸어 둘 정도로 모든 생명을 귀히 여겼다. 그는 생쥐와의 추억을 이야기로 만들면서 당시 데모를 할 수밖에 없던 사회 모습을 풍자하기도 했다. 한편으로는 결혼식에 대한 상상의 나래를 생쥐의 꿈을 통해 펼쳤다.

생쥐가 꼬랑지를 잡힌 채 아저씨를 쳐다보았습니다.

"무슨 꿈을 꿨다는 거야?"

"아저씨 장가가는 꿈…."

"머머머, 뭐라구?"

아저씨는 얼굴이 금방 빨개졌습니다. 얼굴뿐만 아니라 팔다리에서 손가락 끝까지 흐늘흐늘 떨고 있었습니다. 그도 그럴 것이 나이 마흔 살이 넘도록 아저씨는 아직 총각이니까 말입니다.

"나, 아저씨 장가가는 꿈 처음 꿨거든요."

"그래, 아저씨 진짜로 장가갔니?"

"꿈에서라니까요."

"그, 꿈에서라도 말야."

어느새 아저씨는 꼬리를 붙잡은 손을 놓아 버렸고, 생쥐는 아저씨와 마주 점잖게 앉았습니다.

원고를 받은 최완택 목사는 손글씨로 정성스럽게 주보에 옮겨 적었다. 원고지 30매를 일일이 손으로 써서 옮기는 작업이 쉽지는 않았지만, 최 목사는 동화를 재미있게 읽을 교인들을 떠올리며 다음 회 원고를 기다렸다. 권정생은 이런 최 목사의 정성에 감동해 1년 동안 원고를 보냈고, 훗날 세상을 떠나기 전 반드시 쓰고 싶다던 장편소설 『한티재 하늘』도 맨 처음 「민들레교회 이야기」에 연재했다.

4월 초, 인간사에서 단편동화집 『하느님의 눈물』*이 출판되었다. 표제작인 「하느님의 눈물」을 비롯해 그동안 잡지에 발표했던 동화 열일곱 편을 모은 책이었다.

4월 25일에는 『몽실 언니』가 '창비아동문고' 열네 번째 책으로 나왔다. 권정생에게는 『똘배가 보고 온 달나라』, 『사과나무밭 달님』에 이어 세 번째 '창비아동문고'였다. 창작과비평사에서는 초판 5,000부를 찍었다. 당시로서는 많은 부수로, 이시영 주간이 내린 결단이었다. 어느 날 이 주간은 『몽실 언니』를 작업하던 편집자가 우는 모습을 우연히 봤다. 이유를 물으니 "몽실이가 너무 불쌍해서요"라는 대답이 돌아왔다. 원고

* 1991년 도서출판 산하에서 재출판했다.

에 대해 날카로운 눈을 가진 편집자
가 울 정도면 틀림없이 성공하리라
는 확신이 섰고, 이에 초판을 많이
찍었던 것이다.**

1984년 『몽실 언니』 초판 표지.

　5월 초, 권정생은 초판본 인세 75
만 원을 우체국에서 찾을 수 있는 통
상환증서를 창작과비평사로부터 받
았다. 권당 인세는 정가 1,500원의 1
할인 150원이었지만 5,000권이라
액수가 커진 것이었다. 이제까지 권
정생이 받은 인세 가운데 가장 많았
다. 그는 초판을 5,000부나 찍었다
는 사실이 놀라웠고, 책이 안 나가면 어떡하나 걱정도 되었다. 우체국에
그렇게 큰돈을 어찌 찾으러 갈지 쑥스럽기도 했다. 한편으로는 지난해
집을 짓느라 고생한 마을 청년들에게 새벗출판사에서 받은 30만 원만
준 것이 내내 마음에 걸린 참이었는데, 이번 인세에서 30만 원을 더 떼
어 줄 수 있어 다행이라고 생각했다.

　그는 『강아지똥』부터 『몽실 언니』까지 동분서주하며 출판을 주선해
준 이오덕에게 다시 한 번 고마움을 느꼈다. 너무나 큰 빚을 지고 있어
죽을 때까지 갚지 못할 것 같았다. 그 빚을 조금이라도 갚는 길은 다음
동화집에 더 나은 작품이 실리도록 열심히 쓰는 것밖에 없다고 생각했
다. 그는 우체국을 향해 발길을 옮겼다.

** 이시영의 증언. 이오덕·권정생, 『선생님, 요즘은 어떠하십니까: 이오덕과 권정생의 아
름다운 편지』, 양철북, 2015, 298쪽.

1984년 일직교회 야유회에서 활짝 웃는 권정생. 뒷줄 오른쪽이 권정생이다.

오랜만에 마음의 여유를 찾은 그는 앞마당에 텃밭을 만들어 부추를 심었다. 그리고 고추 모종을 꽂은 뒤 물을 주고 다시 흙을 덮었다. 결핵에 좋다는 맥문동과 꿀풀도 심은 그는 아침마다 호미로 텃밭을 가꾸었다. 텃밭일을 마치면 방에 들어가 글을 썼고, 저녁이면 빌뱅이 언덕에 올라 산자락에 펼쳐지는 노을을 바라봤다.

빌뱅이 언덕 아래 흙집에는 이오덕, 전우익, 이현주, 이철수 내외가 종종 찾아왔고, 올해 초 계명대학교를 졸업한 뒤 안동공업고등학교(현재는 경북하이텍고등학교) 교사로 온 김용락과 안동 변두리에 '우리집'이라는 복지시설을 만들어 무의탁 노인 및 장애아들을 보살피고 있는 장영자 전도사도 가끔 들렀다. 장 전도사는 그가 이사 오고 얼마 뒤 아는 교인 몇 명과 함께 찾아와 어지럽게 쌓여 있던 책들을 말끔히 정리해 주고 갔다. 한번은 장 전도사가 반찬을 들고 온 날 이철수 내외도 반찬을 만들어 와 동네 청년들을 불러 '잔치'를 벌이기도 했다.

그는 『몽실 언니』가 나오고 얼마 뒤 책을 들고 장영자 전도사가 운영하는 복지시설 '우리집'을 방문했다. 그때 장 전도사가 많은 사람의 옷을 힘들게 빨고 있었고, 그 모습을 본 권정생이 요즘 세탁기라는 것이 있다는데 하나 사면 안 되느냐고 물었다. 이에 장 전도사는 세탁기가 10만 원이나 한다며, 세탁기 살 돈이 있으면 시설 식구들이 먹을 식자재를 더 사겠다고 퉁을 놓았다. 장 전도사는 정부 보조를 신청하지 않고 서부교회와 기독교인들의 후원으로 '우리집'을 운영하고 있어 재정이 넉넉지 않았다.

모처럼 많은 인세를 받은 그는 장 전도사가 빨래를 하던 모습이 생각났고, 세탁기를 하나 선물해야겠다며 다시 '우리집'을 찾아갔다.

"전도사님, 내가 선물을 가지고 왔습니다."

그는 난생처음 해보는 선물이라 어색하고 쑥스러웠다.

"빈손으로 오셨는데 선물이 어디 있어요?"

장 전도사는 권정생이 농담은 잘하지만 빈말은 하지 않는다는 사실을 알기에 목을 쭉 빼며 물었다. 그는 쑥스럽고 어색해 벌게진 얼굴로 주머니에서 통장과 도장을 꺼냈다.

"전도사님, 여기서 반지 찾아요."

장영자 전도사가 깜짝 놀라며 그를 바라봤다. 통장에서 돈을 찾아 반지를 맞추라는 소리인 줄 알고 가슴이 뛰며 얼굴이 붉어졌다.

"권 선생님, 반지라면…?"

권정생은 여전히 쑥스러운 듯 작은 목소리로 대답했다.

"그 통장에서 반지 찾아 세탁기 사세요. 내가 그런 걸 살 줄 몰라 통장을 드리는 겁니다."

권정생이 말한 '반지'는 '절반'이라는 뜻의 안동 사투리였다. 장 전도사의 표정에 실망감이 스쳤다. 또 한편으로는 그런 제안을 할 사람이 아니라는 것을 알면서도 잘못 알아들은 자신이 부끄러웠다. 장 전도사는 내색하지 않고 그를 바라보며 물었다.

"아니, 집사님이 돈이 어디 있어서 그렇게 비싼 걸 사라고 통장을 주세요?"

"하늘에서 돈벼락이 떨어져 집을 지어 준 마을 청년들에게 주고도 조금 남았습니다. 2년 전 여기 문 열 때 아무것도 못 해주어 이제 하는 겁니다."

그는 『몽실 언니』 초판 인세, 민들레교회에서 나오는 원고료 등이 있으니 자신의 생활비는 걱정하지 않아도 된다며 장 전도사를 안심시켰다.* 권정생은 훗날 인세 수입이 많아졌을 때도 표시 나지 않게 여기저기 선행을 베풀었다. 그가 중앙선을 타고 서울에 갈 때마다 내리던 청량리역 부근의 성매매 여성과 불우한 소년들을 위해 수녀들이 운영하는 쉼터 등 자신이 꼭 도와야 할 곳이 있으면 조용히 꾸준하게 도움을 주었다. 돈으로 얼굴을 붉히는 것도 싫어해 규모가 작은 출판사에서 인세를 주지 않아도 독촉하지 않았고, 출판사에서 부수를 속여 인세를 적게 준 사실을 알게 된 이오덕이 불같이 화내며 고소하자고 해도 만류했다. 심지어 김용락이 마을 어귀의 구멍가게에 주문한 라면 한 박스가 몇 달이 지나도록 배달되지 않았지만 뭐라 하면 주인이 무안해한다며 절대 말하지 못하게 했다.

* 장영자 전도사의 증언.

1984년 안동에서 모습. 왼쪽이 전우익, 오른쪽이 이오덕이다.

그즈음 권정생은 안동문화회관에서 한 달에 한 번씩 열리는 영화모임인 '열린영상'에 참석해 영화를 보는 재미도 붙였다. 세상을 바라보는 시야를 넓히고 싶은 마음에서 시작한 일이었다. 성베네딕도회왜관수도원의 임인덕(독일명 하인리히 제바스티안 로틀러) 신부가 낡은 외제 밴에 영사기와 필름을 싣고 와 영화를 틀면 다 함께 보고 토론하는 모임이었다. 토론이 끝나면 밤 11시가 되고, 다시 수도원으로 돌아가는 밴 뒷자리의 영사기 틈에 앉아 조탑리에서 내렸다.

좋은 영화를 상영할 때면 혼자 보기 아깝다며 이오덕, 전우익, 이철수, 김용락을 불러 함께 감상했다. 채플린 영화 시리즈는 물론, 이탈리아 네오리얼리즘 계열의 「자전거 도둑」, 「길」, 「무방비 도시」와 남아프리카 영화 「울어라 사랑하는 조국이여」 등도 봤다. 어느 날은 아주 친한 몇 명만 모여 이불로 창문을 가린 뒤 독일에서 보내왔다는 '광주 비디오'를 숨죽인 채 보기도 했다.*

　7월 14일, 서울시의회 교육위원회에 근무하는 아동문학가 차원재 장학사가 초등학교 5~6학년이 여름방학에 '읽을 만한 책'으로『몽실 언니』를 추천했다는 기사가『동아일보』에 실렸다. 권정생은 자신의 눈을 의심하며 몇 번이나 다시 읽었지만『몽실 언니』가 분명했다. 그러나 이 놀라움은 시작에 불과했다.

　10월 25일에는『몽실 언니』가 제17회 문화공보부 추천도서 중 하나로 뽑혔다는 공고가 각 일간지에 게재되었다. 그는 여름방학에 '읽을 만한 책'에 이어 다시 한 번 추천도서로 선정되었다는 소식을 듣고 깜짝 놀랐다. 검열로 연재가 중단되고 부분 삭제까지 되는 진통을 겪은 뒤 세상에 나온 책이 정부 추천도서가 되었다는 사실이 실감 나지 않았다. 좋아할 수도, 싫어할 수도 없는 상황이었다. 그때 이철수 내외가 반찬거리를 한 보따리 들고 찾아왔다. 이철수는 추천도서로 선정되면 학부모들이 많이 산다면서, 요즘 창작과비평사가 정부의 탄압을 받아 재정적으로 힘든 상태인데 조금이라도 도움이 될 수 있을 것이라고 말했다.

　앞마당에 눈이 쌓였다. 그는 검열과 삭제라는 우여곡절을 겪고 출판된『몽실 언니』가 좋은 평가를 받아 뿌듯했다. 몇 년 동안 숨죽이고 있던「초가삼간 우리 집」도 한 달 후면 단행본으로 나오게 된다고 하니 마음이 놓였다. 민들레교회 주보에 연재하던「도토리 예배당 종지기 아저씨」도 마무리했다. 건강 역시 큰 무리 없이 지나갔다. 그는 오랜만에 편안함을 느꼈다.

* 이철수, 김용락의 증언. 이오덕·권정생,『선생님, 요즘은 어떠하십니까: 이오덕과 권정생의 아름다운 편지』, 양철북, 2015, 303쪽.

동화 창작의
원천이
꽃을 피우다

1985년 1월, 『초가집이 있던 마을』이 분도출판사에서 출간되었다. 권정생은 어렵게 나온 책을 펼쳐 봤다. 지난 몇 달 동안 벌어졌던 일들이 떠오르면서 묻힐 뻔한 원고가 이렇게 책으로 만들어진 것을 보니 비로소 안심이 되었다.

권정생은 지난해 『몽실 언니』가 추천도서로 선정되었을 때 단행본으로 출판되지 못한 「초가삼간 우리 집」이 내내 마음에 걸렸다. 그대로 묻히는 것이 아까웠다. 20부쯤이라도 복사해 주일학교 아이들에게 읽히고 싶었다. 그는 『소년』에 연재된 부분들을 잘라 종로서적 측에 보냈다가 되돌려 받은 종이뭉치를 들고 유인물을 많이 복사해 본 가톨릭농민회 정재돈 총무를 찾아갔다. 그리고 사정을 설명하면서 복사 비용을 물었다. 정 총무는 종이뭉치의 쪽수를 계산하더니 복사 집에 가야 정확하겠지만 분량이 많아 비용이 꽤 나올 것이라며 대강 얼마쯤이라고 알려 주었다. 그는 예상보다 큰 액수에 다시 종이뭉치를 들고 빌뱅이 언덕으로 돌아왔다.*

얼마 후인 1984년 9월 중순, 영화모임에서 자주 만나는 임인덕 신부가 분도출판사 정한교 편집부장과 함께 빌뱅이 언덕 아래 흙집으로 그를 찾아왔다. 분도출판사는 임 신부가 소속된 성베네딕도회왜관수도원에서 운영하는 출판사로, 「초가삼간 우리 집」의 연재가 끝날 무렵 단행본으로 출판하고 싶다는 의사를 밝혀 왔지만 이오덕이 종로서적을 권해 더는 이야기가 오가지 않았다. 그런데 이날 임 신부가 분도출판사 편집부장과 함께 찾아와 소개를 시켜 준 것이었다. 정 부장은 그에게 인사한 뒤 방문 목적을 설명했다.

"권 선생님께서 『소년』에 연재하신 「초가삼간 우리 집」을 우리 분도출판사에서 단행본으로 출판하고 싶어 찾아왔습니다. 가톨릭농민회 정재돈 총무가 출판을 못 하신 사정과 원고를 단행본으로 내고 싶어 하신다는 이야기를 전해 주었고, 마침 임 신부님이 선생님을 잘 아신다고 해서 이렇게 함께 왔습니다."

권정생은 이제야 상황이 이해된다는 듯 고개를 끄덕였다.

"신부님은 영화 상영이 끝나면 저를 여기까지 늘 데려다 주시고, 그때마다 방에서 물 한 잔이라도 들고 가시라 권해도 극구 사양하시더니 이번에야 오셨습니다. 오늘 제가 소원을 풀었습니다. 하하."

임 신부가 빙긋 미소 지으며 머리를 긁적였고, 권정생은 정 부장을 보며 말을 이었다.

"단행본 출판이 저로서는 고마운 일이지만, 종로서적에서 6·25전쟁 관련 내용 때문에 출판을 포기했는데 괜찮겠습니까?"

* 이오덕·권정생, 『선생님, 요즘은 어떠하십니까: 이오덕과 권정생의 아름다운 편지』, 양철북, 2015, 302쪽.

"우리 출판사에 마침 『소년』이 있어 처음부터 끝까지 자세히 읽어 봤습니다. 전두환 정권이 비상계엄을 선포한 당시에는 계엄사령부에서 일일이 검열을 했습니다. 그때라면 문제되었을 부분이 조금 보이지만, 이제는 조금 느슨해져 괜찮으리라 판단됩니다. 몇 달 전에 나온 『몽실 언니』도 여름방학에 '읽을 만한 책'으로 선정되지 않았습니까. 그리고 우리 출판사는 가톨릭 성베네딕도회왜관수도원에서 운영하는 곳이라 함부로 못 합니다. 우리를 잘못 건드리면 전 세계에 있는 성베네딕트 수도원이 들고 일어나기 때문이지요. 그러니 그런 걱정은 하지 않으셔도 됩니다."

권정생은 정 부장의 설명에 일리가 있다고 생각했다. 전에 임 신부가 '광주 비디오'를 들여와 몰래 볼 수 있게 해준 것도 그가 성베네딕도회 왜관수도원 소속이라 가능한 일이었다. 그리고 유신 말기, 정호경 신부와 가톨릭농민회가 정부를 상대로 투쟁할 때 안동교구 교구장인 두봉 주교가 바람막이 역할을 한 것도 그가 파리외방전교회 소속이기 때문에 가능했다는 이야기를 들은 적이 있었다.

"예, 알겠습니다. 그런데 제가 책을 출판할 때는 임 신부님도 잘 아시는 이오덕 선생님과 상의해서 결정하고 있습니다. 제가 이오덕 선생님께 연락해 본 다음 확답을 드리겠습니다."

"권 선생님, 그럼 연락 기다리겠습니다. 우리 출판사에 맡겨 주시면 오탈자 없이 잘 편집해 좋은 책을 만들겠습니다."

임 신부가 다음 영화 상영 때 만나자고 인사한 뒤 정한교 편집부장과 함께 자리에서 일어섰다. 그는 마당에서 두 사람을 배웅했다.

그 후 계약과 편집은 일사천리로 진행되었다. 그리고 분도출판사 측에서 제목을 '초가집이 있던 마을'로 바꾸면 어떻겠느냐고 물어 왔다.

그는 '우리 집'보다 '마을'로 바꾸는 것이 작품 범위를 더 잘 설명해 주는 것 같아 동의했다. 12월 초, 분도출판사 담당자가 『초가집이 있던 마을』이 내년 1월 출판될 예정이라며 서문을 부탁해 왔다.

이 이야기는 경상도 어느 산골 국민학교 아이들이 겪은 육이오 이야기입니다. 어느 날 갑자기 들이닥친 전쟁으로 동무들을 잃고, 가족을 잃고, 슬프게 살아가는 어린이들입니다.

어째서 그 엄청난 전쟁이 아무 죄가 없는 한국이라는 나라에서 일어나야 했을까요?

수많은 탱크와 비행기가 온 나라를 잿더미로 만들었습니다. 아마 이 지구가 생긴 뒤에 이처럼 비참한 전쟁은 없었을 것입니다. 아버지와 아들이 싸운 전쟁, 아니면 형과 아우가 총칼을 맞대고 싸운 전쟁이라 해도 되겠지요. 그것도 스스로가 옳고 그른 것을 가리기 위해 다투게 된 전쟁도 아닙니다. 힘이 센 나라들이 만만하고 어리석은 한국이란 나라에서 자기네들의 이득을 위해 싸움을 시킨 것입니다.

자본주의니 공산주의니 하면서 명분을 내세우지만 어디 그런 주의가 사람들에게 절대적인 행복을 가져다주는 것은 아닙니다. 인간의 행복을 총칼이나 다른 무기로 얻으려는 것부터가 어리석은 짓입니다. 더욱이 같은 핏줄끼리 원수가 되어 싸우는 짓은 한없이 부끄러운 일입니다.

– 중략 –

이 이야기 속에 나오는 어린이들은 그 엄청난 전쟁의 원인이 어디서 왔는지 알고 싶어 합니다. 공산주의 자본주의가 대체 무엇이길래 사람의 목숨을 마음대로 앗아가는지 한없이 안타까워합니다.

과연 육이오 전쟁은 왜 일어났는지 다 함께 생각해 보시기 바랍니다.

정직한 말을 하자면 용기가 있어야 하는데, 나는 너무 겁이 많아서 바르게 쓰지 못했습니다.

이 소설은 『소년』이란 잡지에 2년간 연재했던 것으로, 처음 제목은 「초가삼간 우리 집」이었던 것을 이번에 책으로 묶으면서 『초가집이 있던 마을』로 고쳤습니다.

1984년 겨울

권정생

권정생은 비로소 단행본으로 나온 『초가집이 있던 마을』을 꼼꼼히 살펴봤다. 표지와 삽화가 마음에 들었다. 특히 삽화는 책 내용을 완전히 파악하지 않으면 그릴 수 없을 정도로 상황을 정확히 묘사했고, 인물의 모습과 표정도 사실적으로 잘 표현해 무척 흡족했다.

3월에는 그동안 발표한 그의 작품 스물세 편을 모은 단편동화집 『벙어리 동찬이』*가 웅진출판사에서 나왔다. 표제작인 「벙어리 동찬이」는 조탑리에 살던 벙어리 소년의 이야기이고, 「쌀 도둑」도 어린 시절 그가 겪은 내용이었다. 「아기 토끼와 채송화꽃」은 일직교회 문간방에 살 때 기르던 토끼 두 마리에서 영감을 받아 쓴 작품이며, 「새벽 종소리」는 새벽에 종을 치던 자신의 이야기였다. 권정생에게는 자신이 겪은 일, 주변에서 일어나는 일이 죄다 동화 소재였다. 즉, 이 모든 것들이 다양한 동화를 쓸 수 있는 창작의 원천이었던 것이다.

그는 이제부터 잡지에 발표하려고 서둘러 쓰기보다 차분하게 집필한 원고들을 모아 단행본으로 출판해야겠다고 마음먹었다.

* 1991년 『짱구네 고추밭 소동』으로 제목이 바뀌어 재출판되었다.

당시 가톨릭 안동교구 교구장이던 두봉 주교의 호의로 빌뱅이 언덕 아래 집 우물이 있던 자리에 펌프를 설치했다.

　봄이 왔다. 그는 마을 청년들의 도움을 받아 집 마당에 우물을 팠다. 물맛이 처음에는 텁텁했지만, 우물물을 먹고부터는 소변이 막히지 않고 잘 나와 머리와 눈도 맑아지는 느낌이었다. 건강에 자신이 조금 생긴 그는 시간이 날 때마다 돌음바우골과 삼밭골을 다니며 구전 민요와 타령, 사라져 가는 안동 사투리를 취재했다.

　　들락날락 내성장
　　숨가빠서 못 갈네
　　코풀었다 흥해장
　　미끄러버 못 갈네
　　바람분다 풍기장

어지러버 못 갈네

한짐 잔뜩 짐천장

무거버도 못 갈네

소 잡았다 푸줏장

원통해도 못 갈네

아가리 크다 대구장

겁이 나도 못 갈네

술 걸렀다 책거리장

꺼이꺼이 못 갈네

초상났다 상주장

부조돈 없어 못 갈네…*

삼밭골 어느 할머니가 주막을 거쳐 가는 장돌뱅이들이 막걸리를 기울이며 흥얼거리던 노래라며 「장타령」을 들려주었다. 살아생전 어머니는 외할머니가 삼밭골에서 주막을 하다 벙어리 며느리와 함께 동해로 떠났고, 결혼한 뒤 아버지가 일본으로 건너가고 나서는 주막에 밀주를 만들어 주는 일을 하며 자식들을 키웠다고 하셨다. 그 이야기를 따라 주막 자리를 찾던 중 그 할머니를 만난 것이었다.

권정생은 민요와 타령뿐 아니라 참뚝갈이, 개뚝갈이, 졸발나물, 젓가락나물 등 산나물 이름과 나랑나물, 사랑나물, 칼나물, 콧따데, 돌쪼구 등 들나물 이름도 취재했다. 그 과정에서 과거 부모님을 알았던 사람을 만나면 시간 가는 줄 모르고 지난 이야기를 들었다. 돌음바우골과 삼밭

* 권정생, 『한티재 하늘 1』, 지식산업사, 1998, 194~195쪽.

도토리 예배당
종지기 아저씨

권 정생 글
이 철수 그림

1985년 출판된 『도토리 예배당 종
지기 아저씨』 표지.

골 사람들의 삶에는 조선 말기 이후 역사
의 아픔이 고스란히 담겨 있었다. 그는 부
모님의 삶도 그 영향에서 벗어나지 못했
다고 생각하며 언젠가 그 이야기를 장편
소설로 꼭 써야겠다고 다짐했다.

분도출판사는 권정생에게 『초가집이
있던 마을』의 반응이 좋다면서, 써 놓은
장편동화가 있으면 한 권 더 출판할 수 있
게 해달라고 요청해 왔다. 이오덕에게 상
의하자 분도출판사가 동화 출판에 관심을 가지고 열심히 하는 듯하니
도와주는 것이 좋겠다고 권했다. 이에 권정생은 지난해 「민들레교회 이
야기」에 연재했던 「도토리 예배당 종지기 아저씨」의 원고를 출판사에
넘겼다. 그리고 이오덕에게 이 장편동화는 자신의 이야기인 만큼 자신
을 잘 표현할 수 있는 이철수가 표지 그림과 삽화를 맡았으면 좋겠다는
의사를 출판사 측에 전달해 달라고 부탁했다. 표지 그림과 삽화는 출판
사에서 섭외하는 것이 일반적이라 작가인 자신이 직접 나서는 것이 결
례라고 생각했기 때문이다.

6월 말, 『도토리 예배당 종지기 아저씨』가 출판되었다. 분도출판사에
서 여름방학 전에 나올 수 있도록 서두른 것이었다. 그는 종탑 아랫길에
자신과 생쥐가 있는 표지가 특히 마음에 들었다. 그리고 청사초롱을 든
생쥐를 앞세워 그와 아름다운 여인이 결혼식장으로 들어가는 모습, 생
쥐에게 종주먹을 휘두르며 화를 내는 모습, 생쥐가 방귀를 뀌고 달아나
는 모습 등을 담은 삽화에 웃음이 터졌다. 7월 16일자 『동아일보』에는

"예배당의 한 종지기를 통해 일제 식민지와 남북분단의 아픔을 해학적인 동화 형식으로 쓴 책"이라는 서평이 실렸다.

7월에는 그동안 발표한 동화 열다섯 편을 모은 단편동화집이 햇빛출판사에서 나왔다. 표제작 「달맞이산 너머로 날아간 고등어」는 6년 전 『안동문학』 제4집에 실렸던 작품으로, 북한이 고향인 주인공이 아버지 제사상에 올릴 안동 간고등어를 사 들고 오다 술에 취해 벌어지는 이야기를 담았다. 이산가족의 아픔과 슬픔을 주제로 한 이 동화는 이오덕이 어린이 책을 기

1985년 출판된 『달맞이산 너머로 날아간 고등어』 표지.

획하던 햇빛출판사에 원고를 건네 단행본으로 나오게 되었다.

그는 한 해에 동화책이 네 권이나 출간되어 뿌듯했지만, 책을 너무 쉽게 내는 것처럼 느껴지기도 해 마음이 편치 않았다. 그러나 주변에서는 오히려 늦은 감이 있다며 계속된 출간을 축하했다.

10월 1일, 각 일간지에 『초가집이 있던 마을』이 대한출판문화협회가 주최하는 '이달의 청소년도서' 열다섯 권 가운데 하나로 선정되었다는 기사가 실렸다. 이번에는 동화부문이 아니라 『김남조 시선』, 박완서의 『지금은 행복한 시간인가』, 『톨스토이 참회록』, 서강대 김열규 교수의 『시간의 빈 터에서』 등과 함께 일반서적부문에 뽑혔다. 그는 왕성한 책 출간과 계속되는 '선정'으로 출판계뿐 아니라 언론의 주목도 받는 작가가 되었다.

제4부

어느 때나 한번은 헤어져야 할 우리들인걸요

_「깜둥바가지 아줌마」 중에서

"인터뷰도
하지 않고,
편지도
안 쓰겠습니다"

12월 18일 무렵, 『동아일보』 이시헌 편집위원과 사진기자가 신문사 지프차를 타고 빌뱅이 언덕 아래 흙집에 도착했다. 16.5제곱미터의 초라한 집을 보고 깜짝 놀란 두 사람은 집 앞에서 권정생을 찾았다. 이사하는 날 운산시장에서 사 온 강아지 뺑덕이와 두데기가 낯선 손님들을 향해 짖어 댔다. 권정생이 방문을 열고 두 사람을 보며 물었다.

"제가 권정생인데, 누구십니까?"

"아, 예. 저는 동아일보에 근무하는 이시헌 기자고, 이분은 사진기자입니다."

그는 신문사 기자라는 소리에 화들짝 놀라며 문밖으로 나와 인사했다. 기자를 만나는 것이 처음이라 당황스러웠다.

"권 선생님과 인터뷰를 좀 하려고 왔습니다. 전화가 없어서 연락을 미리 못 드리고 이렇게 불쑥 찾아와 죄송합니다."

인터뷰라는 말이 낯선 권정생은 주눅이 든 목소리로 대답했다.

"제가 유명한 사람도 아닌데 무슨 인터뷰를 합니까. 저는 이렇게 시골에서 동화를 쓰는 보잘것없는 사람입니다…."

그는 얼굴이 벌게져 말을 더듬었다.

"권 선생님. 죄송하지만, 방에 들어가 말씀만 조금 들려주시면 안 되겠습니까?"

그는 계속 안절부절못했다. 세 사람이 들어가면 꽉 차는 어두운 방에 어떻게 들어간단 말인가.

"방이 너무 누추합니다. 전기도 없고요. 꼭 하셔야 된다면 그냥 마당에서 하면 안 될까요?"

이시헌 기자는 인터뷰를 어떻게 추운 마당에서 하느냐며 시간이 오래 걸리지 않을 테니 방에 들어가서 하자고 했다. 인터뷰 기사를 생생하게 쓰기 위함이었다. 권정생은 난처한 표정을 지으며 한 가지 부탁을 했다.

"그럼 방 안은 절대 찍으시면 안 됩니다. 그걸 약속하시면 방에서 하겠습니다."

"알겠습니다. 사진은 마당에서 찍겠습니다."

방으로 들어간 권정생은 먼 길 오느라 애쓰셨다며 방 한구석에 있던 봉지에서 식은 고구마를 꺼내 권했다. 이시헌 기자는 그가 이런 환경에서 그토록 좋은 동화를 쓴다는 사실에 코끝이 찡해졌다. 한편으로는 연말을 훈훈하게 해줄 특종기사가 될 수 있겠다는 생각에 질문을 쏟아냈다. 먼저 그의 등단 과정과 그동안 출판한 동화책들의 내용, 작품 수를 물은 다음 본격적으로 인터뷰를 시작했다.

"오랫동안 교회 종지기를 하신 걸로 아는데, 종 치는 일과 동화를 쓰는 일 가운데 어떤 것이 더 즐거우십니까?"

이시헌 기자는 편집위원을 겸하는 고참 기자였다. '종지기 동화작가'

는 신문 구독자의 관심을 불러일으키기에 아주 좋은 이야깃거리였다. 새벽종을 치면서 아름다운 동화를 쓴 작가는 이제까지 없었기 때문이다.

"저는 종을 칠 때 마음이 깨끗해졌습니다. 그러나 동화를 쓸 때 마음이 더 깨끗해지는 것 같아 즐겁게 글을 쓰고 있습니다."

"어떤 작품을 쓰고자 노력하시는지요?"

"아름다운 인간성과 소외된 생명의 존엄성을 표현하고 싶습니다. 그리고 아이와 어른이 함께 읽으면서 잃어버린 인간성을 되찾자는 의미와 더불어, 조국 분단의 슬픔과 통일에 대한 염원도 작품 안에 담고자 애쓰고 있습니다."

"원고료와 인세 수입으로 생활이 되시는지요?"

"그게 말씀드리기 부끄럽고 어렵습니다. 잡지사 원고료라는 것이 사실 아주 적습니다. 책이 나오면 인세 수입이 조금 생기지만, 몇 달 지나면 다 없어집니다. 그래서 예전에 군청에 생활보호대상자 신청을 했고, 매달 쌀과 보리 12킬로그램, 연탄 값 7,000원을 받아 겨우 생활을 꾸려 왔습니다."

"인생의 소망은 무엇입니까? 병에서 벗어나시는 겁니까?"

"30년을 병과 싸우다 보니 이제는 투병에 지쳐 크게 신경 쓰지 않습니다. 그보다는 통일이 되면 좋겠다는 것이 제 소망입니다. 어른들의 잘못으로 조국이 분단되어 서로 미워하는 현실이 안타까울 따름입니다. 하루빨리 한겨레가 서로 사랑하며 살아가기를 기원하고 있습니다."

어두침침한 방 안에서 쪼그려 앉아 진행한 인터뷰는 한 시간 만에 끝났다. 마당으로 나온 사진기자는 그에게 강아지 뺑덕이를 안게 했다.

12월 23일, 『동아일보』에 그의 인터뷰 기사가 사진과 함께 실렸다.

『동아일보』 1985년 12월 23일자에 실린 권정생의 인터뷰 기사.

「문화의 빛을 찾아─가난·병고 속의 '순수' 동화작가 권정생 씨」라는 기획 인터뷰 기사였다. 그는 기사를 읽어 내려갔다.

　　그를 찾아가 만난 것은 충격이었다.

　　16년 동안 티 없이 맑고 깨끗한 동화로 어린이 세계에 소망의 빛을 던져 오고 있는 아동문학가 권정생 씨(49)는 경북 안동군 일직면 조탑리 산골 후미진 산모퉁이 빈터, 먼지 없는 서너 평짜리 슬라브집에서 찌든 가난과 병고 속에서 절박한 작가 생활을 해가고 있다.

　　69년 『기독교교육』지에 동화 「강아지똥」으로 등단, 「아기양의 그림자 딸랑이」, 「무명저고리와 엄마」 등으로 화제를 모으고 『사과나무밭 달님』 등 두 편의 동화집과 장편소년소설 『몽실 언니』, 『초가집이 있던 마을』 등을 펴내 그의 창작동화는 1백 편을 넘는다.

　　― 중략 ―

멀리 교회의 종소리가 울리고 세모의 총총걸음이 새해를 향해 줄달음치고 있는 이 시각, 그가 건강을 회복, 좋은 작품을 계속 써 나갈 수 있도록 뒷받침할 수 있는 따뜻한 배려의 손길은 없을까.

권정생은 그동안의 창작 활동과 문학에 대한 자신의 생각을 자세히 써 준 것은 고마웠다. 그러나 '따뜻한 배려의 손길' 부분에서 얼굴이 벌게졌다. 자신은 그런 말을 한 적도, 바람을 드러낸 적도 없었다. 물론 기자는 작가를 위해 이렇게 썼겠지만, 자존심이 상할 것이라는 생각은 왜 안 했을까. 그는 신문 구독자들이 마치 자신이 동정을 바라서 이런 인터뷰를 했다고 여길 것 같아 얼굴을 들 수 없었다. 뺑덕이를 안으라는 바람에 어색한 표정을 지은 사진도 마음에 들지 않았다. 동화 쓰는 작가라기보다 강아지와 함께 동정을 구하려는 사람 같았다. 그는 다시는 인터뷰 같은 것은 안 해야겠다고 다짐하며 신문을 덮었다.*

1986년 1월 초, 기자들이 그의 집으로 앞다퉈 몰려왔다. 『동아일보』 기사의 영향이었다. 주로 잡지사 기자들이었다. 권정생은 자신의 문학 세계가 아닌, 불쌍한 삶을 취재하려는 것이라고 판단했다. 그는 예상치도 못했던 일로 시달린다는 생각이 들었고, 고통을 참아 가며 가까스로 살아가는 것이 무슨 죄라고 이렇게 괴롭히려 하는지 모르겠다는 원망의 마음까지 생겼다. 마음이 피곤해지자 건강이 다시 나빠졌다. 결국 한 달을 누워 있었다. 그는 건강을 되찾으면 어머니가 세상을 떠나기 전 누워 계실 때 조단조단 들려주시던 돌음바우골과 삼밭골 이야기를 소설로 써

* 이오덕·권정생, 『선생님, 요즘은 어떠하십니까: 이오덕과 권정생의 아름다운 편지』, 양철북, 2015, 316쪽.

야겠다고 마음먹었다.**

2월 26일, 이오덕이 명예퇴직을 했다. 교사에서 시작해 교감, 교장까지 42년 인생을 바친 교직이었지만, 전두환 정권이 교육행정을 지나치게 간섭하자 불합리하다는 생각에 학교를 떠나는 것이었다. 이오덕은 경기도 과천으로 이사했고, 그때부터 아동문학 발전을 위한 활동과 민주화운동에 본격적으로 뛰어들었다.

봄이 되었다. 빌뱅이 언덕 아래 흙집에 산 지 3년 만에 그의 방에 전기가 들어왔다. 안동문협 회원인 수필가 최유근이 여기저기 쫓아다니며 애쓴 결과였다. 어둠이 내리면 기름병에 담긴 심지에 불을 붙여 글을 쓰던 그는 전구에서 쏟아지는 환한 불빛이 낯설었다.

그는 전기, 전화, 컬러텔레비전이 농촌 안방에 들어와 농촌 사람들의 넋을 빼앗고 있다고 생각했다. 아이들은 어른이 만들어 놓은 환경과 여건 속에서 길들여지는 만큼, 텔레비전에서 방송되는 화려하고 선정적인 옷차림의 쇼는 퇴폐문명의 선봉장인 동시에, 문제 청소년을 낳는 온상이라고 여겼다. 사람끼리 치고받는 권투시합을 보면서는 남에게 피해를 입어도 상대를 해치지 않던 아이들이 폭력을 배울 수 있다며 안타까워했다. 그는 어른들의 세계가 바르고 정직하면 아이들도 그렇게 되고, 어른들의 문제는 곧 아이들의 문제가 된다고 믿었다.***

권정생은 그렇게 문명의 이기를 비판하던 자신이 전기를 사용하게 되어 당혹스러웠다. 신념을 실천하면서 살아야 한다는 그 나름의 원칙이

** 이오덕·권정생, 『선생님, 요즘은 어떠하십니까: 이오덕과 권정생의 아름다운 편지』, 양철북, 2015, 316쪽.
*** 권정생, 「올봄 농촌 통신」, 『빌뱅이 언덕』, 창비, 2012, 222~235쪽.

무너졌다는 자괴감도 들었다. 그렇다고 전기 공사를 거부해 애쓴 사람의 마음을 다치게 할 수도 없었다. 방 안에 환하게 전깃불이 켜진 순간 이렇게 밝은 데서 과연 글이 써질까 싶었다. 결국 그는 눈이 침침할 때만 전구를 켰다.

여름이 될 무렵 이현주가 찾아왔다.

"형. 세상이 답답해."

"서울 생활이 힘들지?"

이현주는 전라북도 군산 조촌교회에 있을 때 모과주를 담근 일이 문제가 되어 서울에서 생활하고 있었다.

"응. 그래서 팸플릿을 만들어 주변에 아는 사람들과 나누어 볼까 생각 중이야. 팸플릿 제목은 「공존」으로 하려고."

"제목이 참 좋다. 평화와 공존하고, 생명과 공존하고, 이웃과 공존하고, 타 종교와 공존한다는 의미야?"

"맞아, 형. 그래서 거기에다 형 동화도 한 편 연재하고 싶은데. 혹 장편소설 하나 써 놓은 거 있어?"

"올해 동화를 거의 못 썼어. 한동안 기자들이 찾아왔고, 봄이 되니까 전기가 들어와 며칠 동안 정신이 어지럽더라고. 그래서 부모님 고향에도 가고, 책도 읽고 하면서 보냈어."

"고향에는 왜?"

"어머니가 들려주시던 서러운 과거 이야기를 장편소설로 써 보려고. 삼밭골과 돌음바우골에는 조선시대 동학 농민 운동 때 이야기, 구한말 신돌석 항일 의병장 이야기, 일제강점기 징용에 끌려간 이야기, 6·25전쟁 때 편이 갈라진 이야기 등이 절절하게 남아 있어. 우리 부모님도 그

절절한 역사의 한 자락이었고…. 내가 병들어 누워 있을 때 어머니가 그 시절 이야기를 들려주셔서 그걸 쓸까 해."

"그건 시간이 한참 걸리겠네?"

"응. 그리고 아직 취재를 조금 더 해야 돼."

"그거 시작하기 전에 쓸 계획이 있는 작품은 없어?"

"우리 마을에 만주댁 할머니라는 분이 계셔. 남편은 마적들 칼에 찔려 죽고 아들은 병으로 죽으면서 서러운 인생이 시작된 분이야. 그 할머니가 해방 후 남은 아들 하나를 데리고 북한을 거쳐 여기까지 내려와 살게 된 이야기를 들었는데, 가슴이 너무 아프더라고. 그래서 그 이야기를 먼저 써 보려고 생각 중이야."

"형, 그럼 그걸 「공존」에 연재하게 해줘. 평화를 염원하는 내용이니까 팸플릿 제목과도 맞고."

"알았어. 시작 이야기가 풀리면 보내 줄게."

두 사람은 밤늦도록 대화를 나누었다. 이현주는 이오덕 선생이 이사 간 과천에 월세방이라도 얻을 생각은 없느냐고 물었고, 그는 고개를 저었다. 이제는 조탑리 사람들과 정이 많이 들어 그냥 여기서 살다가 죽겠다고 했다.

권정생은 이현주에게 말한 만주댁 할머니 이야기를 『초가집이 있던 마을』, 『몽실 언니』와 같은 소년소설 형식으로 써야겠다고 결정했다. 그러면 세 작품이 6·25전쟁을 소재로 한 3부작이 되면서 연결성과 완결성을 갖출 것 같았다.

그는 주인공 이름을 '점득이'와 '점례'로 하고, 책 제목은 「점득이네」로 정했다. 앞서 두 작품보다 전쟁 모습을 더 구체적으로 그려야겠다고

1986년 출판된 『오물덩이처럼 딩굴면서』 표지.

생각하며 집필에 들어갔다. 이번에는 소련군도 등장했다. 분단은 미국과 소련이 38선을 만들면서 시작되었다는 판단에서였다.

그동안 『몽실 언니』와 『초가집이 있던 마을』을 읽은 독자들이 너무 슬픈 이야기만 쓰지 말라는 부탁의 편지를 보내왔다. 그는 그 마음은 이해하지만, 분단의 비극이 계속되고 있고 상처와 후유증을 안은 채 살아가는 사람이 여전히 많기에 다시 한 번 슬픈 이야기를 쓰기로 결심한 것이었다.

10월 말, 권정생은 「점득이네」 1회 원고를 보냈다. 이현주는 잘 받았다는 답신과 함께, 종로서적 이철지 편집부장이 그의 글을 모은 책을 편집하고 있어 도움을 주었다고 알려 왔다. 그는 이현주에게 어떤 글이 실리는지 한번 봤으면 좋겠다는 의사를 출판사 측에 전해 달라고 했다. 그러나 이철지 부장은 권정생에게 책과 관련해 아무것도 알려 주지 않았다. 그동안 발표한 글들 외에도, 이현주의 도움으로 얻은 이현주, 전우익, 정호경 신부, 아동문학가 권오삼에게 보낸 편지까지 실을 예정이었기 때문이다. 이철지 부장은 혹시 권정생이 불쑥 나타나 편집한 것을 보자고 할까 봐 출판을 서둘렀다.

11월 20일, 권정생은 종로서적에서 출판된 『오물덩이처럼 딩굴면서』를 받았다. '권정생의 글 모음'이라는 부제가 붙어 있었다. 책을 펼쳐 본 그는 화가 났다. 자신의 허락을 받지 않고 그동안 발표한 글들을 묶은 것은 이해할 수 있었다. 그러나 자신의 감정을 그대로 쓴 편지들이 공개된 것은 너무나도 부끄러웠다. 안 그래도 지난 2월 명예퇴직을 한 이오덕이 그동안 오간 편지들을 책으로 묶고 싶다고 했을 때 힘들게 말린 참이었다.*

다음 날, 권정생은 이제부터 아무에게도 편지를 쓰지 않기로 결심했다는 내용의 서신을 이오덕에게 보냈다. 그리고 꼭 필요한 경우가 아니면 정말 편지를 쓰지 않았다. 5개월이 지난 후 이오덕에게 오랜만에 편지를 부치며 "오랫동안 쓰지 못했습니다. 무슨 말을 해야 할지, 할 말이 없게 되었습니다"라고 썼다. 그래도 이오덕, 이현주, 전우익과 우정은 변함없이 유지되었다.

* 이오덕·권정생, 『선생님, 요즘은 어떠하십니까: 이오덕과 권정생의 아름다운 편지』, 양철북, 2015, 315쪽.

'전쟁 3부작',
그리고
아직 못다 한
이야기

1987년 새해 아침, 권정생은 쉰 살이 되었다. 세월이 언제 이렇게 흘렀나 싶었다. 서글프기도 하고, 또 한편으로는 의사가 예상한 기간보다 20년을 더 생존해 있으니 덤으로 참 많이도 살았다는 생각이 들었다. 그는 남은 생은 아름답고 깨끗한 자연 속에서 이웃과 더불어 평화롭게 살고 싶은 마음이었다. 그러나 시대는 어두웠다. 일제강점기 35년, 6·25전쟁, 4·19혁명, 5·16군사정변으로도 모자라 광주에서 비극이 벌어졌고, 지금은 민주화운동을 말살하려는 전두환 정권이 체육관 선거를 한 번 더 하겠다며 학생, 지식인들을 무자비하게 탄압하고 있었다.

그는 이 나라 어디에도 어린이들이 보고 배울 수 있는 도덕적 환경이 조성되어 있지 않다고 생각했다. 더불어 사는 것은 어리석은 짓이고 나만 잘살면 된다는 이기심이 극으로 치닫는 사회에서 아이들은 물론, 교육도 병들어 가는 듯했다. 그는 이런 세상에서 병약한 자신이 할 수 있는 일은 오직 좋은 동화를 쓰는 것뿐이라며 지난해 시작한 「점득이네」를

이오덕의 무너미 언덕 집에서 이철수 화백 가족 등과 1989년 4월에 찍은 사진. 앞줄 가운데가 권정생이고 그의 오른쪽은 이오덕, 그의 왼쪽은 지식산업사 김경희 사장이며 뒷줄 맨 오른쪽이 이현주 목사, 그 건너 왼쪽으로 아이를 안고 있는 이가 이철수 화백이다.

계속 집필해 나갔다.

1월 26일, 이철수 내외가 보따리를 잔뜩 들고 빌뱅이 언덕을 찾아왔다. 권정생은 1년에 몇 번씩 오는 부부를 반갑게 맞았다.

"장환 어머니, 그냥 빈손으로 와도 되는데 밤낮 뭘 이렇게 싸 들고 오세요."

"설이 며칠 안 남아 집에서 만든 반찬과 성묘 가실 때 필요한 제수 음식 몇 가지 가지고 왔어요."

권정생 부모의 산소는 조탑리에서 그리 멀지 않은 마을 공동묘지에 있었다. 지난해 이철수 내외와 빌뱅이 언덕에 올라 저만치 있는 산 아래쪽을 가리키며 "저기에 어머니가 계신다"라고 말하고 아스라한 눈길로 바라봤는데, 이를 기억해 제수 음식을 챙겨 온 것이었다. 권정생은 제수 음식이라는 말에 콧등이 시큰했다.

"뭘 그런 것까지 기억했다가 이리 챙겨 주세요. 올해는 장환 어머니 덕분에 부모님이 포식하시겠어요."

이철수 내외는 그의 건강과 근황을 물었다. 권정생은 지난해 말부터 이현주가 만드는 팸플릿에 만주댁 할머니 이야기를 바탕으로 「점득이네」를 연재 중이라고 답한 뒤 지난달에 나온 「공존」을 건넸다. 「점득이네」를 읽어 내려가던 이철수가 그를 바라봤다.

"형님, 이거 제가 아는 잡지에 연재하면 좋겠어요."

"어떤 잡지인데?"

"제가 지난해부터 글도 쓰고 목판삽화도 만들어 주는 『해인』이라는 불교 잡지가 있어요. 장환 엄마 친정이 원불교 집안이라 인연이 되었는데, 잡지도 잘 만들고 내용도 좋아요. 그리고 그동안 『몽실 언니』는 기독교 잡지, 『초가집이 있던 마을』은 가톨릭 잡지에 연재했으니 이번에는 불교 잡지에 연재하는 것도 의미 있을 것 같고요."

그는 잠시 생각에 잠겼다. 아직 전두환 정권의 기세가 등등하고, 올여름 서울 장충체육관에서 선거를 치르면 전두환의 친구라는 노태우가 뒤를 이를 것이라는 소문이 나돌 때라 잡지에 연재해도 될까 염려스러웠다. 또 달리 생각해 보면 『몽실 언니』와 『초가집이 있던 마을』이 추천도서로 선정되었으니 괜찮을 것 같기도 했다.

"장환 아빠야. 나는 좋은데, 요즘 세상이 다시 어지러워져서 『몽실 언니』를 연재할 때처럼 문제가 되지 않을까 걱정되네. 그러니 이 팸플릿에 실린 원고를 복사해 잡지사에 먼저 보여 줘 봐. 잡지사가 나 때문에 피해를 입는 건 싫으니까."

"예, 형님. 제가 서울에 올라가서 알아볼게요."

세 사람은 챙겨 온 반찬에 밥을 먹고 저녁때까지 대화를 나누었다. 그는 이철수에게 『몽실 언니』는 김영동 목사의 꽃거리교회 주보에 연재하다가 『새가정』으로 옮겼고, 이번에는 이현주가 만드는 「공존」에 연재하다가 『해인』으로 옮기는 것이 미안하다는 생각이 든다고 말했다. 이철수는 그래도 많은 독자가 읽는 것이 더 중요하다며, 현주 형에게는 자기가 잘 이야기하겠다고 했다.

불교 잡지 『해인』 3월호에 「점득이네」 1회가 실렸다. 1989년 1월호까지 거의 2년 동안 계속되는 연재를 시작한 것이었다.

점득이 나이 여섯 살 때 아버지를 잃었다. 소련 군인이 쏜 총알에 맞아 죽은 것이다.

점득이는 그래서 어쩔 수 없이 아버지를 죽인 소련 군인 생각이 가슴 깊이 남게 되었다.

해방을 맞게 된 그해 겨울, 점득이네도 다른 귀향 동포들처럼 10년을 넘게 살아온 만주를 떠났다. 새해를 며칠 앞둔 12월 그믐께였다.

매서운 찬바람이 휘몰아치는 압록강까지 왔을 때, 뜻밖에도 길이 막혀 있었다. 소련 군인이 총을 들고 지키고 있었던 것이다.

함께 이웃하여 살던 명구네 다섯 식구와 그 외 다른 조선 사람들은 울상을 짓고 한숨을 쉬었다.

"어떡하지? 그만 되돌아갑시다."

명구네 아버지가 실망하면서 제의를 했지만 점득이네 아버지는 고개를 흔들었다. 바로 눈앞에 고향 나라를 두고 되돌아간다는 것은 죽는 것만큼이나 싫었을 것이다.

권정생은 잡지가 도착하자 만주댁 할머니에게 들고 가 읽어 보시라고
했다. 이튿날 할머니는 옛날 생각이 나서 한참 울었다며 잘 쓴 것 같다
고 했다. 그때부터 『해인』은 동네 할머니들 잡지가 되었다. 글을 읽을 줄
모르는 할머니는 다른 할머니가 읽어 주는 것을 들었고, 어떤 할머니는
잡지를 몽땅 읽느라 밤을 꼴딱 새웠다. 그는 일직교회 문간방에 살고 있
으면 불교 잡지를 빌려주는 일은 엄두도 못 냈을 텐데 흙집으로 이사 오
니 마음이 편하다는 생각이 들었다. 그는 「점득이네」 집필에 점점 더 몰
두했다.

소련 군인이 쏜 총에 아버지를 여읜 점득이는 가까스로 어머니 고향
으로 돌아왔다. 어머니는 두부 장사로 생계를 꾸리면서 점득이와 점례
를 키운다.

점득이네는 두부 만드는 일에 매일 바빴다. 승호가 갑자기 집을 나가
버려 땔나무를 해 오는 일이 가장 어려웠다. 어머니는 새벽 일찍 일어나
콩을 갈고, 두부를 쑤었다. 그러고는 낮에 산에 가서 나무를 했다. 어머니
와 함께 점례도 점득이도 따라가서 억새풀을 베고 소나무의 마른 가지를
쳐 왔다.

나뭇단을 이고 비탈길을 내려오다가 어머니가 넘어지기도 하고 점득
이도 넘어졌다. 나뭇단이 굴러가 개울 바닥에 떨어져 산산이 흩어지고,
무릎이 깨지기도 했다. 점득이는 울음이 자꾸 터져 나오려는 것을 간신히
참았다. 어머니도 역시 다친 무릎을 쓸어내리며 흩어진 나뭇가지를 다시
모아서 묶었다. 거칠어진 손이 군데군데 갈라져 피가 났다. 바람이 불면

어머니의 머리칼이 날려 이마를 가리었다.

권정생은 초등학생 시절 어머니와 함께 나무하러 갔던 일을 떠올리며 이 장면을 묘사했다. 실제로 굴러 넘어진 적도 여러 번이었다. 그의 이야기였지만, 시골에 살던 모든 어린이가 겪는 일이기도 했다. 시골에서 나무를 해 오는 일은 아이들의 몫이었다.

그는 글을 쓰는 내내 어머니가 떠올랐다. 자식들을 위해 갖은 고생을 감수한, 그리고 아들의 병을 고치겠다며 들판을 헤매던 어머니였다. 그는 얼마 전 이오덕에게 건넨 동시집 원고 「어머니 사시는 그 나라에는」이 빨리 책으로 나왔으면 좋겠다고 생각했다.

6월 29일, 전두환 정권은 국민의 민주화 열망에 굴복했다. 대통령 선거를 더는 체육관에서 하지 않고 직선제로 바꾸어 국민의 요구에 부합하겠다고 발표했다. 6월 내내 전국에서 학생과 시민 수십만 명이 최루탄을 뒤집어쓰며 "호헌철폐 독재타도"를 외친 결과였다.

권정생은 지난해 이현주가 사다 준 라디오를 통해 이 소식을 들었다. 텔레비전도 사 주겠다고 했지만 완강히 거부했다. 그는 세상이 달라지길 소망하며 「점득이네」 집필에 더욱 집중했다.

1950년 6·25전쟁이 일어났고, 인민군들이 점득이네 마을에도 들어왔다.

7월 두 번째 일요일이었다. 인민군들은 일요일도 쉬지 않고 전선에 보낼 식량과 물자를 위해 부지런히 일을 했다. 그러나 장터 마을 예배당 목사님은 어김없이 교회 문을 열고 종을 울렸다. 조그만 예배당엔 인민군들이 들어오고부터 사람들이 많이 줄었다. 인민군들은 교회는 인민의 적이라 했고 정신을 흐리게 하는 아편과 같은 것이라 했다.

인민군 대장이 목사님을 찾아와서 인민 해방을 위해 함께 일하자고 했다. 그러나 목사님은 교회를 반대하고 하느님을 믿지 않는 공산당과는 함께 일할 수 없다고, 절대 따르지 않았다. 목사님은 하느님의 자녀들을 위해 끝까지 남아서 교회를 지키겠다고 했다. 그래서 일요일이면 종을 울리고 예배를 드렸다.

그는 교회와 목사에 대한 내용을 쓰면서 연재하는 매체가 불교 잡지라는 점이 마음에 걸렸다. 그러나 마을 어린이들이 나가는 교회에서 벌어진 일이라 뺄 수는 없어 목사가 인민군에 맞서는 장면을 이어서 썼다. 다행히 『해인』 측에서는 아무런 거부반응을 보이지 않고 그대로 실어 주었다.

1988년 1월 25일, 시집 『어머니 사시는 그 나라에는』이 지식산업사에서 출판되었다. 1, 2, 3, 4부로 나뉘었는데 1부와 2부는 1980년대에, 3부는 1950년대와 60년대에 쓴 시들이었다. 4부에는 1980년대 후반 작품들을 넣었다. 이오덕은 책 서문에서 "이 소박한 시들이 무조건 감동을 주는 것은, 항상 가난하고 약한 이웃과 함께 살아가는 선생님이 온몸으로—피와 눈물로 썼기 때문"이라면서 "이 시집이 초등학생들에게만 읽힐 것이 아니라, 지금까지 아동문학에서 독자가 되지 못한 중학생, 고등학생, 대학생, 모든 어른과 어린이들—온 겨레가 이 책을 읽고 우리의 순수한 마음을 찾아 가지게 되기를 바란다"고 썼다.

권정생은 이 시집으로 자신의 어린 시절이 정리되었다고 생각했다.

이제부터는 예전보다 더 열심히 써서 「점득이네」를 끝내고 나면, 어머니가 들려주시던 돌음바우골과 삼밭골 사람들의 이야기를 자신이 죽기 전까지 꼭 마무리하겠노라고 다짐했다. 그런데 6개월 후 세상을 깜짝 놀라게 한 정부 발표가 있었다.

7월 7일, 노태우 대통령은 텔레비전과 라디오 생중계를 통해 "북한을 경쟁과 대결이라는 적대적 대상이 아니라 통일을 위한 동반자, 즉 민족공동체의 일원으로 봐야 한다"는 '7·7

1988년 출판된 시집 『어머니 사시는 그 나라에는』. 권정생은 이 시집을 "어머니가 보고 싶을 때 꺼내 읽는 책"이라고 했다.

선언(민족자존과 통일번영을 위한 대통령 특별선언)'을 발표했다. 그리고 "자주, 평화, 민주, 복지의 원칙에 입각해 민족구성원 전체가 참여하는 사회, 문화, 정치, 경제 공동체를 이룩함으로써 민족자존과 통일번영의 새 시대"를 열어가기 위한 6개 항의 정책 추진 방향도 공개했다. 국민은 이 발표가 여소야대 정국에서 통과된 '제5공화국 정치권력형 비리조사 특별위원회'와 '5·18광주민주화운동 진상조사 특별위원회' 구성을 희석시키려는 의도일지도 모른다고 의심하면서도, 새로운 시대가 열리면 좋겠다며 박수를 보냈다. 이때부터 온 사회는 통일 논의에 휩싸였고, 대학가와 문학계가 가장 활발했다.

권정생은 가슴이 울렁거렸다. 이제 분단의 철조망이 걷힐 날이 얼마 남지 않았다는 희망에 눈시울이 뜨거워졌다. 국민의 뜨거운 통일 열망을 확인하며 분단 문제를 계속 제기해 온 자신의 문학이 틀리지 않았다는 자부심도 생겼다. 그는 가슴이 벅찼다. 그때 전국대학생대표자협의회(약칭 전대협)가 8월 15일 판문점에서 남북학생회담을 열겠다며 정부에 '판문점 사용허가'를 신청했다. 그러나 정부는 불허했다. 권정생은 정부의 처사에 화가 났다. 말로만 통일 운운하는 것은 아닌가 의구심이 들었다. 그는 정부의 이런 이율배반적인 태도를 가만히 두고 볼 수 없었다. 그래서 펜을 들었다.

'남북한 학생들은 꼭 만나야 합니다.'

8월 15일 남북학생회담이 다가오고 있습니다. 돌이켜보면 우리 같은 기성세대는 지난 43년 동안 무엇을 했는지 한심스럽습니다.

통일을 구호로만 외치고 높은 사람들이 시키는 대로 굽실대다 보니 세월만 흐른 것입니다.

같은 핏줄이 만나는데 왜 그렇게 어렵다고만 여겼는지 참으로 후회스럽습니다.

그냥 외갓집 가듯이, 사촌 형을 만나러 가듯이, 자연스럽게 가면 되는 일을 어른들은 말끝마다 '정치적'으로 해결해야 한다고 합니다.

8월 15일 학생회담은 제발 정치적으로 간섭하지 말기 바랍니다. 할 수만 있다면 대학생만 가지 말고 중고등학생들도 가고 초등학교 학생도 따라갔으면 좋겠습니다.

어머니들은 맛있는 도시락을 잔뜩 싸 줘서 북의 어린이들과 나눠 먹게 했으면 싶습니다.

콩고물 묻힌 쑥떡을 나눠 먹으며 노래 부르고 춤추고 그렇게 놀다 오라고 하면 될 것입니다.

그리고 다음 만날 땐 부모님들께 허락을 받아 북쪽 집으로 남쪽 집으로 함께 놀러 다니면 얼마나 반갑겠습니까?

통일이란 걸 막연하게만 생각하지 말고 구체적으로 서로가 쉽게 만나면 그게 통일이지 뭐겠습니까. 결국 어려운 통일정책이 덕지덕지 까다로운 이유만 붙여 43년간 오히려 통일을 막아 왔던 것입니다.

하늘의 옥황상제님도 견우직녀에게 일 년에 한 번씩 만나도록 길을 터 주었는데, 이 땅의 어른들은 뭣이 대단해서 총칼로 막는단 말입니까.

제발 이번 8월 15일은 우리 학생들을 가만히 놔둬 주십시오.

칠월칠석을 사흘 앞둔 1988년 8월 15일에 우리들의 산과 들의 까마귀, 까치들에게 수고스럽지만 길게 길게 임진강에 다리를 놓아 달라고 빌 것입니다.

43년 만에 만나는 학생들은 목 놓아 울어 더러워진 강산을 깨끗이 씻어 주기 바랍니다. 꼭 만나고 오십시오.

권정생(경북 안동군 일직면 조탑동)

그는 이 글을 몇 달 전에 창간된 『한겨레』 측에 보냈다. 국민의 한 사람으로서 하는 간곡한 호소였기에 '동화작가'임을 밝히지 않았다. 글은 8월 10일자 신문에 실렸다. 그가 『몽실 언니』, 『초가집이 있던 마을』 같은 분단 소재 동화를 쓴 작가라는 사실을 밝히지 않았기에 정식 칼럼이 아닌 독자투고로 분류되었다. 그러나 글의 내용과 수준이 높아서였을까. 사설 바로 옆에 전문을 소개함으로써 많은 독자가 읽을 수 있게 했다.

'8·15 남북학생판문점회담'은 결국 성사되지 못했고, 그는 정부의 '7·7선언'에 진정성이 없다고 판단했다. 다시 「점득이네」 집필에 몰두한 그는, 미군기의 폭격으로 어머니가 돌아가시고 점득이는 파편에 맞아 장님이 된 데다, 새로 그어진 휴전선으로 아버지 고향이 북한 땅이 된 탓에 돌아갈 곳마저 사라진 점례와 점득이가 이후 30년 세월 모진 고생 속에서도 꿋꿋하게 살아온 이야기를 정리해 나갔다. 그리고 11월 말, 드디어 「점득이네」 마지막 부분을 썼다.

　　점례는 밖에 눈이 내리고 있다는 것을 생각하면서 자꾸만 지난날을 떠올리고 있었다.
　　30년을 하루같이 점득이의 손을 잡고 고향과 외갓집 식구들 그리고 판순이를 찾으며 살았다. 지금도 조금씩은 빛이 바랬지만 점례와 점득이는 그 옛날과 똑같은 마음이었다. 세월이 흘러도 그건 남의 세월이지 점례한텐 30년이 사흘인 듯 짧게 느껴졌다. 점례는 하루가 가고 해가 바뀌는 데에 너무도 무심했다. 점득이도 자신도 아직 열 살이 조금 넘은 아이들이었다. 죽은 어머니가 그냥 살아 모과나무골에서 기다리고 있는 것만 같았다.
　　점득이도 마찬가지로 제자리걸음을 걷듯이 세월이 흐르는 것을 애써 마음에 두지 않았다. 절대로 점례 누나와 자기는 그냥 어린이로 남아 있어야 한다 싶어 나이를 세지 않으려 했다. 그래야만 지난날 있었던 조그마한 즐거움이나마 되찾을 수 있다고 생각하는 것이다.
　　"누나."
　　점득이가 고개를 다시 일으키며 불렀다.
　　"왜 그러니?"
　　"밖에 눈이 아직 내려?"
　　"그래. 아주 많이 내리는구나."
　　"그만 불 끄고 자."

"그래."

점례는 불을 껐다.

어두워지니까 방 안은 한층 더 춥고 을씨년스러운 것이 귀가 시렸다. 점례는 점득이의 담요 자락을 더듬어 다독거렸다.

"점득아, 춥니?"

"추워."

점득이는 담요 끝을 머리끝까지 가만히 뒤집어썼다. 밖에서 사락사락 눈 내리는 소리가 조용히 들려왔다. (끝)

12월 초, 권정생은 마지막 연재 원고를 『해인』 측에 보냈다. 2년 만에 탈고한 것이었다. 그는 『몽실 언니』와 『초가집이 있던 마을』에서 못다 한 이야기를 「점득이네」에서 모두 했다고 생각했다. 6·25전쟁과 분단을 다룬 소년소설은 이 세 편으로 어느 정도 정리된 것 같아 후련했다. 하지만 여전히 분단 상황이 계속되고 있어 마음 한편이 늘 무거웠다.

12월 중순, 창작과비평사에서 단편동화집 『바닷가 아이들』이 출판되었다. 지난 몇 년 동안 여러 잡지에 발표한 동화들을 정리한 단행본이었다. 이제 남은 것은 어머니가 들려주시던 돌음바우골과 삼밭골 이야기뿐이었다. 그는 마당으로 나갔다. 흰 눈에 덮인 먼 산자락을 바라보며 심호흡을 했다.

이제는
남은 숙제를
해야 할 때

권정생은 시간이 날 때마다 삼밭골을 오가며 본격적인 취재와 작품 구상을 이어갔다. 이 과정에서 채록한 삼밭골 산골 아이들의 서러운 노래들을 정리해* 최완택 목사가 시무하는 민들레교회 주보에 6월부터 「권정생의 구전동요」라는 제목으로 1년 반 동안 연재했다. 그만큼 취재는 구체적이고 방대했다. 『새가정』에는 7·8월호를 시작으로 「도토리 예배당 종지기 아저씨」와 형식이 같은, 즉 연결성이 있는 단편동화들을 2년 넘게 연재했다.** 이 두 연재 외에는 동화보다 칼럼이나 수필을 더 자주 썼다.

1990년 6월, 『점득이네』가 창작과비평사에서 나왔다. 표지 그림과 삽

---

* 원종찬 엮음, 이기영의 「민들레교회 이야기」 속 권정생의 구전동요 목록, 『권정생의 삶과 문학』, 창비, 2008.
** 1994년에 『하느님이 우리 옆집에 살고 있네요』(도서출판 산하)로 출판되었다.

화는 이철수가 맡았다. 권정생은 '6·25전쟁 3부작'이 모두 출판되어 뿌듯했다. 그러나 남북관계에 큰 진전이 없고, 오히려 노태우 대통령이 여소야대 정국을 돌파하기 위해 민주정의당과 김영삼 총재의 통일민주당, 김종필 총재의 신민주공화당 등 3당 합당을 추진해 '공안정국'을 유지하면서 통일운동과 민주화운동을 탄압하는 현실이 안타까웠다.

그즈음 MBC 드라마국 관계자들이 빌뱅이 언덕으로 권정생을 찾아왔다. 그는 방문을 걸어 잠그며 외쳤다.

"인터뷰 안 합니다. 그만 돌아가 주세요."

"권 작가님, 저희는 인터뷰하러 온 게 아니라『몽실 언니』를 드라마로 만들고 싶어 찾아왔습니다."

그는 기자들에게 속아 문을 열어 준 경험이 여러 번 있어 그 말도 거짓일지 모른다고 의심했다. 통일운동을 탄압하는 세상인데『몽실 언니』를 드라마로 만든다는 것이 가당키나 한가라는 생각에 헛웃음을 지으며 돌아가라고 했다.

"작가님, 저희는『몽실 언니』를 바탕으로 우리나라 현대사의 질곡과 그 과정에서 숱하게 시련을 겪어야 했던 우리 민족의 이야기를 36부작 드라마로 만들고 싶어 찾아왔습니다. 정말이니까 문 좀 열어 주세요."

권정생은 그제야 거짓말하는 기자는 아닌 것 같아 방문을 열었다. MBC 드라마국 부국장이 자신을 소개하며 명함을 주었다. 프로듀서도 인사를 꾸뻑하며 역시 명함을 건넸다. 그는 두 사람에게 방으로 들어오라고 한 뒤 말했다.

"몽실이 같은 슬픈 이야기를 드라마로 만들면 누가 보겠어요?"

두 사람은 그의 방에 텔레비전이 없는 것을 알고 깜짝 놀랐다.

"작가님은 텔레비전을 안 보시나 봐요?"

"예. 정신 사나워질까 봐 안 봅니다."

그가 멋쩍은 미소를 지었다. 인간문화재를 만난 듯한 표정을 하던 방송국 두 사람도 따라서 빙그레 웃고는 찾아온 이유를 설명했다.

"솔직히 말씀드리면, 지난 몇 년 동안 방송된 드라마 중에는 삼각관계 애정물이 많았습니다. 시청률을 끌어올리려 말초적이고 선정적인 드라마를 내보내다 보니 이제 시청자들이 반감을 가지는 상황이 되었습니다. 그래서 『몽실 언니』 같은 사람 냄새 나는 휴먼 드라마를 만들어야겠다 싶어 이렇게 찾아온 겁니다."

"나는 텔레비전을 안 봐 모르지만, 동네 할머니들이 요즘 연속극이 너무 야하다고 하는 말은 들었습니다. 그런데 요즘 같은 세상에 분단 문제를 다루는 드라마를 해도 괜찮겠습니까?"

"그건 염려하지 않으셔도 됩니다. 그리고 사전에 이해해 주셔야 하는 부분이 있는데, 드라마를 원작과 100퍼센트 똑같이 만들지는 않습니다. 저희 방송국 작가가 드라마에 맞게 다시 씁니다. 물론 원작의 취지를 훼손하지 않는 범위에서요."

그는 고개를 끄덕였다.

"제가 이런 제안은 처음 받는 거라 지금 당장 뭐라 말씀드리지 못하겠습니다. 생각도 해보고 주변에 상의도 한 다음 연락드리겠습니다."

"예, 작가님. 당연하십니다. 잘 검토하셔서 꼭 드라마로 방영될 수 있도록 결정 내리시면 고맙겠습니다. 저희가 원작의 뜻을 제대로 반영하고, 시청자들이 몽실이를 통해 희망과 용기도 얻을 수 있도록 잘 만들겠습니다. 드라마는 MBC가 정말 잘 만듭니다."

두 사람이 자리에서 일어섰다. 그도 일어나 방에서 배웅했다.

그는 갑자기 벌어진 일에 정신이 멍했다. 두 사람 말대로 원작에서 크

새 주말 연속극 「몽실 언니」
권정생 원작·임충 극본·김한영 연출

'아픔'을 껴안은
여덟 살 몽실의 집

임은지, 이경진, 한진희, 박인환, 여운계 등 출연
9월 1일부터 토·일요일 저녁 8시 방송

글/최윤미 「MBC 가이드」 기자·사진/이의린 「MBC 가이드」 기자

1990년 MBC-TV 주말연속극 「몽실 언니」 포스터. 드라마 「몽실 언니」에는 이경진, 한진희, 박인
환, 나문희, 여운계 등이 출연했다. 몽실 역을 맡은 임은지는 제27회 백상예술대상 TV 부문 아
역상을 수상했다.

게 벗어나지 않는다면 시청자에게 분단의 상처가 개인의 삶을 얼마나 피폐하게 하는지, 진정한 삶의 가치와 행복이 무엇인지, 더불어 산다는 것의 의미가 무엇인지 등을 잘 전달할 수 있을 듯했다. 하지만 분단 문제를 슬그머니 빼고 기구한 팔자만 강조한다면 원작에서 나타내려 한 의미가 퇴색되면서 단순한 신파극이 될 수도 있었다. 그는 이오덕과 이현주, 이철수에게 각각 편지를 보냈다. 모두 좋다는 답신을 보내왔다. 이철수는 시청률을 위해 원작과 조금 다르게 만든다 해도 드라마가 방영되면 원작을 읽는 사람이 많아지니 큰 문제가 안 된다고 덧붙였다.

9월 1일 저녁 8시, MBC 주말드라마 「몽실 언니」 첫 회가 방송되었다.

36부작 내내 몽실의 기구한 팔자에 눈물 흘리는 아주머니와 할머니가 많았다. 6·25전쟁을 겪은 세대에게 「몽실 언니」는 자신의 이야기였고, 친척의 이야기였으며, 이웃의 이야기였다.

　권정생은 텔레비전이 없어 한동안 드라마를 보지 못했다. 동네 할머니들이 몰려와 이야기해 주는 것을 듣는 정도였다. 그렇게 지내다 할머니들의 성화에 못 이겨 드라마가 거의 끝날 무렵 안동에 가서 조그만 텔레비전을 하나 사 왔다. 그때부터 「몽실 언니」를 보고 드라마가 끝난 뒤 방영되는 주말명화 프로그램도 시청하면서 텔레비전에 조금씩 익숙해져 갔다.

　권정생과 「몽실 언니」는 전국적으로 인기를 얻었고, 기자들이 빌뱅이 언덕으로 몰려들었다. 그는 기자들과 숨바꼭질을 벌였다. 기자들도 지지 않았다. 전우익, 이철수, 김용락 등을 앞세워 좋은 이야기를 들으러 온 후배인 양 신분을 속이고 녹음기를 가방에 감춘 채 몰래 취재해 가기도 했다.

　그는 이후 몇 년 동안 동화보다 평화와 생명, 분단과 통일에 대한 자신의 생각을 칼럼으로 발표하면서 삼밭골 이야기의 초고도 썼다.

　1994년 3월, 권정생은 최완택 목사의 「민들레교회 이야기」에 삼밭골 이야기인 「한티재 하늘」을 연재하기 시작했다. 민들레교회 주보에는 「도토리 예배당 종지기 아저씨」, 「권정생의 구전동요」에 이은 세 번째 연재였다. 그는 삼밭골이 어떤 곳인지에 대한 설명으로 시작했다.

　　삼밭골은 열두 골이라는데 어디서 어디까진지 어림잡을 수도 없다. 그만큼 골짜기가 이리저리 갈라져 복잡하기 때문이다. 세어 보면 스물도 넘

1992년 3월 빌뱅이 언덕 아래 흙집 방 안에서 모습. 「몽실 언니」 드라마가 끝날 무렵에 텔레비전을 장만했다.

는다. 대충 적어 보면 이렇다.

동녘골, 서녘골, 단당골, 사구지미, 거무산밑, 섶밭밑, 빌마, 갯골, 큰 평지, 짓골, 바랑골, 더붓골, 양지마, 음지마, 생골, 아랫커… 여기 말고도 재너머 계산골, 지랑골, 이리골까지 두루 합쳐 부르는 사람도 있다. 골짜 기가 많다 보니 여기저기 재도 여러 군데였다. 재릿배, 사구지미재, 따웃 재, 이릿재, 살구나무재, 목산재… 그리 높은 재는 아니지만 사람들은 이 런 재를 넘나들며 골짝골짝 늘느리 마을을 만들고 집 짓고 나무 심고 삼 밭을 가꾸며 살았다.

삼밭골은 삼밭이 많아서 그런 이름을 붙였다지만 그것보다 삼베길쌈 처럼 고달프게 살아가는 사람들이 모여 사는 곳이어서 그렇게 불렀는지 도 모른다. 같은 안동땅이면서도 남쪽 끝 가장자리에 붙은 녹두자갈밭과 황토흙의 비탈길이 뙈기뙈기 억지로 부둥켜안듯이 붙어 있다. 산이 그다 지 가파르지 않으면서도 만만한 평지도 없다. 사구지미에서 시작되는 실개천은 겨우겨우 다락논을 적셔 주어 그나마 명일 때나 차례상과 조상 제사상에 쌀밥 한 그릇은 떠 놓을 수 있을 정도다.

삼밭골엔 양반이 없다. 그래서 고래 등 같은 기와집은커녕 우뚝한 초가집도 한 채 없이 나직나직 돌담집들이 산자락 비탈에 조갑지처럼 붙어 있다. 한 집 한 집 터를 잡아 지은 집들이라서 골목길도 어지럽게 분답스럽다. 길마에 짐을 실은 소가 그래서 줄광대처럼 골목길을 위태위태 오르내려야 했다. 그런 까끌막진 비탈길을 아낙네들은 물동이를 이고 팽이 치듯 끄떡없이 댕겼다.

권정생은 그동안 써 놓은 분량이 꽤 되어 매회 원고지 60~70매씩을 최완택 목사에게 보냈다. 최 목사는 그의 원고를 A4 용지에 정성스럽게 옮겨 적었다.

본격적인 이야기는 돌음바우골에 사는 분들네가 둘째 딸을 낳는 데서 시작되었다. 이후 그의 어머니가 일본에 살 때부터 세상을 떠나실 무렵 병으로 누워 계실 때까지 혼잣말처럼 조용조용, 산에 가면 산나물을 뜯고 인동꽃을 따면서, 조밭을 매면서, 집에서는 물레로 실을 잣고 바느질을 하면서 들려주시던 이야기와 자신이 그동안 돌음바우골이나 삼밭골을 다니면서 취재한 내용들을 담았다.

「한티재 하늘」의 시대적 배경은 일제강점기였다. 권정생은 인물들의 대화를 표준말이 아닌, 어머니가 쓰시던 안동 사투리로 표현했다. 혹독한 시집살이, 당시에도 계속된 종살이와 면천을 받으려면 돈을 지불해야 하는 실상, 집이 너무 가난해 민며느리로 들어가야 하는 세태, 소박맞아 친정으로 쫓겨 오는 모습, 한센병에 걸리면 마을에서 못 살고 산골짜기에 들어가 홀로 지내야 하는 서글픈 신세 등을 생생하게 묘사했다.

그러나 이런 가난하고 힘든 환경에서도 이웃끼리 서로 위하고 아껴 주며 세상을 헤쳐 나가는 훈훈한 모습이 담겨 있어 「민들레교회 이야기」 독자들은 울고 웃었다.

여름 무렵, 그는 분들네의 아들 장득이가 이순과 혼인 날짜를 받아 놓고 투전방을 드나드는 모습을 썼다.

돌음바우골 분들네는 요즘 들어 속이 내내 부글부글 끓었다. 혼자 있을 때면 불쑥불쑥 욕지거리가 나왔다.

올가을이면 며느리가 될 이순이 오라비가 도망쳐 나온 총년과 같이 야반도주를 했다니 그런 망측한 일이 또 어디 있겠는가. 거기다 할미 되는 술장사 늙은이는 마실돈을 등쳐먹듯이 거둬 가지고 벙어리 며느리와 어디론가 가 버렸으니, 그런 집 딸년을 어떻게 며느리로 삼을 건가. 정말 원통하고 뒤집힐 일이었다.

그러나 정작 분들네가 속을 끓이는 건 사돈댁 흉보다 이녁 아들 장득이 때문이었다. 겉으로 보기엔 얌전하고 힘이 있어 큼직큼직한 일을 잘해 내는데, 장득이는 두어 해 전부터 노름판을 다니게 된 것이다. – 중략 –

장득이는 벌써 지난해 이 화투노름 때문에 집에서 먹이던 소를 날려 버렸다.

겨울 동안 내내 밤을 새우다시피 마실을 나갔다 오더니, 어느 날 갑자기 빚쟁이들이 찾아와 돈을 내어 놓으라는 것이다. 그러지 않으면 관청에서 장득이를 잡아간다고 했다.

영문을 모르는 조석과 분들네는 겁부터 나서 덜덜 떨기만 했다. 장득이는 고개만 푹 숙인 채 아무 말이 없었다.

장득이는 잃어버린 소를 찾겠다며 고리대금을 빌려 다시 노름을 했고, 결국 빚을 갚기 위해 물 건너 참봉댁으로 머슴살이를 갔다. 이순은 장득이가 머슴살이를 해도 정혼자이기에 혼인을 했고 혹독한 시집살이를 시작했다.

형님 형님 사촌형님
시집살이 어떻든고
애고 야야 그말 마라
꼬치 당초 맵다캐도
시집살이 더 맵드라
둥긍둥긍 수박식기
법 담기도 어렵드라
도리도리 도리소반
수절 놓기 어렵드라
면 모르는 낯선 정지
동제하기 어렵드라
호랑 같은 시아밧님
밥상들기 어렵드라
중우 벗은 시아재비
말하기도 어렵드라
할림새야 시누부야
말 듣기도 어렵드라
석 자 세 치 상승수건
횃대 끝에 걸어놓고

병색이 완연한 1995년 권정생의 모습.

> 들맨날맨 날맨들맨
> 눈물 닦아 다 섞었네
> 분홍치마 다홍치마
> 눈물 흘러 행주됐네

  권정생은 중간에 건강이 안 좋아 연재를 거를 때도 있었다. 그럼 최완택 목사가 "선생의 건강이 좋지 않아 이번 호에는 연재를 쉬니 같이 기도해 달라"는 안내문을 올렸다. 또 자신의 가족사를 생생히 쓰다 너무 가슴이 아파 괴로울 때면 "앞으로 노력해 써지는 대로 보내겠으나 요즘 같아서는 쉬 될 것 같지 않으니 죄송합니다"라는 편지를 보냈고, 최 목사는 그 내용을 주보에 실었다. 그만큼 힘들고 눈물 나는 작업이었다.

1996년 2월, 연재한 지 어느덧 2년이 되었고 「한티재 하늘」은 이순이 일본으로 떠나는 데까지 이야기가 이어졌다. 이순은 장득이가 일본으로 간 후 혼자 아이 다섯을 키우느라 모진 고생을 했다. 장득이는 7년이 되도록 돈은커녕 편지 한 통도 없었다. 그 무렵, 집에서 밀주를 만들어 주막에 팔던 이순은 단속에 걸려 벌금 50원이 나왔다. 보름 안에 갚지 못하면 감옥에 가야 했다. 50원이면 쌀 두 가마니(160킬로그램)를 살 수 있는 큰돈이었다. 이순은 그만한 큰돈이 없어 옥살이를 하려고 했지만, 주막 여주인은 애들은 어떻게 할 거냐면서 벌금을 해결해 준다는 외팔이 장돌뱅이와 하룻밤을 주선했다.

이순은 자꾸 가슴이 두근거리고 몸이 떨려 꼭지네가 하는 말소리도 하는 몸짓도 들리지도 보이지도 않았다.

"왜 이레 멍청이 서 있네?"

그러면서 꼭지네는 무명 수건으로 이순이 머리를 닦아 주고 조그만 사기단지에 담긴 매스꺼운 냄새가 나는 분가루를 찍어 얼굴에 발라 준다.

"나이 사십이 넘은 총각이라네. 빨간구이(의병)인지 화적팬지 그냥 떠돌이로 살다가 지난여름부터 등짐장사로 나섰다는구망. 팔이 한 짝이 없어."

"…"

이순은 점점 점점 후들거려졌다.

꼭지네가 나가더니 김이 오르도록 데워 놓은 막걸리를 한 사발 가지고 왔다.

"자, 이것 마시게나. 내하고 다짐했잖애? 무신 짓이라도 한다꼬…"

이순은 꼭지네가 내미는 술 사발을 벌컥벌컥 마셨다.

"됐구마. 이제 들가소."

꼭지네는 뒷골방 문짝을 열고는 이순의 등을 떼밀어 넣었다.

권정생이 「한티재 하늘」을 연재하면서 가장 힘들게 쓴 부분이었다. 그는 어머니가 들려주신 이 부분을 좀 더 자세히 취재하고자 주막이 있던 솔티를 찾아갔지만, 어디쯤인지 기억하는 사람이 없었다.[*]

그렇게 하룻밤을 허락한 이순은 얼마 후 홀몸이 아니라는 사실을 알게 된다. 그래서 주막을 찾아가 외팔이 등짐장수에 대해 수소문해 보지만, 동학군 출신이라는 소문과 의병 활동을 하다 팔이 하나 잘린 후 장사꾼이 되어 떠돌아다닌다는 이야기만 들을 수 있었다. 그 무렵 이제까지 소식이 없던 장득이가 애들과 일본으로 건너오라는 편지와 함께 여비를 보내왔다. 이순은 친정 엄마에게 이 몸으로 어떻게 일본에 가느냐며 안 가겠다고 한다. 그러자 친정 엄마가 호통을 쳤다.

"시상이 뒤배꺼도 그건 안 된다. 일본 김서방한테 가야 된다. 아이들모도 데루고 하리라도 날래 가그라."

이순은 얼른 어매 낯을 쳐다봤다. 그러고는 무슨 큰 잘못을 저지른 아이처럼 몸을 웅크렸다. 여태껏 한 번도 보지 못했던 정원의 무서운 얼굴을 봤기 때문이다.

"지가 저지른 잘못은 지가 매를 맞아야 한다. 죽든지 살든지 김서방한테 가서 해라."

"어매…."

* 권정생, 『한티재 하늘』, 지식산업사, 1998, 서문.

이순이 정원을 다시 한 번 쳐다보며 불렀다.

"와? 무신 소리도 듣고 섶지 않다. 이런 꼬라지 보일라꼬 에미를 불렀드나. 나는 니 겉은 딸을 낳아 키운 기 남새시럽다."

"…"

이순은 어쩔 수 없다는 걸 깨달았다.

결국 이순은 일본에 가기로 마음먹고 수속을 한다. 그러나 여행허가증이 가족당 4명에게만 나와 어쩔 수 없이 두룹골에서 한센병 아들을 보살피던 시어머니에게 셋째 아들을 맡기고 일본으로 떠난다.

3월, 권정생은 이순네 이웃 이야기를 한 번 더 썼다. 그리고 최완택 목사에게 몸이 점점 힘들어져 이번 연재를 마지막으로 좀 쉬어야겠다고 했다. 그도 내년이면 예순이라 몸이 예전 같지 않았다. 그는 1936년 이야기까지 쓰고 「한티재 하늘」의 연재를 마쳤다. 그가 태어나기 전해까지 이야기였다.

단행본 『한티재 하늘』은 1998년 11월 15일 지식산업사에서 두 권으로 출판되었다. 그는 서문에서 어머니가 오랜 세월에 걸쳐 들려주신 이야기의 흔적을 찾아 1970년대 중반부터 청송 칠배골, 사구지미 고갯길, 일월산, 울진 바닷가, 영양 다래골을 다녔다고 밝혔다.

세상을 향한
작지만
의미 있는
목소리

연재를 끝낸 권정생은 오랫동안 미루던 숙제를 한 것 같아 홀가분한 마음으로 빌뱅이 언덕을 오르내리며 운동을 했다. 그는 지난가을 병원에 가서 몇 가지 검사를 받았다. 폐결핵은 그동안 약을 꾸준히 복용해 거의 치유되었지만, 늑막염이 낫는 과정에서 생긴 숨이 찬 증세는 그대로 남아 있었다. 의사는 하나 남은 콩팥 기능은 그런대로 괜찮고, 왼쪽에 엄지손가락 크기의 고름주머니가 아물지 않고 있지만 이 이상 치료는 불가하다며 조심해서 살아가라고 했다. 소변줄이 연결된 피부 쪽에서 자주 염증이 생겼고, 그 탓에 열이 나면 며칠이고 누워 안정을 취해야 염증이 가라앉으면서 열도 내렸다. 그러나 염증이 사라지면 소변줄을 또 갈아 끼워야 하고, 조금 무리해 움직이면 다시 염증이 생기면서 열이 나는 악순환이 이어졌다.

그는 아플 때마다 지겹도록 살았다는 생각에 절로 몸서리가 쳐졌고, 누가 찾아오는 것도 부담스러웠다. 걱정되는 마음에 건강이 어떠냐고

그림책 『강아지똥』의 앞표지(왼쪽)와 뒤표지.

물어 와도 대답할 기운조차 없는 경우가 많았다.* 친한 지인들도 그를 찾아왔다가 그냥 돌아가는 일을 반복했다. 결국 그는 전화를 설치했다. 그때부터 지인들은 먼저 전화를 걸어 그의 목소리 상태를 확인한 후 방문했다.

불행 중 다행이라면, 너무 오래 아프다 보니 반은 의사가 되어 어떤 증세가 생기면 어떻게 대처해야 하는지를 알아 병원에 자주 안 가도 된다는 것이었다. 그는 마당에 이뇨제 역할을 할 구기자, 민들레, 댑싸리, 쑥 등을 심었고 그것들을 뜯어서 달여 먹었다.

4월 25일, 1969년 제1회 '기독교아동문학상'을 받았던 「강아지똥」이 그림책 작가 정승각의 그림을 곁들여 '어린이 그림책'으로 새롭게 출판되었다. 어린이 눈높이에 맞추어 원작을 간략하게 줄여 만든 책이었다. 그림을 그린 정승각은 강아지똥 이미지가 어린이들에게 친근감 있게 전

* 이오덕·권정생, 『선생님, 요즘은 어떠하십니까: 이오덕과 권정생의 아름다운 편지』, 양철북, 2015, 355~356쪽.

달되도록 4개월 동안 강아지 뒤를 따라다녔고, 점토로 강아지똥 형상을 만드는 연습을 수없이 반복했다. 권정생이 비 오는 날 강아지똥을 지켜봤던 것처럼, 정승각도 골목 모퉁이에서 비를 맞으며 강아지똥이 부서져 민들레가 핀 땅으로 스며드는 모습을 관찰했다. 원작 「강아지똥」도 외울 정도로 많이 읽어 그 깊은 의미를 파악하고자 노력했다.

이런 힘든 과정을 거쳐 『강아지똥』 그림책이 완성되었고, 어린이들과 부모들로부터 폭발적인 반응을 얻었다. 동화작가가 전달하려고 한 의미를 그림책 작가가 성공적으로 표현한 대표적 사례인 『강아지똥』 그림책은 『몽실 언니』와 함께 '밀리언셀러'를 향해 발돋움했다. 이후 정승각은 그의 동화 『황소 아저씨』, 『오소리네 집 꽃밭』, 『금강산 호랑이』를 그림책으로 만드는 작업을 했다.

이즈음 안동공업고등학교에서 교사 생활을 하다 경북외국어대학교 교수로 임용된 김용락이 주말이면 빌뱅이 언덕 아래 흙집을 찾아왔다. 김용락은 『녹색평론』 발행인인 김종철 교수의 부탁으로 권정생이 지난 몇 년 동안 발표한 환경과 반전, 평화에 관한 산문들을 모으고 있었다. 그런데 권정생은 자신의 산문들을 단행본으로 출판하는 것에 반대했다.

"선생님, 용락이 왔는데요."

"문 열고 들어와라."

"요즘은 좀 어떠세요?"

"용락아, 네가 나 대신 아파 주면 안 되겠니?"

권정생은 너무 오랫동안 아픈 것에 지쳐서, 친한 이가 찾아와 건강을 물으면 이렇게 대답하곤 했다.

"그럴 수만 있다면 백번이라도 대신 아파 드릴 텐데, 그러지 못하잖아요. 그런데 자세히 보니 선생님도 이제 머리가 많이 세셨네요."

"나도 이제 예순이 넘었다. 사람은 쉰 살까지만 살면 좋겠어."

"50년은 너무 짧지 않아요?"

"쉰 살에 죽었으면 하는 게 아니라, 쉰 살 수준에서 멈추어 20년가량 더 살다 죽으면 좋겠다는 뜻이야. 늙어서 힘없이 살다 죽으면 원통하잖아."

"선생님은 쉰 살 때쯤이 최고로 좋으셨던가 봐요."

"내가 좋았던 때가 어디 있노. 스무 살 이전부터 맨날 이렇게 아픈 데…."*

김용락은 갑자기 가슴이 먹먹해 더는 말을 잇지 못하고 그의 손을 잡았다.

"그래, 오늘도 또 부탁하러 왔니?"

"예, 이제 그만 고집 부리시고 출판을 허락해 주세요."

"용락아, 몇 번 말했지만 내가 책으로 묶기 싫다고 하는 건 김종철 교수에게 손해를 끼치기 싫어서야. 그동안 발표한 산문들은 세상을 바라보다 떠오른 생각들을 쓴 거고, 솔직히 내가 바른 눈으로 세상을 바라보며 썼는지 걱정이 된다.* 그래서 책으로 엮어 출판할 가치가 있는지 모르겠고, 책으로 나왔을 때 팔릴 것 같지도 않아. 그럼 결국 책을 출판한 녹색평론사가 곤경에 빠질 텐데, 평소에도 돈이 부족한 출판사가 나 때문에 손해를 보면 어쩌니? 그래서 반대하는 거니까 이제 그만하자."

권정생은 괜히 한번 해보는 소리가 아니었다. 그는 『녹색평론』 발행 초창기부터 원고는 물론 재정적으로도 도움을 주었다. 원고료를 받지 않았을뿐더러, 오히려 자신의 원고 봉투에 다른 잡지사에서 받은 원고

* 김용락, 『나의 스승, 시대의 스승』, 솔과학, 2008, 26쪽.

료 우편환까지 넣어 보내며 격려했다. 그렇게 『녹색평론』을 아끼는 그였기에 팔릴 것 같지 않은 자신의 산문집 출판을 반대했던 것이다.

옛날 농촌에서는 집을 지을 때 마을사람들이 함께 모여 일을 했다. 특히 지붕 마룻대에다 서까래를 걸치고 나면 알매를 치는데 이 일이 가장 힘이 든다. 수수깡이나 나무졸가리로 밑알매를 치고 그 위에 흙알매를 친다. 이럴 때면 동네 장정들이 다 모여 흙을 반죽하여 호박덩어리만큼 뭉쳐 지붕 위에 올리는 일을 한다. - 중략 -

이 일은 빠르면 한나절, 늦어도 하루에 다 해치워야 한다. 함께 하는 일, 그것도 따뜻하게 살아갈 집을 짓는 일을 함께 한다는 것이야말로 평화를 만드는 일이다.

우리가 살아가는 세상은 아무도 혼자서는 하나에서 열까지 다 할 수는 없다. 일을 함께 할 때는 외롭지 않다. 오히려 즐겁고 절로 흥겨워진다. 사람이 외로운 것은 함께 일하지 못하고 혼자 외따로 처질 때이다.**

그러나 김종철 교수의 판단은 달랐다. 김 교수가 보기에 그가 쓴 산문의 시선은 언제나 약자를 향해 있었고, 그들을 바라보는 시각은 지식인이나 문인의 관점이 아닌 약자의 관점이었다. 특히 김 교수는 권정생이 끝없이 억압 받는 약자의 처지에서 분노하고 슬퍼하며 괴로워하지만, 그러한 핍박에도 서로 보살피고 상부상조하는 인간적인 유대 속에서 삶의 근원적 행복과 기쁨을 찾는 모습을 높게 평가했다.***

** 권정생, 「평화를 만드는 사람들」, 『우리들의 하느님』, 녹색평론사, 개정증보판, 2008, 61쪽.
*** 권정생, 『우리들의 하느님』, 녹색평론사, 개정증보판, 2008, 발간사(김종철).

1996년 12월 초판이 발간되었다. MBC 독서 캠페인 프로그램 「느낌표: 책책책, 책을 읽읍시다」에서 선정도서로 추천했지만, 권정생은 독자들이 스스로 책을 선택하게 해야 한다며 선정을 거부했다. 권정생 사후 이듬해인 2008년 5월 개정증보판이 출판되었다.

"선생님, 김종철 교수님이 잘 판단한 끝에 출판하고 싶다고 하신 걸 테니, 도와준다 생각하시고 이제 그만 허락해 주세요. 지금 저는 선생님께서 발표한 잡지들을 모아 두지 않으셔서 그것들을 찾느라 강의가 끝나면 학교 도서관에서 살다시피 합니다."

권정생은 자신이 발표한 산문들을 모아 놓지 않았다. 동화가 아닌 산문이라 책으로 묶을 생각을 전혀 안 했던 것이다. 그는 자신에게 구박받으면서도 주말이면 찾아와 머리를 조아리고, 원고를 찾기 위해 이리저리 뛰어다니는 김용락을 바라봤다.

"용락아. 정 그러면 김종철 교수에게 책을 두껍지 않게 만들라 말씀드리고, 너도 내가 쓴 글들을 찾느라 너무 애쓰지 말고 대강 찾아서 갖다드려라."

"예, 선생님. 고맙습니다."

김용락은 미소 가득한 표정으로 그의 손을 잡았다.

12월 20일, 녹색평론사에서 산문집『우리들의 하느님』이 출판되었다. 이웃과 세상에 대해 하고 싶은 말들을 모은 책이었다. 이오덕은『문화일보』에 기고한 서평에서 "권정생 씨는 자신의 병든 몸에 대해서, 그 아픔에 대해서 좀처럼 글을 쓰지 않았는데 이 책에는 한두 군데 잠깐 썼다. 그것마저 아무것도 아닌 것처럼 웃어넘기도록 쓴 것이다. 보통 사람이라면 그런 몸으로 견디지 못해 흔히 자살을 하든지, 살더라도 자기 몸밖에 아무것도 생각할 여유가 없겠는데, 권정생 씨는 아주 반대로 자기 한 몸에 관해서는 도무지 말하는 법이 없고, 오직 아이들의 앞날과 세상일과 겨레와 인류 전체 문제에만 매달려 걱정한다. 그야말로 큰사람이라 하지 않을 수 없다"면서 산문에 드러나 있는 그의 걱정이 우리 어린이들의 미래를 위한 것이라고 밝혔다.

'강아지똥 속에서
민들레꽃이
피는구나'

1997년 봄, 권정생은 아침에 일어나면 빌뱅이 언덕을 올랐다. 하루하루 푸르러지는 보리밭을 바라보며 굶주림에 고통 받는 북한 어린이들을 생각했다. 지지난해 북한 대홍수 이후 참혹한 소식이 들릴 때마다 그는 가슴이 에이는 듯 아팠다. 그러나 김영삼 정부는 식량 지원은 안 된다며 식용유와 담요를 보냈다. 유엔식량농업기구FAO 같은 국제 구호단체들이 나섰는데도 상황은 계속 악화되었다. 지난해 『한겨레』에 초근목피草根木皮 목격담과 함경도 지방에서만 어린이 8만 명이 기아선상에 있다는 르포 기사가 나오더니 올해는 더 심각한, 차마 듣기도 보기도 끔찍한 소식들이 들려왔다. 국내에도 북한을 도와야 한다는 단체들이 생겼지만, 정부에서는 창구 일원화를 고집하며 지원을 늦추었다.

권정생은 화가 났다. 어린이들이 굶고 있는데 무슨 조건을 따지고 절차가 필요한지 도무지 이해할 수 없었다. 그는 북한 동포, 특히 어린이들의 참상을 알고도 강 건너 불구경하는 듯한 정부의 태도를 더는 두고 볼 수 없어 펜을 들었다.

재작년부터 북한에서 가뭄과 물난리로 동포들이 살아가기 어렵다는 소문을 들어 왔다. 하지만 그건 맨날 들어온 그 소리가 그 소리라고만 여겼다. 6·25전쟁 이후 우리는 귀가 따갑도록 북한 동포들의 참상을 들어왔기 때문이다. 그런데 정작, 요즘 들려오는 소식은 거짓말이 아니었다. 어쩌다 이렇게까지 된 것일까? 어버이 수령님의 보살핌으로 세상에서 부러움 없이 살아가는 나라라고 큰소리치던 것이 모두 거짓말이었던가? 정말 기가 막힌 일이지 않는가.

온 세상 지구 반대편까지 갈 수 있고, 팩스가 통하고, 전화 통화를 할 수 있는 세상에, 한 땅덩어리 안에서 굶어 죽어 가는 것조차 모르고 있었던 건 부끄러움을 넘어 죄악이다. 천만 이산가족은 바로 부모 형제인 직계가족들이다. 차를 타면 몇십 분, 몇 시간이면 갈 수 있는 곳에 우리는 50년이 넘도록 서로의 소식도 모르고 살아왔다. 사람이 떼죽음을 당하고 있어도 그게 참말인지 거짓말인지 의심하게 된 이상한 나라로 살았다.

대체 어떻게 해야만 될까?

우리가 가진 것으로 조금씩만 나눠 보내면 올여름 햇강냉이가 나면 굶어 죽지는 않을 것 아닌가. 하루 한 끼씩 죽을 쑤어 먹더라도 한 줌씩의 쌀을 보내 앞으로 몇 개월만 함께 고생을 하자. 비록 얼굴은 마주 보지 못해도 함께 나눠 준 쌀과 밀가루로 우리는 한 겨레, 한 동포라는 걸 확인하면서 살자. 그래서 이 땅에 다시는 한스러운 역사를 남기지 말자.*

* 권정생, 「죽을 먹어도 함께 살자」에서 발췌, 『우리들의 하느님』, 녹색평론사, 개정증보판, 2008, 208쪽.

코스모스가 만발한 빌뱅이 언덕 아래 흙집 앞마당에 서 있는 권정생.

「죽을 먹어도 함께 살자」는 4월 16일 대구 『매일신문』과 『녹색평론』 5·6월호에 게재되었다. 한 사람이라도 더 볼 수 있도록 두 곳에 실은 것이었다. 그때부터 그는 한겨레신문사에서 벌이는 북한 어린이 돕기 캠페인에 성금을 보냈고 지속적으로 도울 수 있는 방법을 찾았다.

그가 한동안 동화를 발표하지 않고 책도 내지 않자 기자들이 궁금하다며 찾아왔다. 그때마다 매몰차게 내치다 보니 어느 기자는 그를 '놀부 영감'이라고 표현하기도 했다.

전우익과 이철수는 훗날 권정생에 관한 '자료의 빈곤'이라는 문제가 생길 수 있겠다는 생각에 인터뷰를 주선해 달라는 기자가 있으면 마치 친구인 것처럼 함께 오기도 했다. 물론 간곡한 취재 요청이 받아들여지지 않은 뒤의 일이었다. 한번은 이철수가 여러 다큐멘터리를 연출한 KBS 유동종 프로듀서와 같이 왔다. 그런데 방송국 측에서 이 모습을 빌뱅이 언덕 맞은편에 있는 국도변 휴게소에서 망원렌즈 카메라로 촬영했다. 이를 본 우편배달부가 이철수와 프로듀서가 떠난 후 알려 주었고, 권정생은 이철수에게 바로 전화해 노발대발하며 방송을 내보내지 못하게 했다.

10월 6일에는 전우익이 『신동아』 정현상 기자를 자신이 후하게 대하는 학교 선생님이라고 속여서 데려왔다. 권정생은 정 기자가 진짜 학교 선생님인 줄 알고 많은 이야기를 술술 했다.

"권 선생님, 만약 건강이 좋았다면 어떻게 사셨을 것 같으세요?"

"아, 열여덟 살 때 무당이 저더러 하늘이 내려 준 고독한 인간이라고 하지 않겠어요. 절에 갈 팔자라고 했습니다. 그때는 별소리 다 한다고 했지요. 제가 그때 성경책을 파고 있었거든요. 요즘 생각하니, 그 무당 말이 맞는 것 같아요. 이 집에 오고 나서부터, 주역이나 토정비결도 보고 했어요. 그걸 어떻게 알고 할매들이 와 궁합을 봐 달라고 하면 '교회 다니는 사람들에게는 절대 말하지 마세요' 하면서 아는 대로 말해 주곤 했어요. 그런데 그 할매들 이제 다 죽었지요."

"요즘 젊은이들에게 하시고 싶은 말씀 좀 들려주세요."

"요새 아이들은 말을 잘 안 듣잖아요. 그저 칭찬 많이 해주고, 기다려 주는 수밖에요…."

"새로운 천년이 다가오고 있습니다. 세기말의 우리들이 무엇을 준비해야 하겠는지요?"

"요즘엔 뒤돌아보는 사람이 적어요. 자꾸 앞만 보고 살아가요. 경쟁 사회니까. 옛날에 농사짓고 살 때는 경쟁이란 게 없었잖습니까? 한 가지 봉건시대 때 소작농과 지주, 이런 구분은 있었지요. 그것만 해결하면 됐는데, 지금은 너무 복잡한 사회가 됐어요. 미래를 준비하자면 과거를 제대로 돌이켜봐야 합니다."

정 기자는 '몰래 취재'를 마친 후 전우익에게 21년 동안 만나 온 권정생을 어떤 인물이라고 생각하는지 물었다.

"권 선생님은 크게 세 가지 특성이 있습니다. 첫째, 언제나 거기 그대로 있는 사람입니다. 산처럼 바위처럼. 둘째, 요즘은 인세 수입이 있어 가난하게 살지 않아도 되는데 아주 가난하게 살아요. 덜 먹고 덜 쓰고 덜 입어야 죄 짓지 않는다고 생각해요. 셋째, 무서울 게 없는 세상이라고들 하는데 그분은 무서워할 줄 아는 분입니다. 돌아가신 어머니의 사진조차 벽에 붙이지 못해요. 어머니 앞에서 쌀밥을 먹는 게 죄라고 생각하시는 분입니다."*

1998년 2월, 권정생은 바오로딸 출판사에서 발행하는 월간 성서 잡지 『야곱의 우물』에 장편동화 「밥데기 죽데기」를 연재했다. 「강아지똥」을 쓴 지 꼭 30년 만에 다시 '똥 이야기'를 다루었다. 사람이 사람다워지는 것, 똥이 똥다워지는 것이 얼마나 소중한지를 잊어서는 안 된다는 생각에서였다. 그는 한동안 이 사회가 진정 있어야 할 곳, 찾아야 할 곳, 돌아가야 할 곳이 어딘지 잊은 채 허둥대고 있는 것 같아 침묵하며 지냈다. 그러다 각자 있어야 할 자리를 알고 자기 자리만 찾아 살아간다면 산도, 들도, 강도, 세상 모두도 평화롭고 깨끗해지리라는 믿음에 다시 펜을 든 것이었다. 그리고 어린이들이 재미있게 읽을 수 있도록 익살을 섞었다.

그는 「밥데기 죽데기」를 이듬해인 1999년 4월까지 연재했다. 마지막 연재 제목은 '철조망이 녹아 내렸어요'였다. 서울과 평양의 집집마다,

---

* 『신동아』 1997년 12월호, 「전우익·권정생 20년 교유기」.

2000년 무렵 방 안에서.

가게마다 있는 달걀에서 병아리들이 깨어나면서 휴전선(군사 경계선) 철
조망을 비롯해 탱크, 장갑차, 대포, 유도탄, 군인들의 철모, 심지어 사람
들 마음까지 녹여 통일을 이룬다는 내용이었다. 마음 깊은 곳에 자리한
통일에 대한 열망을 수많은 병아리를 통해 표현한 것이었다. 그는 현시
대 어린이들이 훗날 통일을 이루는 주역이 되었으면 좋겠다는 소망으로
연재를 마쳤고, 『밥데기 죽데기』는 8월에 단행본으로 출판되었다.

　2000년, 새 천년이 시작되었다고 세상은 호들갑을 떨었지만 예순세
살이 된 그는 묵묵히 동화와 산문을 써 나갔다. 이듬해에는 은퇴 후 경
상북도 봉화군 비나리 마을에서 농사를 지으며 집 만드는 일을 배우던
정호경 신부와 그가 키우는 다리가 세 개밖에 없는 강아지 '달이'를 주
인공으로 한 동화 『비나리 달이네 집』이 낮은산 출판사에서 나왔다. 혼
자 산에 놀러 갔다 오른쪽 앞다리를 잃은 달이가 정호경 신부와 함께 정

겹게 살아간다는 내용이었다.

이후 동화 창작은 뜸했지만 그의 책이 해외에서 활발하게 번역되어 『몽실 언니』가 일본과 대만에서, 『강아지똥』과 『황소 아저씨』, 『슬픈 나막신』, 『아기 너구리네 봄맞이』, 『오소리네 집 꽃밭』이 일본에서, 『또야 너구리가 기운 바지를 입었어요』가 프랑스에서 출판되었다.

2003년 8월 25일, 암으로 투병하던 이오덕이 세상을 떠났다. 부고를 접한 권정생은 이오덕의 부재가 믿기지 않았다. 암 진단을 받았다는 소식을 들은 것이 불과 열흘 전이라 이렇게 황망히 떠날 줄은 꿈에도 생각지 못했다. 권정생은 30년 전인 1973년, 일직교회 문간방으로 자신을 찾아온 이오덕의 모습이 떠올랐다. 무명작가의 첫 단편동화집이 출판될 수 있도록 동분서주하던 일이 생각나자 가슴이 메었다. 전우익, 이현주, 이철수와 만나 때로는 '고집불통 선생님', '독불장군 선생님'이라며 고개를 흔들 때도 있었지만, 이제는 그럴 수도 없다는 사실이 슬펐다. 눈물이 흘렀다. 먼 산으로 이오덕이 걸어가는 뒷모습이 보였다. 한쪽 손에 두툼하게 싼 책보자기를 들고, 한쪽 어깨에는 끈 달린 가방을 느슨하게 멘 채 이오덕은 산길 모퉁이를 돌아 사라졌다. 그는 밥상 위에 원고지를 올려놓고 이오덕에게 보내는 마지막 편지를 썼다.

선생님 가신 곳은 어떤 곳인지, 거기서도 산길을 걷고 냇물 돌다리를 건너고, 포플러나무가 서 있는 먼지 나는 신작로 길을 걸어 걸어 썩썩하게 살아 주셨으면 합니다. 「일하는 아이들」에 나오는 그런 개구쟁이들과 함께 별빛이 반짝이는 하늘 밑 시골집 마당에 둘러앉아 옥수수 까 먹으며 얘기 나누시는 그런 세상이었으면 합니다. - 중략 -

선생님, 이담에 우리도 때가 되면 차례차례 선생님이 걸어가신 그 산 길 모퉁이로 돌아가서 거기서 다시 만나 뵙겠습니다. 부디 큰 눈을 더 부릅뜨셔서 이승에 남아 있는 우리들을 지켜봐 주시기 바랍니다. 살아생전처럼 호되게 꾸지람하시고요.

선생님의 영전에 선생님이 좋아하시는 진달래꽃 한 다발 마음으로 바칩니다.

2003년 8월 25일 오후 5시
권정생 드립니다.

8월 27일, 이오덕은 충청북도 충주시 무너미 마을 고든박골에 안장되었다. 권정생은 많이 울었다. 이즈음 전우익의 건강도 안 좋았다. 5월 초 집에서 뇌졸중으로 쓰러진 것이었다. 다행히 목숨은 건졌지만 반신불수가 되었다.

2004년 12월 19일, 한 해 반 동안 투병 생활을 한 전우익도 세상을 떠났다. 권정생은 다시 한 번 슬픔에 잠겼다. 형님처럼 푸근하게 이야기를 나눌 수 있는 전우익이었다. 혼자만 잘살면 별 재미없고, 뭐든 여럿이 나누고 모자란 곳을 두루 살피면서 채워 주어야 재미있는 삶이라며, 일직교회 문간방과 빌뱅이 언덕 아래 흙집에 올 때마다 책을 가지고 오고 농사지은 콩, 팥, 수수, 조도 들고 왔다. 찬이 없는 밥상을 차려 주어도 밥알 하나 남기지 않았다. 풍요가 좋은 것만은 아니라며 덜 먹고, 덜 입고, 덜 가지고, 덜 쓰면서 사는 것이 단순화에 훨씬 더 효과적이라던 그였다. 빌뱅이 언덕에서 노을을 바라볼 때 산천을 아름답게 물들이는 해처럼 멋지게 생을 마감하지는 못할망정 추접스럽게 끝내지는 말자며 그의 손을 잡던 전우익이었다.

권정생은 이오덕과 전우익의 타계로 상실감이 컸다. 이제 자기 차례라는 생각이 하루에도 몇 번씩 들었다. 몸에서 통증이 시작되고 열이 오르면 이 지긋지긋한 병마는 자신이 죽어야 떨어져 나가겠구나 싶었다. 그럴 때면 절대 죽어서는 안 된다는 이오덕의 목소리가 들리는 듯했고, 그는 견딜 수 있는 데까지 견디어 보겠다고 대답하며 몸을 일으켰다.*

2005년, 예순여덟 살이 된 권정생은 하루가 다르게 몸이 쇠약해지는 것을 느꼈다. 어머니가 계신 곳으로 갈 날이 머지않았다는 생각이 들었다. 사실 어머니의 극진한 간호가 아니었다면 이미 저세상으로 갔을 몸이었다. 그는 글 쓸 기력이 조금이라도 남아 있을 때 어머니의 끝없는 사랑과 희생을 담은 동화 한 편을 쓰고 싶었다.

그는 바람을 쐴 겸 마당으로 나갔다. 아직 봄이 오지 않아 날이 쌀쌀했다. 어머니 고향인 삼밭골 쪽을 바라봤다. 살아생전 어머니는 화적떼를 쫓던 관군이 소백산 줄기인 가래실 골짜기에 띄엄띄엄 있던 초가집들을 불태우고 외할아버지도 잡아갔다는 이야기를 들려주셨다. 며칠 동안 매를 맞고 돌아온 외할아버지는 이틀 만에 돌아가셨고, 외할머니는 어린 자식들을 데리고 친정이 있는 삼밭골로 와 터전을 잡으셨다고 했다. 어머니는 돌음바우골로 시집가 그곳에서 갖은 고생을 하며 자식들을 낳아 키우고 삶을 이어 갔다. 그는 외할머니와 어머니의 사연을 떠올리며, 우리네 어머니들은 어려운 여건 속에서도 자식들을 보호하고 정성으로 보살피는 것이 곧 어미 된 도리이자 자신의 삶이라고 여기셨구

* 이오덕·권정생, 『선생님, 요즘은 어떠하십니까: 이오덕과 권정생의 아름다운 편지』, 양철북, 2015, 357쪽.

나 생각했다. 문득 아홉 마리 새끼를 둔 어미 사슴이 포수에게 잡혀 가는 민요자락이 떠올랐다. 그가 병으로 누워 있을 때 어머니가 물레질을 하며 들려주시던 삼밭골 민요였다.

　　아홉 골 아홉 새끼
　　진자리에 병이 들어
　　약수 찾아가는 길에
　　깊은 물은 옹방통방
　　얕은 물은 올락졸락
　　불불기는 저 포수야
　　날 잡아다 뭐할라노
　　아홉 골 아홉 새끼
　　배고파서 어이할꼬**

　권정생은 지난가을 빌뱅이 언덕 옆 숲길에서 엄마 까투리를 따라 종종걸음을 하던 어린 꿩들의 모습이 떠올랐다. 그는 방으로 들어가 밥상에 원고지를 올려놓고 글을 써 나가기 시작했다.

　산불이 났습니다. 산에는 꽃이 피고 새들이 노래하고 봄이 한창인데 산불이 난 것입니다.
　꽃샘바람이 불어치며 산불은 이리저리 번져 나갔습니다.

** 권정생, 『한티재 하늘 1』, 지식산업사, 1998, 7쪽.

권정생은 산에 불이 나고 다람쥐, 산토끼, 노루 같은 산짐승과 새들이 놀라 달아나는 모습을 계속해서 묘사했다. 봄이 되면서 연두색 옷으로 갈아입은 나뭇잎과 하얗고 노랗게 핀 들꽃들이 타들어 가는 광경도 썼다. 이제 주인공인 엄마 까투리와 새끼 꿩들이 나올 차례였다. 그는 심호흡을 한 후 원고지를 채워 나갔다.

산골짜기 다복솔 나무 아래로 엄마 까투리 한 마리가 있었습니다. 엄마 까투리한테는 갓 태어난 꿩 병아리 아홉 마리가 삐삐, 삐삐 울면서 엄마를 따라 다니고 있었습니다. 엄마 까투리는 깍깍 깍깍 새끼들을 부르며 불길을 피해 허둥지둥 쫓겨 다니고 있었습니다.

마음 같아서는 머릿속에 떠오르는 이야기를 폭풍처럼 쏟아내고 싶었지만 몸이 따라 주지 않았다. 하루에 두 시간은커녕 한 시간 이상 밥상 앞에 앉아 있으면 몸에서 열이 나기 시작했다. 신열이 나면 무조건 누워서 쉬어야 했다. 사람들이 찾아오는 것조차 싫었다. 도저히 안 만날 수 없는 사람이 오면 누운 상태로 대화를 나누기도 했다. 그러다 몸이 조금 괜찮아졌다 싶으면 다시 밥상 앞에 앉아 이야기를 이어 나갔다.

엄마 까투리는 불길이 덮쳐 오자 자신도 모르게 푸드덕 날아올랐다. 그러나 새끼들을 두고 온 것을 알고 다시 내려왔다. 그렇게 몇 차례 반복한 엄마 까투리는 새끼들을 놓아두고 혼자 달아날 수 없음을 깨달았다. 엄마 까투리는 새끼들을 불러 모아 자신의 날개 안으로 들어오게 한 뒤 두 날개로 새끼들을 꼭 보듬어 안았다.

권정생은 이 장면을 쓰면서 어머니가 생각나 종종 펜을 멈추었다. 어머니는 당신의 몸을 돌보지 않은 채 아들의 병을 낫게 하겠다며 7년 동

까투리 이야기 써 보았습니다.
너머니의 사랑이 어떻다는 것을
일깨워 주기 충분하다고 봅니다.
좋은 그림책이 되었으면 좋겠습
니다.
2005. 3. 5
권정생 드림

2005년 원고가 완성된 『엄마 까투리』는 권정생 사후인 2008년 김세현 화백의 그림을 넣어 출간되었다. 오른쪽은 권정생이 탈고 후 출판사에 보낸 편지.

안 산과 들판을 헤집고 다니셨고, 결국 몸져누우셨다. 자식의 병구완을 하다 쇠약해져 돌아가신 어머니…. 글을 쓰면서 그는 몇 번이나 고개를 들어 눈을 껌벅였다.

불길이 기어코 엄마 몸에 붙었습니다. 머리와 등과 날개가 한꺼번에 타기 시작했습니다. 엄마 까투리는 그래도 꼼짝 않았습니다. 오히려 품속 아기들을 위해 두 날개를 꼭꼭 오므리고 꼼짝 않았습니다. 그러고는 정신을 잃었습니다.

엄마 까투리의 사랑과 희생으로 새끼 꿩 아홉 마리가 목숨을 건졌다. 그리고 불탄 산자락에서 먹이를 주워 먹으며 자랐다. 새끼 꿩들의 몸에서 깃털이 돋아나고 날개도 커지는 동안 엄마 까투리는 온몸이 비에 젖고 바람에 쓸려 부서져 갔다.

한 달 만에 원고를 끝낸 그는 동화 제목을 「엄마 까투리」라고 지었다. 그리고 출판사에 보낼 편지를 썼다.

까투리 이야기 써 보았습니다. 어머니의 사랑이 어떻다는 것을 일깨워 주기 충분하다고 봅니다. 좋은 그림책이 되었으면 좋겠습니다.

2005. 3. 5
권정생 드림

그는 원고와 편지를 서울에 있는 낮은산 출판사로 보냈다. 4년 전에 동화 『비나리 달이네 집』을 출판했던 곳으로, 그림을 내용에 맞게 잘 그려서 이번에도 믿고 보낸 것이었다.

권정생은 「엄마 까투리」의 집필을 끝낸 후 한 달 넘게 앓았다. 그는 더 늦기 전에 주변 정리를 해야겠다는 생각에 그동안 인세를 모아 놓은 통장을 꺼냈다. 어느덧 10억 원에 가까운 금액이 모였다. 돈을 어떻게 사용할지는 오래전부터 생각해 둔 바가 있었다. 그러나 문제는 누가 자신의 뜻에 맞게 관리해 줄 것인가였다. 그는 가까운 지인들을 한 명 한 명 떠올렸다. 30년 넘게 형, 동생으로 지내고 있는 이현주는 사람은 확실하지만 돈 관리를 야무지게 할 것 같지가 않았다. 자신을 늘 식구처럼 챙기는 이철수도 사람은 좋고 확실하지만 판화 작업에 여념이 없는 그에게 부담을 지우는 것 같았다. 오랫동안 도움을 준 김용락도 떠올랐지만 평생 시 쓰고 학생들만 가르친 데다, 돈 관리를 맡기기에는 나이도 아직 어렸다. 그는 오랫동안 고심을 거듭했고, 세 명에게 관리를 맡기기로 최종 결정했다.

5월 1일, 권정생은 편지지를 밥상에 올려놓았다. 그리고 자신이 죽은 후 처리할 내용들을 적어 내려갔다.

유 언 장

내가 죽은 뒤에 다음 세 사람에게
부탁하노라.

1. 최 완택 목사 민들레 교회
이 사람은 술을 마시고 돼지 죽통
에 오줌을 눈 적은 있지만 심성이 착
한 사람이다.

2. 정 호경 신부 봉화군 명호면 비나리
이 사람은 잔소리가 심하지만 신부
이고 정직하기 때문에 믿을만 하다.

3. 박 연철 변호사
이 사람은 민주 변호사로 알려졌지
만 어려운 사람과 함께 살려고 애쓰
는 보통 사람이다.
우리 집에도 두세 번쯤 다녀 갔다.
나는 대접 한 번 못했다.
위 세 사람은 내가 쓴 모든 저작물을
함께 잘 관리해 주기를 바란다. 내가
쓴 모든 책은 주로 어린이들이 사서 읽
는 것이니 여기서 나오는 인세를 어린이
에게 되돌려 주는 것이 마땅할 것이다.

만약에 관리하기 귀찮으면 국민 겨레
신문 사에서 하고 있는 남북 어린이 어깨
동무에 맡기면 된다. 맡겨 놓고 뒤에서
보살피면 될 것이다.
유언장이란 것은 아주 훌륭한 사람만
쓰는 줄 알았는데 나 같은 사람도 이렇
게 유언을 한다는 게 쑥스럽다.
앞으로 언제 죽을지는 모르지만 좋냥
반 죽음으로 죽었으면 죽겠다. 하지만
나도 전에 우리 집 개가 죽었을 때처럼
헐떡 헐떡 거리다가 숨이 꼴깍 넘어가
겠지. 눈은 감은 듯 뜬 듯 하고 숨도 멍청
하게 반쯤 벌리고 바보 같이 죽을 것이다.
요즘 와서 화를 잘 내는 걸 보니 천사
처럼 죽는 것은 글렀다고 본다.
그러니 숨이 지는 대로 화장을 해서
여기 저기 뿌려 주기 바란다.
유언장치고는 형식도 제대로 못 갖추
고 횡설수설 했지만 이건 나 권정생
이 쓴 것이 분명하다.
죽으면 아픈 것도 슬픈 것도 외로운 것도

끝이다. 웃는 것도 화 내는 것도. 그러니
용감하게 죽겠다.
만약에 죽은 뒤 다시 환생을 할 수 있
다면 건강한 남자로 태어나고 싶다.
태어나서 25살 때 22살이나 23살
쯤 되는 아가씨와 연애를 하고 싶다.
벌벌 떨지 않고 잘 할 것이다.
하지만 다시 환생했을 때도 세상엔
엉간이 같은 폭군 지도자가 있을 테고
여전히 전쟁을 할지 모른다. 그렇다
면 환생은 생각해 봐서 그만 둘수도
있다.

  2005년 5월 1일
  쓴 사람 권 정 생
  주민등록 번호 370818-
  주소 경북 안동시 일직 면 조탑리 7

권정생이 2005년 5월 1일에 작성한 유언장.

유언장

내가 죽은 뒤에 다음 세 사람에게 부탁하노라.

1. 최완택 목사 민들레교회

이 사람은 술을 마시고 돼지 죽통에 오줌을 눈 적은 있지만 심성이 착한 사람이다.

2. 정호경 신부 봉화군 명호면 비나리

이 사람은 잔소리가 심하지만 신부이고 정직하기 때문에 믿을 만하다.

3. 박연철 변호사

이 사람은 민주 변호사로 알려졌지만 어려운 사람과 함께 살려고 애쓰는 보통 사람이다. 우리 집에도 두세 번쯤 다녀갔다. 나는 대접 한번 못했다.

위 세 사람은 내가 쓴 모든 저작물을 함께 잘 관리해 주기를 바란다. 내가 쓴 모든 책은 주로 어린이들이 사서 읽는 것이니 여기서 나오는 인세를 어린이에게 되돌려 주는 것이 마땅할 것이다. 만약에 관리하기 귀찮으면 한겨레신문사에서 하고 있는 남북어린이어깨동무에 맡기면 된다. 맡겨 놓고 뒤에서 보살피면 될 것이다.

유언장이란 것은 아주 훌륭한 사람만 쓰는 줄 알았는데 나 같은 사람도 이렇게 유언을 한다는 게 쑥스럽다.

앞으로 언제 죽을지는 모르지만 좀 낭만적으로 죽었으면 좋겠다. 하지만 나도 전에 우리 집 개가 죽었을 때처럼 헐떡헐떡거리다가 숨이 꼴깍 넘어가겠지. 눈은 감은 듯, 뜬 듯하고 입은 멍청하게 반쯤 벌리고 바보같이 죽을 것이다. 요즘 화를 잘 내는 걸 보니 천사처럼 죽는 것은 글렀다고 본다. 그러나 숨이 지는 대로 화장을 해서 여기저기 뿌려 주기 바란다.

유언장치고는 형식도 제대로 못 갖추고 횡설수설했지만 이건 나 권정생이 쓴 것이 분명하다.

　죽으면 아픈 것도 슬픈 것도 외로운 것도 끝이다. 웃는 것도 화내는 것도. 그러니 용감하게 죽겠다.

　만약에 죽은 뒤 다시 환생할 수 있다면 건강한 남자로 태어나고 싶다. 태어나서 25살 때 22살이나 23살쯤 되는 아가씨와 연애를 하고 싶다. 벌벌 떨지 않고 잘할 것이다.

　하지만 다시 환생했을 때도 세상엔 얼간이 같은 폭군 지도자도 있을 테고 여전히 전쟁을 할지 모른다. 그렇다면 환생은 생각해 봐서 그만둘 수도 있다.

2005년 5월 1일

쓴 사람 권정생

그는 자신의 이름 옆에 도장을 찍고 아래에 주민등록번호를 적었다. 그 밑에 주소를 쓴 다음 봉투에 넣었다. 그리고 자신이 죽은 후 쉽게 찾을 수 있도록 텔레비전 아래에 갈무리했다.

12월, 권정생은 보리출판사에서 남북한 어린이가 함께 볼 수 있기를 기원하는 마음으로 창간한 어린이 잡지 『개똥이네 놀이터』 12월호(창간호)에 장편동화 「랑랑별 때때롱」의 연재를 시작했다. 몸이 하루가 다르게 쇠약해졌지만, 언젠가 북한 어린이들이 볼 수 있기를 바라는 간절한 마음으로 생의 마지막 기운을 모아 원고지를 채워 나갔다.

「랑랑별 때때롱」은 조그만 별 랑랑별에 사는 때때롱과 동생 매매롱이 지구에 사는 초등학생 새달이, 동생 마달이와 우정을 나누는 이야기였다. 권정생은 흰둥이 개와 누렁이 소, 왕잠자리, 개구리, 딱정벌레, 물고

2006년 「랑랑별 때때롱」을 집필할 때 모습.

기 등도 등장시켜 현실과 상상의 세계가 적당히 조화를 이루게 했다.

2007년 1월, 일흔 살이 된 권정생은 「랑랑별 때때롱」의 마지막 연재 원고를 써 내려갔다. 랑랑별에 사는 때때롱이 지구에 사는 새달이 형제에게 편지를 보내는 것으로 마무리했다.

새달아, 마달아, 그동안 소식 전하지 못해 미안하다. 많이 기다렸지? 오늘 가까스로 지구에서 온 왕잠자리를 붙잡을 수 있어서 보낸다. 왕잠자리를 두고 가서 많이 슬펐지? 왕잠자리도 고향이 그리워 많이 울었을 거야. 이제 그곳 시냇가에 풀어 주면 마음껏 날아다니겠지.

새달이 마달이 모두 잘 있었겠지? 이곳 랑랑별 식구들도 모두 잘 있다. 할머니도 잘 계신다. 1년 전에 너희들이 다녀가고 나서 아직도 너희 생각만 하신다. 이 우주에서 지구별에 살고 있는 새달이와 마달이가 가장 귀엽고 착한 아이들이라고 칭찬이 대단하시다. 나하고 매매롱도 너희처럼 착하게 살라고 아주 잔소리가 되어 버렸단다.

그럼 앞으로도 새달이 마달이 둘이 모두 건강하게 착하게 잘 있거라. 안녕!

랑랑별 때때롱 보냄.

– 중략 –

이날 밤, 새달이와 마달이는 깜깜한 밤하늘을 오랫동안 바라보았습니다. 하늘에는 온통 큰 별 작은 별들이 반짝반짝 빛나고 있었습니다.

저 많은 별들엔 또 누가 살고 있을까요? 지구 아이들처럼 학교도 다니고, 들판을 뛰어다니는 아이들도 있을까요?

새달이와 마달이는 손나팔을 만들어 하늘 높이 랑랑별을 바라보며 소리쳤습니다.

"때때롱아, 매매롱아, 고맙다."

때때롱은 틀림없이 그 인사를 들었을 것입니다.

때때롱은 아주 특별한 아이니까요. (끝)

권정생은 원고지 위에 펜을 내려놓았다. 1년 2개월 만에 연재가 끝난 것이었다. 그는 고단한 몸을 이끌고 마당으로 나갔다. 이제는 빌뱅이 언덕까지 올라갈 기운도 없었다. 그는 조탑리 들판을 바라보며 가난하고 힘들게 살아가는 북한 어린이들을 다시 한 번 생각했다. 얘들아, 빨리 통일이 되어 너희를 만날 수 있으면 좋겠구나. 그런데 내 생전에 그런 날이 올 것 같지 않으니 어쩌면 좋단 말이냐. 나는 너희가 정말 많이 보고 싶은데….

『개똥이네 놀이터』 2007년 2월호에 「랑랑별 때때롱」 최종회가 실렸다. 생의 마지막 동화였다.

3월에 접어들면서 그의 건강이 급격히 악화되었다. 3월 30일, 그는 마을 청년들이 병원에 데려다줄 준비를 하는 동안 정호경 신부 앞으로 자신의 유언을 다시 한 번 확인하는 편지를 썼다. 퇴원을 못 하고 눈을 감을지도 모른다는 불길한 예감 때문이었다.

정호경 신부님.
마지막 글입니다.
제가 숨이 지거든 각각 적어 놓은 대로 부탁드립니다.
제 시체는 아랫마을 이태희 군에게 맡겨 주십시오. 화장해서 태찬이와 함께 뒷산에 뿌려 달라고 해주십시오.
지금 너무 고통스럽습니다. 3월 12일부터 갑자기 콩팥에서 피가 쏟아져 나왔습니다. 뭉툭한 송곳으로 찌르는 듯한 통증. ─ 중략 ─ 1초도 참기 힘들어 끝이 났으면 싶은데, 그것도 마음대로 안 됩니다. 하나님께 기도해 주세요. 제발 이 세상 너무도 아름다운 세상에 사람이 사람을 죽이는 일이 없게 해달라고요. ─ 중략 ─ 제 예금통장 다 정리되면 나머지는 북쪽 굶주리는 아이들에게 보내 주세요. 제발 그만 싸우고, 그만 미워하고 따뜻하게 통일이 되어 함께 살도록 해주십시오. 중동, 아프리카, 그리고 티베트 아이들은 앞으로 어떻게 하지요. 기도 많이 해주세요.
2007년 3월 31일 오후 6시 10분 권정생

4월 11일, 그는 다행히 퇴원했다. 의사는 콩팥에 돌이 박혀 있어 피가 나왔다며, 그 돌을 없애려 하면 위험할 수도 있으니 그냥 그렇게 계시라면서 그를 퇴원하게 했다. 권정생은 집에 찾아온 김용락에게 "이번에 병원에서 죽어 나와야 되는데 내가 모질어 그냥 살아 나왔다"며 모질다는 표현을 여러 차례 썼다.*

퇴원 후 그는 경과 검사 날짜를 세 번이나 연기하면서『랑랑별 때때롱』단행본에 들어갈 서문을 썼다. 자신의 마지막 작품집이 될지도 모른다는 생각에 제대로 마무리하고 싶어서였다.

5월 16일, 비가 내렸다. 그는 경과 검사를 받기 위해 안동의 '권정생과 함께하는 모임'에서 가장 연장자인 최윤환의 차를 타고 대구가톨릭대학교병원으로 향했다. 그는 빗방울을 따라 흩어지는 사과꽃을 보며 동생이 떠난 후의 날들을 하나 둘 떠올렸다. 일직교회 사찰집사가 되어 문간방에 살면서 새벽마다 종을 치던 일, 신춘문예에 계속 떨어지다「강아지똥」이 당선되었을 때 날아갈 것 같던 기쁨, 이오덕을 처음 만난 날 밤새 이야기하던 추억, 이오덕이 책 출판을 위해 동분서주할 때 무기력하게 바라볼 수밖에 없던 자괴감, 마을 청년들이 지어 준 빌뱅이 언덕 아래 흙집으로 이사하던 날의 설렘, 검열로 내용이 일부 삭제된『몽실언니』가 추천도서가 되고 드라마로 만들어졌을 때 묘한 감정, 이틀을 쓰면 사흘을 앓아누우며 고통에 몸부림치던 날들…. 생각하면 할수록 모진 삶이었다.

병원에 도착한 권정생은 몇 가지 검사를 마쳤다. 그때 진료의사가 "지

* 김용락,『나의 스승, 시대의 스승』, 솔과학, 2008, 91쪽.

금은 의술이 발달해 협착된 요로로도 소변을 볼 수 있다. 요관조영술과 방광요도조영술 검사를 해보면 된다"고 말했다. 권정생은 40년 동안 혹처럼 달고 다니던 소변주머니를 더는 차지 않아도 된다는 소리에 귀가 번쩍 뜨였다. 소변주머니에 연결된 호스를 갈아 끼울 때마다 감내해야 했던 살을 에는 듯한 고통이 사라질 수 있다니! 그는 의사를 따라 검사실로 들어갔다. 함께 간 최윤환은 단순 검사로 생각해 검사실 밖에서 기다렸다.

병원에서는 방광에 조영제를 주입할 목적으로 도뇨관 삽입을 시도했다. 권정생이 아프다고 비명을 질렀다. 최윤환이 놀라 검사실로 뛰어 들어갔다. 권정생은 최윤환에게 "아프다고 하는데도 계속 시행했다"며 몸을 벌벌 떨었다. 의사들을 향해서는 무지막지하다고 불평을 했다. 결국 의사는 도뇨관 삽입이 어렵자 유치도뇨관을 통해 조영제를 주입했다.

얼마 안 있어 권정생은 통증과 함께 오한을 호소했다. 검사 후 요로 감염 가능성을 우려한 병원 측은 그를 응급실로 이송해 수액과 항균제를 투여했다. 권정생은 안정을 되찾았고 입원실로 옮겼지만 통증은 계속되었다. 최윤환은 그에게 입원이 길어질 수도 있을 것 같으니 안동에 가서 물품 몇 가지를 챙겨 오겠다고 했다. 권정생은 걱정하지 말고 내일 오라고 했다.*

다음 날 아침 최윤환이 다시 왔고, 권정생은 김용락 시인과 정호경 신부에게 연락을 해달라고 말했다. 김용락에게는 병원비를 챙겨 오라 하고, 대구가톨릭대학교병원에 아는 신부들이 있는 정호경 신부에게는 아

* 대구가톨릭대학교병원 진료경위서를 근거로 한 최윤환 권정생어린이문화재단 상임이사의 증언.

프지 않게 수술해 달라는 부탁을 하기 위해서였다. 이날 정호경 신부에게는 연락이 닿지 않았고, 대구에 사는 김용락이 오전 11시 무렵 병원에 도착했다. 권정생은 고통스러운 표정을 지으며 김용락의 손을 잡았다. 그러고는 할 말이 있는 듯 검지손가락을 빠르게 움직여 무언가를 썼지만 김용락은 무슨 말인지 알 수 없었다. 잠시 후부터 권정생은 혼수상태에 빠져들기를 반복했다.

그는 산소호흡기를 단 채 계속 눈을 감고 있었다. 시간도, 공간도 느껴지지 않았다. 지긋지긋한 아픔도, 몸서리쳐지는 어둠 속 고독과 외로움도 없었다. 조탑리 돌담길 아래 노란 민들레 옆에 쪼그려 앉아 있는 돌이네 흰둥이가 보였다. 작은 보따리를 보듬어 안고 다리를 절뚝이며 고모 뒤를 따라 노루실로 가는 몽실도 보였다. "엄마 잘못이 아니야. 엄마 잘못이 아니야…"를 되뇌는 소리도 들렸다. 누워 있는 그에게서 등을 돌린 채 어머니가 혼잣말처럼 돌음바우골에서 겪은 혹독한 시집살이 이야기를 하셨다. 아버지가 일본에 노무자로 끌려간 뒤 7년 동안 소식이 없을 때 솔티 꼭지네 주막에 밀주를 팔면서 자식들과 근근이 살아야 했던 사연을 말하며 눈물을 보이셨다. 그는 어머니를 향해 손을 내밀었다. 일곱 아기들의 코 흘린 자국이 남아 있는 무명저고리를 입은 어머니도 그를 향해 손을 뻗었다. 어머니가 "정생아, 이제 나랑 살자"며 그의 손을 잡았다. 권정생의 두 눈에 눈물이 고였다. 그가 온 힘을 다해 "어매, 어매" 부르자 어머니가 다가와 그를 안았다. 2007년 5월 17일 오후 2시 17분, 그의 나이 일흔이었다.**

** 임종을 지킨 김용락 시인은 권정생이 눈물을 흘렸으며, 고무호스가 꽂힌 입 모양을 보고 그가 "어매, 어매"라고 외쳤음을 단박에 알 수 있었다고 증언했다.

(재)권정생어린이문화재단과 유언 집행

　권정생의 유언 집행인인 최완택 목사, 정호경 신부, 박연철 변호사는 2008년 재단을 설립해 고인의 뜻을 따르기로 결정했다. 2009년 재단 설립 인가를 마치고, 빌뱅이 언덕 아래 흙집의 보수 공사로 본격적인 활동을 시작했다.

　2009년 8월 북한 어린이를 위해 평양어린이 사과농장 돕기에 참여했으며, 유진벨재단을 통해 북한 어린이 결핵 환자들에게 치료약을 보냈다. 2010년에는 우리민족서로돕기운동본부와 한겨레통일문화재단의 공동 사업인 북한 온성지역 어린이 급식 지원에 매달 후원했다. 2012~2014년에는 유진벨재단을 통해 북한 결핵 환자 의료 지원을 했다. 2014년에는 함께나누는세상을 통해 북한어린이 영·유아 분유 지원을, 2014~2015년에는 우리민족서로돕기운동본부를 통해 함경북도 온성유치원에 급식 지원을 했다. 이후 남북관계 경색으로 지원이 중단된 상태다.

　2014년에는 경상북도 안동시가 일직면 망호리의 옛 일직남부초등학교를 리모델링해 만든 '권정생동화나라'가 개관했다. 권정생의 육필원고 등 유품을 모은 전시실과 도서관, 200여 명을 수용할 수 있는 다목적실, 작가들의 창작공간인 수련실 등으로 이루어졌다. (재)권정생어린이문화재단이 안동시의 위탁을 받아 운영하고 있다.

부록

여선생*

권정생·아동문학가

"누나!"

철이가 학교에서 돌아온다. 책책거리는 뒤축 닳은 고무신을 끌며 막 쫓아온다. 오늘따라 철이가 돌아오는 시간이 늦은 것을 초조한 마음으로 연상 밖을 내다보면서 기다리는 누나 영옥은 허겁지겁 달려오는 철이의 놀란 얼굴을 맞이한다.

"아니, 왜 무슨 일이 생겼냐?"

그러나 철이는 싱글싱글 웃으면서,

"저 새로 오신 우리 선생님이 교장 선생님하고 말이야, 이것 누나 갖다 주고 내일부터 학교 오래."

하면서 오른쪽 무릎을 반쯤 올려 책보를 받쳐 끄른다. 무슨 영문인지 모르는 영옥은 학교라는 말에 다소 눈을 번쩍 뜨면서 철이가 내미는 하얀

---

* 권정생의 증언으로만 전해지던 『학원』 '독자문예란' 입선작으로 처음 발굴해 싣는다. 『학원』 1955년 5월호, 262~265쪽.

상자를 받아 든다. 그 속에는 무엇이 들었는지 아직 철이도 모른다.

"끌러 봐요, 누나."

영옥은 조심히 뚜껑을 연다. 눈은 더욱 빛난다. 상자 속에는 공책 열 권과 연필 한 다스가 들어 있었다. 두 남매는 말없이 서로 쳐다보기만 한다. 영옥은 가슴에 꼭 껴안으며 눈에선 눈물이 반짝인다.

"누나 왜 울어, 학교 가면 나하고 같이 가면 좋잖아. 응, 누나?"

누나의 얼굴을 빤히 올려다보면서 나직이 묻는다. 공부하러 학교에 다니는 것이 무엇보담 제일 소원으로 여기던 영옥이었다. 그땐 호화로운 가정에서 어머니 아버지를 모시고 동생 철이와 손목을 잡고 학교에 가는 즐거운 그날 그날이었다. 꿈같은 그들의 행복은 처참하게도 원수의 공산도배(공산주의자 무리를 낮잡아 이르는 말)의 악독한 짓에 너무나 무참히도 깨뜨러지고 말았다.

아껴 쓰던 세간살이도 아담한 그들의 집도 고스란히 남겨 두고 남으로 남으로 밤낮을 가리지 않고 무수한 낯선 사람들 틈에 끼어 쉬지 않고 걸었다. 임시로 준비해 온 양식은 열흘도 못 가 떨어져 버렸다. 며칠을 굶주리고 더위에 시달린 그들, 가뜩이나 쇠약하신 어머님은 끝끝내 병환으로 눕게 되었다. 빈궁한 피란 생활에 약 한 모금 못 잡수시고 날로 심해 가는 어머님의 병환은 더욱 심해지더니 팔월 말 어느 날 어린 남매와 남편 세 식구를 남겨 두고 고요히 눈을 감으셨다.

어려운 처지여서 영옥은 학교를 그만두고 집에서 아버지의 일을 부축했다. 동생 철이도 형편에 의하여 그만두게 됨을 누구보담 영옥이 제일 서글퍼했다. 아버지의 마음도 좋을 리는 없다.

"아버지 제 소원이에요. 철이를 학교에 보내 주셔요."

제 생각은 두고 하나밖에 없는 동생 철이를 위하여 몇 번이나 아버지께 간청하는 영옥을 아버지는 가슴이 쓰라리도록 고마웠다. 이에 응한 아버지는 푼푼이 모은 돈으로 영옥을 위하여 철이 혼자만이라도 학교엘 보내게 되었다. 아침 일찍 아버지와 철이는 집을 나가고 쓸쓸히 혼자 남은 영옥은 자기 일에 골몰하다 틈틈이 시간만 있으면 책을 펴 공부를 하고 어린 몸에 피곤해 지칠 때도 있었다. 그러면서 철이가 학교에서 조금만 늦게 와도 밖을 내다보는 누나 영옥이며, 이에 학교만 파하면 달음질쳐 집으로 돌아오는 철이였다. 철이가 새로 오신 여선생님을 모시고 공부를 하게 되던 처음 날 그날 마지막 시간인 국어 시간이었다.

"…아이 어느 틈에 이것 봐요. 오빠, 어쩌면 글쎄 이렇게도…. 나는 순희에게로 시선을 돌리며."

여기까지 책을 읽어 내려가시던 선생님은 문득 그치시며 사방을 휘돌아보신다.

흑흑… 어디서 흐느끼는 소리가 난다.

모두 그쪽으로 눈을 집중시킨다. 가운데 줄 앞에서 두 번째 책상 왼쪽에 앉은 철이가 엎드려 흐느끼고 있다. 선생님은 가까이 가서 가볍게 두들기신다.

"얘! 이름이 무엇이지? 왜 이래, 왜 울어 응?"

눈이 휘둥그레진 동무들 중엔 철이의 집 사정을 잘 아는 영만이도 섞여 있었다. 그는 누구보담 제일 정답게 노는 철이의 동무다. 철이를 불쌍히 여겨 언제나 될 수 있는 일이면 할 수 있는 데까지 동정하는 영만이다. 나쁜 짓을 해서인지 무슨 슬픈 일이 있었는지 영문 모를 철이의 울음을 영만이도 모르지만 선생님의 손이 두 번째 철이의 등어리를 두드리면서,

"왜 우느냐?"

물을 때다.

"저 선생님."

하면서 벌떡 일어서는 학생이 있었다. 선생님도 동무들도 모두 그쪽으로 눈을 돌린다. 일어선 것은 영만이다.

"선생님, 철이는 정말 불쌍한 아입니다. 어머니도 안 계시고…."

하면서 대강 철이의 집 사정 이야기를 거침없이 주욱 한다. 듣고 있는 선생님의 눈에도나 어린 동무들 눈에도 눈물이 어린다. 선생님은 잠깐 생각에 잠기신다. 그러다간 언뜻 고개를 돌려 철이를 향하여 입을 여신다.

"응 그래. 그러나 어머님 한 분 안 계신다고 그런 약한 마음을 가져 되느냐?"

꾸짖듯이 말씀하시면서도 어디까지나 부드럽고 엄숙하다. 그러나 철이가 흐느낀 이유는 모른다. 오늘이 12년째 맞이하는 철이의 생일날이었다. 그러나 철이는 까맣게 잊고 있었다. 점심을 철이도 모르는 틈에 책보 모퉁이에다가 싸 둔 것이다. 누나가 싸 준 것이다. 누나는 잊지 않고 있었다. 도시락 뚜껑을 열어 본 철이는 다시금 놀라지 않을 수 없었다. 생전 처음 보는 하얀 쌀밥에 생선 구운 것. 누나는 어디까지나 잊지 않고 나를 사랑해 준다고 생각했다. 이렇게끔 고마운 생각에 수업 시간 도중에 눈물이 막 쏟아져 흐느끼게 된 것이다.

이런 일이 있은 첫날부터 선생님은 딴 아이들 중 특히 철이를 돌보게 되어 그의 형편을 자세히 알게 되자, 남보담 뛰어난 성적과 단정한 품행을 가진 철이가 가난한 집안에서 눈물겨운 영옥과 하나밖에 없는 그들의 아버지를 불쌍히 여겨 영옥도 어떻게 했으면, 철이와 1년 동안 공부를 시켜 내년에 같이 졸업시켜 주었으면 더할 나위 없이 기쁠 것 같다. 둘이서 학교에 다니는 걸 봤으면 싶었다.

그 뒤 며칠이 지난 어느 날, 이날도 학교를 파한 철이는 바쁜 걸음으로 교문을 향해 걷고 있자 뒤에서,

"철아! 철아!"

누가 부르는 소리에 오던 걸음을 멈추고, 뒤로 돌아본다. 같이 오던 영만이도 뒤돌아본다. 담임선생님이 현관 앞에서 손짓하신다. 철이는 걸음을 바꾸어 다시 말했다.

"왜 그러셔요, 선생님?"

가만히 간 철이는 명랑한 말씨로 묻는다. 선생님은 방긋이 웃으시면서,

"이리 오너라."

하시면서, 철이의 손목을 이끈다. 현관문으로 기다란 복도를 지나 직원실 문이 사르르 열리면서 철이도 따라 들어갔다. 교장 선생님이 벙글벙글 웃으시면서 커다란 책상 앞에 앉아 계신다. 가까이 간 철이는 허리를 굽혀 경례를 한다.

"음, 그래 누나도 학교엘 가고파 하니?"

대뜸 물으시는 교장 선생님의 말씀이 어리둥절해진 철이는 그저,

"예!"

라고 대답할 수밖에 없었다.

"그럼 내일부터 누나도 같이 학교에 나오라고 해. 응, 학비는 없어도 된다. 이것은 불쌍한 너희들을 끝끝내 돌봐 주신 너희 선생님 정성이야. 누나 갖다 줘."

듣고 있는 철이의 눈에는 눈물이 방울방울 맺히며 두 볼 위로 흘러 직원실 마룻바닥에 떨어진다.

"그럼 돌아가고, 철이 내일부터 누나하고 같이 와, 응?"

담임선생님의 말씀이다. 철이는 뭐라고 말할지 몰랐다. 순간 철이는,

"선생님 고맙습니다."

울음 섞인 말로 인사하고 책보 속에 선생님께서 주신 하얀 상자를 소중스럽게 싸고 직원실 문을 나왔다.

누나가 이 소식을 들으면 얼마나 기뻐할까? 철이는 자꾸 달렸다. 집으로 집으로 누나한테로….

"누나, 아버지도 무척 기뻐하실 거야. 누나, 내일 아침부터 누나하고 손잡고 학교 가, 응?"

바짝 다가서면서 또다시 누나를 쳐다본다. 아무 말 없이 고개만 끄덕거리는 영옥의 두 눈 위로 희망의 눈물이 빛나고 있다. 온종일 벙글거리던 해님도 어느덧 서산 너머로 기웃거리고 금방 하늘엔 빠알간 저녁노을이 한층 더 곱게 물들인다. (끝)

권정생 문학의 작은 씨앗, 「여선생」

오세란 · 아동청소년문학평론가

「여선생」은 작가 권정생이 이오덕 선생에게 보낸 편지로만 전해지던 작품이다. 1984년 3월 19일 권정생이 편지에서 "제가 열여덟 살 때 썼던 소설 한 편이 『학원』이란 잡지에 실렸거든요. 부산 점원 시절에 쓴 것인데, 물론 독자문예란에 뽑혀서 실린 것입니다"*라고 언급한 작품이 바로 「여선생」이다. 권정생이 1955년 부산에서 지낼 때 『학원』 '독자문예란'에 보낸 것**으로, 권정생의 아명인 권경수라는 이름으로 실려 있다. 이 작품은 여러 기록으로 볼 때 권정생의 작품이 확실하며 내용만 읽어봐도 권정생 문학의 체취가 물씬 풍긴다. 권정생 문학의 작은 씨앗 같다고 할까.

권정생이 이 작품을 투고했던 『학원』은 한국전쟁(6·25전쟁) 중이던

---

* 이오덕 · 권정생, 『선생님, 요즘은 어떠하십니까: 이오덕과 권정생의 아름다운 편지』, 양철북, 2015, 290쪽.
** 권경수, 「여선생」, 『학원』 1955년 5월호, 262~265쪽.

1952년 11월 대구에서 창간되어 1979년 2월 폐간된 청소년용 문학 잡지다. 학생 잡지임에도 한 시대를 풍미했던 『학원』, 그중에서도 '학원문단'에는 한국문학사의 소중한 발자취가 모여 있다. 『학원』에서 '학원문단'을 꾸리기 위해 만든 '독자문예란'은 전국의 소년, 소녀들이 작품을 응모하며 교류를 나누던 지면이다.*** 『학원』 '독자문예란'은 투고 수가 시와 산문을 합해 매달 300~400편에 달할 정도로 인기가 높았으며, 우리 문단에서 160명 이상의 중견 시인, 작가가 '학원문단' 출신이다.****

「여선생」은 소설가 박영준이 심사해 『학원』 1955년 5월호 입선작으로 뽑혔다. 1955년 1월부터 그해 12월까지 '독자문예란'을 심사했던 박영준이 「여선생」을 평한 '선자의 말'은 다음과 같다.

> 권경수 군의 「여선생」은 형상화되지 않은 작품이다. 철이의 말만 듣고 영옥이에게 학용품을 사 주고 학교에 나오도록 하는 여선생은 그리 드물지가 않을 것이다. 세상에는 영옥이처럼 불쌍한 아이가 적지 않다. 좋은 사람이라고 무엇에나 다 좋은 마음을 쓰지는 못한다. 마음이 움직이지 않을 수 없는 좀 더 중요한 이야기가 있어야 한다. 그럴 수가 없을 것 같은 것도 그럴듯하게 꾸며 독자의 마음을 움직이도록 형상화시키는 것이 소설임을 알아야 한다.*****

'선자의 말'처럼 「여선생」은 권정생의 청소년 시기 습작품이라 완결성이 높지 않고 감상적인 부분도 엿보인다. 따라서 「강아지똥」을 비롯한

*** 장수경, 『학원과 학원세대』, 소명출판, 2013, 257~260쪽 참조.
**** 최덕교, 『한국잡지백년 3』, 현암사, 2004.
***** 박영준, 『학원』 1955년 5월호, 265쪽.

1960년대 말 이후 작품과 같은 위치에 놓고 비교할 수는 없지만 여러 대목에서 권정생 문학의 뿌리를 분명히 발견할 수 있다.

한국전쟁이 끝난 1955년 부산에 있었던 권정생은 작가가 된 후 부산 시절을 회고하는 작품을 종종 썼다. 「두민이와 문방구점 아저씨」도 그중 하나로 『기독교교육』 1981년 3월호에 실린 뒤 『짱구네 고추밭 소동』(웅진, 1991) 초판에 수록되었으나, 2002년 개정판이 나올 때 빠져 지금은 구해 읽기 쉽지 않다. 기독교적 색채 때문에 빠진 것으로 추측된다.* 작품 속 두민이는 문방구점에서 점원으로 일한다. 부지런히 일하고, 검정고시로 고등학교에 가기 위해 공부도 열심히 하는 두민이의 모습에는 권정생의 소년 시절 삶이 녹아 있다.

권정생의 부산에서 삶이 투영되어 있는 또 하나의 작품은 「별똥별」이다. 이 작품은 발표 당시 「갑돌이와 갑순이」라는 제목이었으나 이후 제목이 동화와 맞지 않는다고 하여 「별똥별」로 바뀌었다.** 작품 속 두 주인공은 권정생의 부산 시절 친구인 오기훈과 최명자가 모델이라고 한다. 1955년 권정생은 재봉기 가게에서 배달 일을 하며 북한 피란민인 오기훈과 친하게 지냈다. '계몽서적'이란 헌책방에서 책도 함께 빌려 읽고 『학원』도 구독했다. 그런데 그해 여름 오기훈이 자살한다. 충격을 받은 권정생은 『학원』 1955년 8월호를 마지막으로 잡지 구독도, 시와 소설 습작도 중단했다고 한다.***

이처럼 권정생의 삶에서 부산 시절은 매우 중요하다. 「여선생」은 바

---

* 이기영 엮음, 권정생 동화집 『눈이 내리는 여름』에 재수록, 단비, 2017년 12월 31일, 7쪽.
** 원종찬 엮음, 권정생 인터뷰 「저것도 거름이 돼가지고 꽃을 피우는데」, 『권정생의 삶과 문학』, 창비, 2008, 49쪽.
*** 원종찬 엮음, 『권정생의 삶과 문학』, 창비, 2008, 379쪽.

로 이 당시 쓴 작품으로, 청소년 시기 권정생의 내면을 세밀하게 들여다볼 수 있다. 작품은 한국전쟁으로 갑작스러운 피란길에 오른 철이와 영옥 남매의 이야기다. 구성은 액자형이며, 경제적 형편 때문에 철이와 함께 학교에 다닐 수 없던 누나 영옥을 배려한 담임선생님의 말씀을 전하려고 철이가 학교에서 집으로 돌아오는 데에서 시작된다. 이야기는 곧 학교에서 일어났던 사연으로 접어들고 다시 영옥과 철이가 기쁨을 되새기며 끝난다.

이 작품의 한계는 앞서 언급한 대로 완결성, 그중에서도 초점화가 불분명하다는 점이다. 이는 작가의 창작 기술이 무르익지 않은 습작기였으니 당연한 일이지만, 우리는 이 불분명한 초점화를 통해 권정생 문학의 형성 과정을 추론할 수 있다. 권정생 작품의 영원한 주제인 '착한 모성'이 어린 소녀인 영옥과 여선생님이라는 두 인물로 분열된 채 작가의 마음을 고스란히 반영하고 있기 때문이다.

이 작품은 전지적 시점이고 철이의 시선에서 초첨화된다. 그런데 독자는 작품을 읽을수록 철이의 누나인 영옥의 처지에 감정이입이 된다. 영옥은 집안의 갑작스러운 몰락으로 어머니를 여의고 아버지와 남동생을 보살핀다. 동생이 학교에 다니는 걸 기뻐하지만 공부하고 싶은 자신의 마음은 눌러야 했던 이 땅의 많은 누나의 사연이 영옥이라는 인물에 투영된다. 여기에는 당시 검정고시를 준비하던 소년 권정생의 간절한 마음 한 조각도 들어 있었을 것이다. 영옥은 이른바 몽실의 분신이라 할 수 있다.

또 하나의 인물, 여선생은 어른다운 어른이 실종된 세상에서 참어른의 존재를 보여 준다. 심사를 본 소설가 박영준은 '선자의 말'을 통해 여선생이 철이를 보듬으려는 대목을 좀 더 설득력 있게 형상화했어야 한다고 지적한다. 이 지적은 타당하나, 작품을 읽을수록 영옥과 철이의 사연이 중심 서사인 이 작품의 제목이 왜 「여선생」인가 하는 의문이 든다. 여선생의 비중이 약해서 내용과 제목이 어긋나고, 그로 인해 '선자의 말'처럼 여선생이 제대로 형상화되지 못한 한계가 두드러져 보이기 때문이다. 우리는 이 대목에서 아이들의 사연이 중심임에도 「여선생」이라는 제목을 붙일 만큼 권정생은 여선생이라는 인물을 소중히 여겼음을 짐작할 수 있다.

그렇다면 권정생 작품에 어린이를 돕는 어른 인물은 이후에도 지속적으로 나타날까? 『빼떼기』나 『엄마 까투리』(권정생 글, 김세현 그림, 낮은산, 2008)처럼 '착한 모성'을 가진 어머니가 종종 등장하긴 하지만 권정생은 동화작가가 된 후에는 어른이 어린이를 도와주는 이야기보다 아이 자신이 착한 마음을 가지고 성장하며 세상을 아름답게 만드는 이야기를 선호했다. 그래서인지 「여선생」에서 여선생과 영옥으로 분열되었던 '선한 인물'은 『몽실 언니』에 이르러 '몽실이'로 수렴되어 열매를 맺는다.

또 하나, 「여선생」을 쓴 청소년 시기부터 권정생은 주요 인물로 악역을 거의 등장시키지 않았다. 악한 인물을 실감 나게 그려 선과 악을 대비하는 전개보다 이웃을 긍휼히 여기는 선한 인물을 그리려고 노력했다. "사람은 누구나 처음 본 사람도 사람으로 만났을 땐 다 착하게 사귈 수 있지만 신분이나 지위나 이득을 생각해서 만나면 나쁘게 된다"*는 『몽실 언니』의 유명한 문장이 떠오르는 지점이다. 어쩌면 권정생이 추구하던 문학 세계는 외롭고 힘들던 부산 시절부터, 그러니까 바로 권정생 문학의 출발선에 이미 도착해 있었던 것이 아닐까?

* 권정생, 『몽실 언니』, 창비, 2012, 122쪽.

눈 꽃송이*

권정생·아동문학가

크리스마스가 한 주일밖에 남지 않았습니다.

2, 3일 전부터 철수 오빠네들, 6학년과 5학년 아이들이 무슨 비밀을 가지고 저희들끼리만 수군거립니다. 보통 때는 무척 정답게 어떤 모임에나 함께 들여 주던 문숙 언니도 새침하게 입 다물고 있습니다. 무엇을 가지고 저렇듯 쉬쉬하는지 정희는 퍽 궁금했습니다. 다가오는 크리스마스 축하로 무언가 의논하고 있는 것은 확실한데 도무지 짐작이 가지 않습니다.

오빠한테 물을라치면

** 「눈 꽃송이」는 권정생의 첫 합동 동화집인 『성탄에 들려줄 동화집』(대한기독교교육협회, 1970년 11월)에 수록된 작품이다. 이 책의 원고를 마감할 때인 2017년 11월까지 권정생 개인 동화집 어디에도 실리지 않아 발굴 작품으로 소개하려 했다. 그러나 편집 기간에 단비 출판사의 『눈이 내리는 여름』(이기영 엮음, 이소영 그림, 2017년 12월 31일)에 실린 것을 확인했다. 그럼에도 「눈 꽃송이」는 권정생의 문학 활동 초기 주요 작품이라, 오탈자를 교정하는 선에서 '원작 소개'로 수록했다.

"아무것도 아니다."

하고는 거듭 말도 않습니다.

하도 궁금해서 정희는 같은 반인 분이한테 물어봤습니다.

"분이야, 넌 알고 있니?"

"몰라, 나도 무척 궁금하구나."

분이도 마찬가지였습니다.

"우리 근수한테 물어보자꾸나. 길만이 오빠가 혹시 가르쳐 주었는지."

근수 형인 길만이가 6학년의 주동 인물이니까 혹시 알고 있는지 모르기 때문입니다.

그러나 역시 근수도 모르고 있습니다. 그뿐 아니라 4학년 애들 전부가 모릅니다. 어느만큼 중대한 일이기에 이토록 절대 비밀일까 싶습니다.

그럴수록 그 비밀이 더욱 알고 싶습니다. 생각한 끝에 이튿날 저녁 4학년 애들만 열다섯 사람이 정희네 집에 모였습니다. 이들도 역시 '절대 비밀 모임'입니다. 저마다 어림만 가지고 구구했습니다. 그중에서도 재준이가 그럴 듯한 추리를 꺼내어 모두 귀가 쫑긋해졌습니다.

"내 말이 꼭 들어맞을 거야. 크리스마스 전날 밤에 저희들만 모여서 재미난 파아티(파티)를 하자는 거야. 우리 같은 꼴망태를 넣어선 아깃자깃하지 못하니까 쑥 빼놓자는 수작이야."

"아마 그런가 봐. 흥, 어려운 일이나 거북스러운 것이라면 미리 우리한테 시키고 보이고 할 텐데 시치미를 뚝 떼고, 아이 분해 죽겠다."

길주가 입술을 꼭 다물자 정희는 콧구멍이 빨룩해졌습니다. 모두 치가 떨릴 만큼 화가 났습니다.

"이럴 것 없이 우리도 쟤네들한테 못지않은 파아티를 열면 되지 않겠니? 우리끼리만으로도 충분해."

근수가 얼른 이런 제안을 내었습니다. 제 형처럼 주동이 되어 보겠다는 마음에서이지요.

본래 마음에도 없었던 저희들만의 크리스마스 파아티를 이렇게 해서 정희네들은 정한 것입니다. 그날 먹을 과자랑 재미나는 프로그램도 가만가만 준비했습니다. 어쩌면 상급 아이들보다 멋진 파아티를 하자는 심술꾸러기 마음들이었습니다. 그래서 과자도 특별히 많이 준비하기로 했습니다.

하지만, 정희는 마음 한구석엔 역시 궁금증이 가시지 않았습니다. 그까짓 파아티 정도를 그토록 비밀로 할까?

(무슨 다른 계획이 있는 게 분명해.)

생각하면 할수록 알고 싶고 부럽고 또 샘이 났습니다.

철수 오빠는 여전히 입을 꾹 다문 채 깨알만큼 한 눈치도 보여 주지 않습니다.

크리스마스 전날은 아침부터 눈이 왔습니다. 아이들은 저마다 기쁨으로 가슴이 꽉 찼습니다. 송이송이 하얀 눈은 아기 예수님의 마음처럼 생글거리며 내립니다. 마을과 들판이 하얗게 치장됩니다.

오늘 따라 철수 오빠는 무척 다정합니다. 점심을 끝내고 정희가 바쁘게 집을 나가려는데

"얘야, 잠깐만!"

철수 오빠가 부릅니다.

"뭐야? 난 바쁜데…."

정희는 약간 볼멘소리로 말하며 그냥 뛰어나가려 했습니다. 저희들대로의 비밀 모임이 오후에 있기 때문입니다.

"아냐, 4학년 애들 전부 모이는 거야. 우리가 뭘 시킬 게 있어."

철수가 다가와 팔을 붙잡습니다.

"피익, 이젠 심부름 같은 거 안 해. 그동안 우리 몰래 재미나는 파아티 준비는 오빠네들끼리만 하구선."

정희는 조금 비꼬며 눈을 흘깁니다.

"오오라, 그것 땜에 화가 난 게로구나. 자, 이제 그 비밀을 가르쳐 줄 테니까 어서 나하고 가."

"이젠 알 필요 없어요. 우리도 멋진 준비를 하고 있으니까."

"그렇담 더 잘됐어. 우리하고 합치면 될 거 아냐."

정희는 오빠에게 끌려 마지못해 따라갔습니다. 교회당 뒤에 있는 길남이네 집 사랑방에 갔을 때 정희는 깜짝 놀랐습니다. 벌써 4학년 애들이 모두 모여 두 간 방에 꽉 찼습니다. 놀란 일은 방 한가운데 수북한 선물 꾸러미였습니다. 수북한 꾸러미마다 예쁘장한 포장이 씌워지고 파란 글씨로 즐거운 크리스마스라고 씌어 있었습니다.

"이건 뭐야? 모두 어디서 났어?"

어리둥절해진 정희가 묻자, 문이가 까르르 웃고는,

"6학년 언니들이 비밀 파아티 준비한 거래."

합니다.

여럿이 와아 웃습니다.

"자, 이젠 바쁘니까 떠나야 해. 너희들 모두 하나씩 들고 아랫마을 희망의 집까지 가 줘."

길남이의 말입니다.

"정희야, 넌 나하고 고개 너머 외딴집 할아버지네 집에 가. 그리고 윗마을 진구 아빠랑, 돌이네 집도."

철수 오빠는 쪽지에다 적어 둔 이름들을 되풀이 훑어봅니다.

아랫마을 희망의 집은 나환자촌입니다. 고개 너머 외딴집엔 호호백발 할아버지와 할머니 두 내외분이 살고 있습니다. 진구 아빠는 오랫동안 병석에 누워 계시고, 돌이네는 며칠 전에 엄마가 돌아가셔서 모두가 불쌍한 집들입니다.

"자, 너희들이 준비한 건 뭐지?"

문숙이의 말에 4학년 애들은 얼굴이 모두 홍당무가 됩니다. 뚱해 있는데 재준이가

"우린 과자 준빌 했어. 선물은 역시 먹는 게 좋거든."

익살스럽게 얼버무려 말합니다.

"그래 어서 갖고 와."

좀 쑥스럽지만 할 수 없습니다. 파아티를 열려던 과자 봉지들이 선물 꾸러미마다 하나씩 덧붙여졌습니다.

하얀 눈길을 오빠와 나란히 걸으면서 정희는 참다운 크리스마스의 뜻을 깨달았습니다. 불쌍한 이웃들에게 조그만 사랑을 베푸는 것, 이것이 아기 예수님의 마음이겠지요.

정희는 왜 오빠네들처럼 이런 착한 일을 먼저 생각하지 못한 것이 은근히 화가 납니다. 하지만 잠깐 동안 마음은 활짝 개었습니다. 오빠 덕택으로 작은 산타 노릇을 하게 된 것만도 즐겁습니다. 역시 착한 일은 아무도 모르게 하는 것이 좋은 것도 알게 되었습니다.

하이얀 눈이 내리는 언덕길을 꼬마 산타들은 줄지어 걸어갑니다. 아기 예수님께 보배함을 들고 가는 동방박사들의 마음같이.

눈꽃은 송이송이 자꾸 피어 내립니다. 꼬마 산타들의 머리에도 어깨에도 예쁘게 예쁘게 내립니다. (끝)

성탄 카드처럼 따듯한 동화, 「눈 꽃송이」

오세란·아동청소년문학평론가

　　단편동화 「눈 꽃송이」는 1970년 11월 대한기독교교육협회에서 펴낸
『성탄에 들려줄 동화집』에 실린 작품으로, 2017년 12월 31일 출간된 『눈
이 내리는 여름』(이기영 엮음, 이소영 그림, 단비)에 재수록되었다.
　　『성탄에 들려줄 동화집』 머리말에서 편집자는 "그동안에 나온 동화
성극들을 각각 합본하여 '성탄 준비를 위한 성극집', '성탄에 들려줄 동
화집'으로 펴낸다. 이 책들은 성탄 준비에 없지 못할 자료들로서 서로가
자매편임을 일러둔다"*라고 밝히고 있다. 이 작품집에 작품을 올린 작가
들은 아동문학가 박화목, 권정생의 시에 곡을 붙이기도 한 어린이찬송
작곡가 오소운, 목사이자 동화작가 황광은, 최효섭 등 모두 스무 명이
넘는다.
　　권정생은 1969년 대한기독교교육협회가 발행하는 월간 『기독교교

---

*『성탄에 들려줄 동화집』 머리말(한영선), 대한기독교교육협회, 1970.

육』주최 제1회 아동문학상에서 「강아지똥」이 당선되었고, 「눈 꽃송이」
는 「강아지똥」이 발표된 다음 해에 세상에 나왔다. 이 작품 외에도 권정
생은 『기독교교육』1970년 6월호에 동화 「눈이 내리는 여름」을, 1971년
7·8월호에 동화 「떠내려간 흙먼지 아이들」을 싣는 등 1980년대 중반까
지 주로 『기독교교육』을 통해 많은 단편을 발표했다.

　「눈 꽃송이」는 흥미롭게도 기존 권정생 초기 동화의 특징에서 다소
벗어나 있다. 권정생 초기 동화는 동물이나 사물을 의인화해 알레고리
로 독자에게 메시지를 전달하는 작품이 많다. 권정생이 사물을 의인화
한 이유는 보잘것없는 미물에 빗대어 인간을 성찰하려던 까닭이고, 이
는 1960년대를 지나면서 병마와 싸우며 죽음과 대면한 경험 때문이다.
「강아지똥」, 「깜둥바가지 아줌마」, 「똘배가 보고 온 달나라」를 떠올려 보
면 쉽게 이해할 수 있다. 이 작품들은 죽음과 실존의식에 바탕을 두고
죽음과 원죄의식, 실존적 자각과 자기 결단, 확장된 삶의 지평을 드러내
고 있다.** 또한 1973년 『조선일보』신춘문예에 당선작인 「무명저고리와 엄
마」처럼 역사의식이 선명한 작품도 있다. 어쨌든 권정생의 초기 동화는
대체로 주제가 무거운 편이다.

　그런데 「눈 꽃송이」는 의인동화가 아니라 사실동화이며, 작가 내면의
고민이 표출되기보다 어린이 독자를 확실히 의식하고 있다. 따라서 어
렵지 않고, 무엇보다도 발랄하다. 작품이 수록된 작품집의 출간 배경을
보면 알 수 있듯이 기독교적 색채가 강하며, 당시 권정생이 주일학교 교
사였기에 교회에 다니는 어린이들과 나눈 교감이 작품 곳곳에 스며들어
있다.

** 엄혜숙, 『권정생 문학 연구』, 인하대 박사 논문, 2010, 56쪽.

작품은 크리스마스 시즌 한 시골 마을의 초등학생들 사이에서 벌어지는 오해와 반전을 그린다. 4학년생 정희는 6학년인 철수 오빠가 무언가 숨기고 있음을 알아차린다. 정희는 친구인 분이, 근수, 재준, 길주, 문이를 모아 오빠, 언니들만 크리스마스 파티를 하려는 것이 분명하다며 넘겨짚는다. 상급생들의 모의가 무엇인지 궁금한 가운데 동생들은 자신들도 질 수 없다며 크리스마스 과자 파티를 준비한다. 그러나 언니, 오빠들이 '절대 비밀 모임'을 연 까닭은 크리스마스 파티가 목적이 아니라 어려운 이웃을 도우려는 계획 때문이었음이 밝혀진다. 비밀이 무엇인지 궁금증을 자아내던 이야기는 훈훈한 반전으로 마무리된다. 언니, 오빠와 동생들이 어려운 이웃을 돕고자 겨울 추위에 지지 않고 집을 나서는 마지막 장면이 건강하고 아름답다.

　작품 주제는 크리스마스가 점점 소비적인 날로 여겨지기 시작한 당시, 아기 예수가 세상에 온 참뜻을 돌아보자는 것이었다. 권정생은 『우리들의 하느님』에서 산타클로스와 루돌프 사슴, 성탄나무 때문에 종교의 본래 의미가 사라져 가고 있다고 비판한 바 있다.* 권정생의 여러 작품이 그러하듯이, 이 작품 역시 권정생 특유의 기독교 철학이 밑바탕에 깔려 있다. 그의 기독교 철학은 온전히 약자를 품는 것이었다. 장편동화 『하느님이 우리 옆집에 살고 있네요』(도서출판 산하, 1994)의 제목처럼 권정생에게 기독교의 실천은 먼 곳이 아닌 가까운 자리에서 시작된다. 이 작품에 나오는 "역시 착한 일은 아무도 모르게 하는 것이 좋은 것"이라는 문장 역시 성경 말씀에서 가져온 것이다.

　주제는 교훈적이지만 이야기가 소박한 데다 문장도 유머가 있어 교훈

---

* 권정생, 『우리들의 하느님』, 녹색평론사, 1996, 18쪽 참조.

적으로 느껴지지 않고 따뜻하게 전달된다. 특히 "꼴망태", "아깃자깃" 같은 귀여운 어휘나 "정희는 콧구멍이 빨룩해졌습니다", "철수 오빠는 여전히 입을 꾹 다문 채 깨알만큼 한 눈치도 보여 주지 않습니다" 같은 생생한 묘사, "송이송이 하얀 눈은 아기 예수님의 마음처럼 생글거리며 내립니다" 같은 의태어가 권정생 작품의 문장 특징을 여실히 보여 주기도 한다. 권정생 동화는 간결한 문장, 지루하지 않게 진행되는 대화체, 묘사 대상에 생동감과 리듬감을 부여하는 의성어·의태어 활용** 등의 장점이 돋보이는데 이 동화에도 그런 개성이 나타나고 있다.

또한 작품 속 사건에 어른이 등장하지 않는다는 점도 이채롭다. 어른들의 목소리가 빠진 자리에 어린이들만의 서사를 만들어 내면서 분위기는 더욱 활기 가득해진다. 이 작품은 어린이들이 어른을 도와주는 방향으로 이루어져 있다. 크리스마스 파티 대신 고개 너머 외딴집에 사는 호호백발 할아버지와 할머니, 윗마을에 사는 병석의 진구 아빠, 엄마가 돌아가신 득이네 집, 아랫마을 나환자촌인 희망의 집을 보듬는다. 여기서 어린이가 어른을 돕는 방향은 곧 어린 천사들이 현실 세계에서 질병과 가난에 지친 인간을 위로하는 차원으로 확대된다. "꼬마 산타"라는 비유나 "아기 예수님께 보배함을 들고 가는 동방박사들의 마음같이"라는 문장이 이를 나타내는데, 어린이가 더 나은 세상을 만드는 소망이라는 의미다.

여기에 눈이 내려 하얀 세상을 만들어 내는 시각적 이미지도 청결하고 하얀 눈이 덮인 수평의 세상에 하늘에서 눈송이가 내려오는, 하늘과 땅의 수직적 교감은 경건하다. 이는 수평과 수직, 곧 십자가를 의미하는

** 엄혜숙, 『권정생 문학 연구』, 인하대 박사 논문, 2010, 160~161쪽.

상징의 완성이다. 동화가 좋은 작품으로 오래 기억되는 것은 서사에 미학성이 더해질 때다. 이 작품은 소박한 이야기와 생기 있는 문체로 귀한 메시지를 전달하는 성탄 카드와 같은 동화다.

앞서 언급한 권정생 초기 동화 중 사물이 의인화된 「강아지똥」, 「똘배가 보고 온 달나라」, 「깜둥바가지 아줌마」 등은 주인공이 처한 현실이 시궁창같이 척박했으나 하늘의 별과 달을 통해 소망을 품은 뒤 다시 현실을 새롭게 인식한다는 공통점이 있었다. 인물의 각성을 통해 자신이 서 있던 공간이 지옥에서 천국으로 바뀐다. 그런데 「눈 꽃송이」는 순수한 어린이가 힘겨운 현실을 감싸 안는 구조로 되어 있다. 결국 세상을 아름답게 만들어야 한다는 한결같은 주제를 전하면서 의인동화는 주인공의 각성으로, 「눈 꽃송이」는 어린이들의 때 묻지 않은 감성으로 사건을 전환시킨다.

권정생 작품의 정체성을 「강아지똥」이 가진 실존 탐구나 『몽실 언니』의 역사성으로만 인지하는 경우가 많다. 즉 보잘것없는 미물에 대한 사랑과 한국 현대사를 관통하며 살아온 민초의 삶, 이 두 가지를 떠올린다. 그러나 사실 권정생 문학에는 눈물만큼이나 밝고 따뜻한 이야기도 많다. 「오소리네 집 꽃밭」이나 『밥데기 죽데기』(바오로딸, 1999)만 떠올려 봐도 알 수 있다. 권정생 작품에서 무거운 주제 의식에 엮인 슬픔의 미학만 찾는 것은 자칫 권정생 문학이 가진 의미를 축소할 우려가 있다.[*] 이 작품에도 훈훈한 웃음과 작은 기쁨이 묻어난다. 이 작품을 통해 권정생 문학의 의미를 조금 더 새롭게 해석해 나가면 어떨까?

---

[*] 오세란, 「'웃음'으로 들여다본 권정생 동화」, 『청소년문학의 정체성을 묻다』, 창비, 2015, 159쪽 참조.

1937년   일본 도쿄東京 시부야澁谷에서 출생. 1929년 일본에 노무자로 끌려간 아버지 권유술權有述과 1936년 말 남편을 만나러 일본으로 간 어머니 안귀순安貴順의 5남 2녀 가운데 여섯째.

1942년(5세)   누나와 누나 친구들이 가시관을 쓰고 십자가에 못 박힌 예수 이야기를 하는 것을 듣고 측은하다는 생각을 함. 그 후 누나들을 따라 교회에 나가기 시작.

1943년(6세)   청소부인 아버지가 주워 온 동화책 『이솝우화』, 『그림형제 동화집』, 오스카 와일드의 『행복한 왕자』, 오가와 미메이小川未明의 『빨간 양초와 인어』, 미야자와 겐지宮澤賢治의 『달밤의 전봇대』 등을 읽기 시작.

1944년(7세)   일본에서 초등학교 다님.

1945년(8세)   해방.

1946년(9세)   3월에 귀국. 외갓집이 있는 경상북도 청송군 현서면 화목 장터마을(구산동)에 살면서 화목초등학교에 다님.

1947년(10세)   12월, 아버지가 안동시 일직면 조탑리에 소작을 구해 정착.

1948년(11세)   일직초등학교 1학년에 입학.

1950년(13세)   6·25전쟁 발발. 3개월 동안 피란을 갔다 돌아옴.

1952년(15세)   조탑리 마을 어귀에 자리한 일직교회에 나가기 시작.

1953년(16세)   일직초등학교 졸업. 중학교는 가지 못하고 안동 읍내에 있는 장터 고구마 가게에서 일하다 집으로 돌아옴.

1954년(17세)   일직교회에서 하는 야학에 나감.

     이모가 사는 부산으로 감.

1955년(18세)   부산 초량동에 있는 이종사촌형의 재봉기 가게에서 일함.

     초량동에 있는 '계몽서적'이란 책 대여점에서 괴테의 『젊은 베르테르의 슬픔』, 도스토옙스키의 『죄와 벌』, 이광수의 『단종애사』 등을 빌려 읽음.

     청소년 월간 잡지 『학원』 5월호 '독자문예란'에 소년소설(동화) 「여선생」이 가작으로 뽑혀 실림. 소설가 박영준이 심사.

1956년(19세)   폐결핵과 늑막염 발병.

1957년(20세)   다시 집으로 돌아와 투병 생활.

1963년(26세)   어머니의 극진한 간호로 병세 호전. 일직교회 주일학교 교사로 봉사하기 시작.

1964년(27세)   어머니가 세상을 떠남.

열다섯 살 무렵부터 틈틈이 써 둔 동시 98편을 모아 손으로 『삼베치마』라는 동시집을 만듦(문학동네, 2012).

1965년(28세)   3개월 동안 대구, 김천, 상주, 점촌, 문경을 떠돌며 거지 생활을 하다 집에 돌아옴. 12월, 아버지가 세상을 떠남.

1966년(29세)   6월, 자선 병원인 부산 성분도병원에서 한쪽 콩팥을 떼어 내는 수술을 받음.

12월, 부산대학교병원에서 방광을 들어내고 소변주머니를 다는 수술을 받음.

1967년(30세)   동생 결혼. 이때부터 혼자 살기 시작.

대구 『매일신문』 신춘문예에 동화 「깜둥바가지 아줌마」를 응모했지만, 최종심에서 떨어짐.

1968년(31세)   일직교회 사찰집사가 되어 교회 문간방에서 살기 시작.

11월 말, 대구 『매일신문』 신춘문예에 동화 「파리가 날아간 푸른 하늘」을 응모했지만, 다시 한 번 최종심에서 떨어짐.

1969년(32세)   동화 「강아지똥」이 월간 『기독교교육』의 제1회 기독교아동문학상 현상 모집에 당선.

동화 「깜둥바가지 아줌마」가 『새벗』 8월호에 실림.

동화 「하얀 찔레꽃잎과 무지개」(훗날 「찔레꽃잎과 무지개」로 제목이 바뀜)가 아동문학지 월간 『횃불』에 1회 추천됨.

1970년(33세)   첫 합동 동화집 『성탄에 들려줄 동화집』(대한기독교교육협회) 출간.

1971년(34세)   동화 「아기양의 그림자 딸랑이」가 베트남전쟁을 비판하는 부분을 삭제하는 조건으로 대구 『매일신문』 신춘문예 가작으로 입선.

1972년(35세)   동시 25편을 모은 육필 시집 『산비둘기』를 만듦.

1973년(36세)   「무명저고리와 엄마」가 『조선일보』 신춘문예에 당선. 당선작을 감명 깊게 읽은 아동문학가 이오덕이 권정생을 방문. 이때부터 이오덕이 세상을 떠날 때까지 30년 동안 우정을 나누면서 편지 교환.

동화 「복사꽃 외딴집」이 『새생명』 5월호에 실림.

동화 「선물」이 수록된 「1973년 여름성경학교 교본」이 6월에 나옴.

동화 「갑돌이와 갑순이」가 『현대아동문학』 9월 창간호에 실림.

1974년(37세)   첫 단편동화집 『강아지똥』(세종문화사) 출간.

1975년(38세)	제1회 한국아동문학상 수상. 수상작은 단편동화 「금복이네 자두나무」.
	장편동화집 『꽃님과 아기양들』(새벗출판사) 출간.
1976년(39세)	어린 시절의 삶을 밝힌 신앙 수기 「오물덩이처럼 딩굴면서」를 『새가정』 2월호부터 5회에 걸쳐 연재.
1977년(40세)	5인 동화집 『똘배가 보고 온 달나라』(창작과비평사·이하 창비) 출간.
	일직교회 문간방에서 이사를 나왔지만 두 달 뒤 다시 돌아감.
1978년(41세)	소년소설 「초가삼간 우리 집」(훗날 『초가집이 있던 미을』로 출간)을 『소년』 1월호부터 연재해 1980년 7월에 마침.
	단편동화집 『사과나무밭 달님』(창비) 출간.
1979년(42세)	단편동화집 『까치 울던 날』(제오문화사) 출간.
	늑막염이 악화되고 신장 기능도 저하. 가톨릭 안동교구 정호경 신부와 교구장 두봉 주교의 도움으로 연화 결핵 요양원에 6개월 동안 입원. 「초가삼간 우리 집」 연재도 중단됨.
1980년(43세)	동화 「외딴집 감나무 작은 잎사귀」를 『교사의 벗』 2월호에 발표.
	동화 「새끼 까치와 진달래꽃」이 『기독교교육』 4월호에 수록.
	큰형이 재일본조선인총연합회(약칭 조총련)계 재일동포 모국방문단으로 고향을 방문. 34년 만에 상봉.
1981년(44세)	김영동 목사가 시무하는 삼척 꽃거리(화가花街)교회 청년회지에 소년소설 「몽실 언니」 연재 시작.
1982년(45세)	「몽실 언니」를 『새가정』으로 옮겨 1982년 1월호부터 1984년 3월까지 연재.
	문화공보부에서 인민군이 나오는 부분을 문제 삼아 1982년 12월과 1983년 2월 연재가 중단됨. 문제된 부분을 삭제하기로 하고 연재 재개.
1983년(46세)	마을 청년들이 빌뱅이 언덕 아래에 지어 준 16.5제곱미터(약 5평) 크기의 흙집으로 이사.
	『기독교교육』 7·8월호에 동화 「밀짚잠자리」, 12월호에 의인동화 「빌배산에 눈이 내리던 날」 발표.
	동화 「승규와 만규 형제」가 『교사의 벗』 10월호에 실림.
	『살아 있는 아동문학』 12월 창간호에 「민들레 이야기」, 「외딴집 대추나무」, 「토끼 1~4」, 「하루살이」 등 동시와 평론 「오늘의 농촌을 우리 문학은 어떻게 수용할 것인가」 수록.
1984년(47세)	최완택 목사가 시무하는 민들레교회의 주보 「민들레교회 이야기」에 동화 「도토

리 예배당 종지기 아저씨」 연재.

단편동화집 『하느님의 눈물』(인간사) 출간(1991년 도서출판 산하에서 재출판).

장편소년소설 『몽실 언니』(창비)가 출간되었으며, 1984년도(제17회) 문화공보부 추천도서로 선정.

1985년(48세)   소년소설 『초가집이 있던 마을』(분도출판사) 출간. 대한출판문화협회 '이달의 청소년도서'로 선정.

단편동화집 『벙어리 동찬이』(웅진출판사) 출간(1991년 『짱구네 고추밭 소동』으로 재출판).

연작동화집 『도토리 예배당 종지기 아저씨』(분도출판사) 출간.

단편동화집 『달맞이산 너머로 날아간 고등어』(햇빛출판사) 출간.

1986년(49세)   빌뱅이 언덕 아래 흙집에 전기가 들어옴.

소년소설 「점득이네」를 이현주 목사가 발행하는 팸플릿 「공존」에 11월부터 이듬해 2월까지 연재.

동화, 동시, 수기, 편지들을 모은 『오물덩이처럼 딩굴면서』(이철지 엮음, 종로서적) 출간.

1987년(50세)   팸플릿 「공존」에 연재하던 소년소설 「점득이네」를 불교 잡지 『해인』으로 옮겨 3월호부터 1989년 1월호까지 연재.

1988년(51세)   시집 『어머니 사시는 그 나라에는』(지식산업사) 출간.

단편동화집 『바닷가 아이들』(창비) 출간.

1990년(53세)   장편소년소설 『몽실 언니』가 MBC-TV에서 36부작 주말드라마로 방영됨.

장편소년소설 『점득이네』(창비) 출간.

1991년(54세)   장편동화집 『팔푼돌이네 삼형제』(현암사) 출간.

1992년(55세)   일본 소진샤素人社에서 '권정생 선집' 『무명저고리와 엄마』 번역 출간.

1994년(57세)   자전적 장편소설 「한티재 하늘」을 최완택 목사의 민들레교회 주보 「민들레교회 이야기」에 3월부터 1996년 3월까지 연재.

장편동화 『하느님이 우리 옆집에 살고 있네요』(도서출판 산하) 출간.

1995년(58세)   제22회 새싹문학상 수상자로 결정됐지만 수상 거절(수상작은 『하느님이 우리 옆집에 살고 있네요』).

1996년(59세)   그림책 『강아지똥』(정승각 그림, 길벗어린이) 출간.

산문집 『우리들의 하느님』(녹색평론사) 출간.

1997년(60세)   그림책 『오소리네 집 꽃밭』(정승각 그림, 길벗어린이) 출간.

1998년(61세) 소설『한티재 하늘 1, 2』(지식산업사) 출간.

단편동화집『깜둥바가지 아줌마』(우리교육) 출간.

2월부터 1999년 4월까지 월간 성서 잡지『야곱의 우물』에「밥데기 죽데기」연재.

1999년(62세) 단편동화집『먹구렁이 기차』(우리교육) 출간.

장편동화『밥데기 죽데기』(바오로딸) 출간.

2000년(63세) 단편동화집『아기소나무와 권정생 동화나라』(웅진닷컴) 출간.

『또야 너구리가 기운 바지를 입었어요』(우리교육) 출간.

일본 데라인てらいん 출판사에서『몽실 언니』출간(번역 변기자ト記子).

일본 헤이본샤平凡社에서 그림책『강아지똥』출간(번역 변기자). 이후 중국, 스위스, 대만 등 모두 7개국에서 번역, 출간됨.

2001년(64세) 동화집『비나리 달이네 집』(김동성 그림, 낮은산) 출간.

그림책『황소 아저씨』(정승각 그림, 길벗어린이)와『아기 너구리네 봄맞이』(송진헌 그림, 길벗어린이) 출간.

일본 헤이본샤에서 그림책『오소리네 집 꽃밭』출간(번역 변기자).

2002년(65세) 장편동화『슬픈 나막신』(우리교육) 출간(1975년에 나온『꽃님과 아기양들』을 일부 수정해 재출판).

2003년(66세) 권정생의 허락 없이 이오덕과 주고받은 편지 모음집『살구꽃 봉오리를 보니 눈물이 납니다』(한길사)가 출간되자 판매를 중지시킴.

『또야 너구리가 기운 바지를 입었어요』(우리교육)가 문화관광부(현재는 문화체육관광부) '우수도서 번역출판 지원사업'에 선정, 프랑스어로 출간.

2005년(68세) 5월 10일, 최완택 민들레교회 목사, 정호경 신부, 박연철 변호사에게 인세 관리를 부탁하는 유언장을 작성.

3월 5일 동화「엄마 까투리」탈고. 2008년 김세현의 그림을 넣어 단행본(낮은산)으로 출간.

동화「랑랑별 때때롱」을 어린이 잡지『개똥이네 놀이터』12월호(창간호)를 시작으로 2007년 2월호까지 연재.

2006년(69세) 그림책『길 아저씨 손 아저씨』(김용철 그림, 국민서관) 출간.

2007년(70세) 5월 17일 대구가톨릭대학교병원에서 별세.

인터뷰

장영자 전도사, 이시영 시인, 이철수 화백, 최윤환 권정생동화나라 관장 겸 권정생어린이문화
재단 상임이사, 김석현 권정생어린이문화재단 사무처장, 김용락 시인, 이창언 일직교회 목사
(이상 대면 인터뷰)
이현주 목사(이메일 인터뷰)

참고자료

권정생 동화, 소년소설, 시집 전부.
권정생, 장편소설 『한티재 하늘』 1~2권, 지식산업사, 1998.
권정생, 산문집 『빌뱅이 언덕』, 창비, 2012.
권정생, 산문집 『우리들의 하느님』, 개정증보판, 녹색평론사, 2008.
권정생 외, 이철지 엮음, 『오물덩이처럼 딩굴면서』, 종로서적, 1986.
이오덕 · 권정생, 『선생님, 요즘은 어떠하십니까: 이오덕과 권정생의 아름다운 편지』, 양철북,
2015.
이오덕, 『이오덕 일기』 1~5권, 양철북, 2013.
전우익, 『혼자만 잘 살믄 무슨 재민겨』, 현암사, 1995.
원종찬 엮음, 『권정생의 삶과 문학』, 창비, 2008.
─ 최완택, 「종지기의 승천」.
─ 권정생 인터뷰 「저것도 거름이 돼가지고 꽃을 피우는데」.
─ 이현주, 「동화작가 권정생과 강아지똥」.
─ 임성규, 「권정생 아동문학의 흐름과 연구 방향」.
─ 김용락, 「권정생 동화의 산실, 조탑동을 찾아서」.
─ 안상학, 「권정생 소설 『한티재 하늘』의 현장 삼밭골」.
─ 이기영, 「권정생 연보」.
김용락, 『나의 스승, 나의 삶』, 솔과학, 2008.
『신동아』 1997년 12월호 「전우익 · 권정생 20년 교유기」.

| 도움을 주신 분들 |

일직교회에 소장 중인 사진을 제공해 주신 일직교회 이창언 목사님과 권정생어린이문화재단
에서 소장하고 있는 사진자료의 스캔 작업을 도와주신 김영혜 사무간사님께 감사드린다.
권정생 작품 「여선생」과 「눈 꽃송이」의 해설을 써 주신 오세란 아동청소년문학평론가님과 국
내에 거주하지 않는 필자를 위해 일부 자료를 구하는 데 수고하신 도주회 님, 김선영 님께도
감사의 마음이 크다. 장영자 전도사님의 소재를 파악하고 인터뷰가 이루어질 수 있게 애써 준
안동 버스로기획의 박인환 형께도 고맙다는 인사를 전한다.

| 사진 출처 |

이 책에 실린 사진은 권정생어린이문화재단과 일직교회로부터 사용 허락을 받은 것들이다. 저
작권자를 확인할 수 없었던 사진은 출판 후 저작권자가 확인되면 수록 동의 절차를 받을 예정
이다. 아래의 숫자는 본문에 수록된 쪽이다.

권정생어린이문화재단 제공 : 24, 26, 41, 45, 63, 121, 129, 134, 137, 152, 169, 178,
202, 214, 226, 229, 236, 269, 273, 286, 289, 297, 300
일직교회 제공 : 33, 69, 85, 147
이철수 제공 : 253
MBC 문화방송 : 267
구글 한국지도 이미지 : 29

아름다운 사람 권정생
아동문학가 권정생이 걸어간 길

지은이   이충렬
펴낸이   윤양미
펴낸곳   도서출판 산처럼

등 록   2002년 1월 10일 제1-2979
주 소   서울시 종로구 사직로8길 34 경희궁의 아침 3단지 오피스텔 412호
전 화   02-725-7414
팩 스   02-725-7404
E − mail   sanbooks@hanmail.net
홈페이지 www.sanbooks.com

제1판 제1쇄 2018년 5월 5일
제1판 제2쇄 2019년 10월 20일

값 15,800원

ISBN 978-89-90062-85- 7-03990